# 고령화시대 삶의 패러다임

# 고령화시대 삶의 패러다임

신관호 외

고려대학교출판부
KOREA UNIVERSITY PRESS

## 발간사

고려대학교 경제연구소가 한국연구재단으로부터 '고령화사회의 인구동태학, 사회경제적 변화 및 사회경제적 시스템 구축에 관한 연구'라는 중점연구과제의 지원을 받은 지 벌써 다섯 해가 끝나고 있습니다. 본인이 작년 1월에 고려대 경제연구소의 소장을 맡으면서 가장 소중하게 생각한 일은 전임 김균 소장 때에 이 과제의 중점연구소로 선정된 사실이었습니다. 저출산 · 고령화 대책은 현재 우리 사회의 최대 과제이며 가까운 장래에 이러한 사실은 변하지 않을 것이기 때문입니다. 2012년 9월 3일자 중앙일보에 나온 대학평가를 보니, '고려대학교는 최근 3년 연속 최상위권을 지켰다'고 하였는데, 고려대 경제학과 교수 12명을 포함하여 모두 18명이 중점연구과제의 연구원으로 참여하고 있다는 사실은 우리의 자산입니다. 또한 2011년부터 고려대 경제학과 교수가 주축이 된 연구팀이 한국연구재단으로부터 SSK 저출산 고령화 연구과제의 지원을 받게 되었습니다. 고려대 경제학과와 경제연구소는 이런 소중한 자산들을 활용하여 경제학 분야에서 저출산 고령화 현상을 분석하고 그 대책을 마련하는 중추적인 연구 기관이 될 것을 목표로 삼고 있습니다.

본 경제연구소는 지난 2010년 4월 인구 추계의 학술회의를 개최하였는데, 이때 박유성 교수 연구팀이 제기한 '100세 시대'가 언론의 관심을 모았고 정책에 깊은 영향을 주었습니다. 2012년 3월에는 박 교수 연구팀이 1년 정도의 기간에 국민연금연구원의 연금추계모형을 훌륭하게 재현하고 미래의 중요한 정책적 함의를 제시하여, 우리를 놀라게 하고 사회의 비상한 관심을 모았습니다. 본 경제연구소는 인구, 연금, 경제변수, 가족 등 고령화 연구 분야의 폭넓은 전문 인력을 가지고 연구 역량을 축적하고 있는 중입니다.

고려대학교의 전신인 보성전문학교가 1905년 창설될 때, 이재학(理財學) 전문학과와 법률학 전문학과가 있었는데, 당시는 political economy 또는 economics의 번역어로서 '경제학'과 '이재학'이 경합하고 있었습니다. 보성전문의 이재학과는 한국 최초의 경제학 고등교육기관이었습니다. 역사를 공부하는 연구자로서 한국 최고(最古)의 경제학과가 현재 한국 최고(最高)로 평가받은 사실에 의미를 부여하고 싶습니다. 중앙일보 평가는 국제학술지 논문 수로 보건대 '고려대 경제학과는 단연 교수들의 연구업적이 뛰어났다'고 하였습니다. 본인은 우리 경제학과가 더 나아가 저출산 고령화라는 우리 사회 지상과제의 분석과 대책 마련에 공헌하기를 바랍니다. 그래서 한국이 가족적 유대와 성장 잠재력을 약화시키지 않으면서 지속 가능한 복지국가를 건설할 수 있기를 희망합니다. 이것이야말로 우리를 키워 준 사회에 보답하는 길이 될 것이라고 생각합니다. 한국의 경제학계도 이제는 국제 저명 잡지에 논문을 많이 게재하는 데에 만족하지 말고, 한국의 현실 분석으로도 국내뿐만 아니라 국제 학계의 좋은 평판을 얻어야 할 시점이 되었습니다.

이 책에 수록된 논문들은 대부분 2011년 5월에 경제연구소 주최로 열린 학술회의에서 발표된 것들입니다. 이 책의 제목 역시 당시 학술회의의 대주제인 '고령화사회, 삶의 패러다임'에서 따왔습니다. 한국이 고령화 문제를 성공적으로 극복하기 위해서는 삶의 패러다임이 변화해야 할 것으로 사료됩니다. 그러기 위해서는 사회복지학, 사회학, 경제학, 정치학, 의학 등 각 분야 연구자들의 학제 간 협력 연구가 절실하며, 우리 경제연구소도 나름의 역할을 수행하기를 희망합니다. 한국은 고도성장기에 경제혁명을 이루었고 1987년 이후 민주혁명을 이루었는데, 고령화시대에 지속 가능한 복지사회를 수립하기 위해서는 삶의 새로운 패러다임이 반영된 현명한 제도 설계를 통해 사회혁명을 이루어야 할 것입니다. 사회혁명을 이루기 위해서는 인간사에서 경쟁과 협력, 자조(自助)와 부조, 성장과 복지, 개인과 사회적 유대, 가족제의 진화 방향, 세대 간 갈등, 욕망과 행복 등에 관한 성찰이 필요하다고 생각합니다.

이 책은 2010년 11월 30일을 기한으로 하는 '고령화사회의 인구동태학, 사회경제적 변화 및 사회경제적 시스템 구축에 관한 연구'라는 중점연구과제의 제1단계 사업을 마무리하는 의의를 가지고 있습니다. 신관호 교수의 총론에서 잘 정리되고 있듯이, 이 책은 고령화 연구를 위한 기본적인 지침서가 될 것입니다. 이 책의 집필과 편찬에 도움을 준 모든 분들께 감사드립니다. 그리고 시장성이 높지 않은 이 책을 출간해 준 고려대학교출판부에게도 감사드립니다.

2012년 9월 안암교정의 연구실에서

경제연구소장 **이헌창**

## 차례

# 고령화와 한국경제

신관호
고려대 경제학과 교수

## I. 서론

고령화의 진전은 경제·사회적으로 심대한 변화를 초래할 것으로 보인다. 특히 한국의 경우는 그 속도가 빨라 충격이 더욱 클 것으로 예상된다. 따라서 이러한 변화를 미리 예상하고 준비하지 않는다면 한국은 큰 어려움에 처할 가능성이 높다. 이러한 점에서 '고령화로 인한 인구구조 변화가 한국의 사회경제에 미치는 영향'에 관한 연구는 시급히 이루어져야 할 필요가 있다. 이 장에서는 이러한 연구가 진행되는 경험적·이론적 배경을 설명하고 이 책에서 진행된 세부 연구의 중요성에 대해 소개를 하는 것을 목적으로 한다.

## II. 고령화의 진전이 경제에 미치는 효과

고령화는 한국사회가 겪어 왔던 여러 변화들 중에서도 가장 중요한 변화의 하나가 될 것임이 틀림없다. 이러한 변화를 모두 정리하자면 매우 방대한 작업이 될 것이다. 본 절에서는 고령화가 미치는 경제적 효과에 대해서만 정리하고자 한다.

고령화가 경제에 미치는 효과는 크게 세 가지 관점에서 생각해 볼 수 있다. 첫째는 노동량 투입에 미치는 효과이다. 인구구조의 고령화는 노동가능인구의 비중을 변화시켜 노동공급에 직접적인 영향을 미친다. 일반적으로 15-64세 구간의 인구를 노동가능인구라고 부른다. 하지만 이 구간의 인구들이 모두 노동공급을 하는 것은 아니며 65세 이상의 인구 중에서도 노동공급을 행하기도 한다. 결국 노동공급을 결정하는 데는 15-64세 구간의 인구 비중도 중요하지만 국민의 전반적인 건강 상태와 제도적인 요인도 중요한 역할을 한다. 특히 고령화와 더불어 노년층 건강 상태가 좋아진다면 65세 이상의 인구 중에서도 노동공급을 하는 인구가 증가할 것이다. 또한 정년 제도와 같은 제도적인 요인도 노동공급에 영향을 주게 되는데 일반적으로 고령화가 진행됨에 따라 부족해지는 노동공급을 정년제의 연장을 통해 보충하는 경우도 생긴다. 이상과 같이 인구구조의 고령화는 노동가능 연령층의 비중 변화를 통해 노동공급에 직접적으로 영향을 미칠 뿐 아니라 제도적인 변화 등과 같은 간접적인 경로를 통해서도 노동공급에 영향을 주게 된다.

노동공급과 관련해서 고령화는 또 하나의 중요한 제도적 변화를 초래할 수 있는데 바로 국제 간 노동이동에 관한 정책에 따른 변화이다. 노동이동을 하는 연령층이 주로 노동공급을 주도적으로 행하는 청장년층이므로 이민 제도의 변화를 통해 새로운 노동력을 적극적으로 받아들이는 경우 인구구조의 고령화 자체의 속도에 영향을 줄 수 있다. 예를 들어 미국과 같은 경우, 지속적인 이민자의 존재가 인구구조의 고령화를 늦추고 있다.

고령화가 경제성장에 미치는 두 번째 효과는 자본량에 미치는 효과이다. 자본은 저축과 투자를 통해 축적되므로 고령화가 저축 및 투자에 미치는 영향을 분석해야 자본에 미치는 효과를 분석할 수 있다.[1] 먼저 저축에 미치는 영향을 살펴보기로 하자. 고령화가 저축에 미치는 영향에 대해 가장 폭넓게 사용되는 이론은 Modigliani and Brumberg(1954)에 의해 시작된 생애주기이론(Life Cycle Hypothesis)이다. 생애주기이론에 따르면 경제 주체들은 연령에 따라 달라지는 노동소득을 전 생애에 걸친 소비에 사용하며, 이 과정에서 저축의 크기가 결정된다. 즉 노동소득은 장년기까지 증가하다가 차츰 감소하여 은퇴 이후는 노동소득이 전혀 없게 된다. 따라서 초년기와 노령기에는 소비가 노동소득보다 크므로 차입을 하지만 장년기에는 소득이 소비를 초과하여 노후를 대비해 저축을 하고, 노년기에는 이를 이용하여 소비를 한다. 즉 생애주기이론에 따르면 초년기와 노년기에는 음의 저축을 하지만 장년기에는 양의 저축을 한다. 생애주기상의 이러한 저축 양상은 고령화가 저축에 미치는 효과에 대해 명확한 예측을 가능하게 한다. 즉 인구구조상 장년기에 비해 초년기와 노년기의 인구 비중이 커질수록 저축률이 낮아지므로 고령화의 진전은 저축률을 낮게 만드는 것이다.

하지만 개별 가계 자료를 이용한 미시경험분석들은 대체로 생애주기이론을 지지하지 않는다. 특히 생애주기이론은 고령자들이 은퇴하기 전에 자신의 노동소득에 의해서 부를 축적하고 이를 노령기에 소비를 위해 사용한다고 주장한다. 하지만 실제로 미시 데이터에서는 그러한 모습이 보이지 않는다.[2] 즉 고령자의 저축률이 그다지 줄지 않고 부도 크게 줄어들

1 고령화가 저축 및 투자에 미치는 효과에 대한 문헌정리는 Bosworth et al.(2004)를 참조하였다.

2 대표적인 미시경험분석으로는 Bosworth et al.(1991)이 있다. 생애주기이론은 가계를 대상으로 성립하는 이론이므로 총 저축을 대상으로 하는 거시경험분석보다 가계의 저축을 대상으로 분석하는 미시경험분석에 좀더 적합할 것이다. 하지만 본 장은 고령화가 국민경제, 특히 성장에 미치

지 않는 모습을 보이는 것이다.

반면 총저축률과 같은 거시자료를 이용한 분석은 대체로 국가의 인구구조 변화와 저축률 사이에 밀접한 관련이 있음을 보인다. 즉 가계에 초점을 맞추어 분석하는 경우에 비해 거시 데이터를 이용하여 분석하는 경우 생애주기이론이 좀더 잘 부합하는 것으로 보이는 것이다. 예를 들어 Weil(1994)은 14개 선진국의 26년간(1960-1985)에 걸친 저축률로 구성된 패널 데이터를 사용하여 인구구조가 저축률에 매우 강한 효과를 가짐을 확인하였다.

Weil은 이와 같이 미시자료를 사용한 경우와 거시자료를 사용한 경우에 차이가 나는 이유를 유산의 존재 때문이라고 설명한다. 많은 경제 주체가 축적한 부를 모두 사용하지 않고 일부는 자손을 위해 유산으로 남겨준다.[3] 소비는 노동소득뿐 아니라 부의 크기에도 의존하므로 유산을 고려한다면 저축의 크기가 생애주기이론에 의해서만 결정된다고 보기 어려워진다. 즉 고령자 중 일부는 유산을 남기기 위하여 부를 크게 줄이지 않는다. 따라서 생애주기이론의 예측은 이러한 관계가 중요하지 않은 가계에서 주로 성립할 뿐 유산을 많이 남기는 가계에서는 성립하지 않는 것이다. 결국 미시경험분석에는 가계가 개별적으로 포함되므로 대체로 생애주기이론이 성립하지 않는 것처럼 보인다는 것이다. 하지만 유산을 남기는 고령자의 경우 비록 직접 부를 줄이지 않더라도 자녀에게 부를 남겨 줌으로써 자녀 가구의 저축을 줄이는 역할을 한다.[4] 즉 고령자는 스스로 저축을

---

는 영향에 초점을 맞추고 있으므로 거시경험분석에만 국한할 예정이다.

3 Kotlikoff and Summers(1981)에 따르면 가계가 보유한 부는 많게는 80%까지 유산에 의해 이루어진다.

4 실제로 Weil(1994)은 유산을 받을 것으로 기대되는 자녀들은 그렇지 않은 자녀들에 비해 덜 저축함을 확인하였다.

줄이든지 아니면 자녀 가구에 유산을 남김으로써, 자녀 가구를 통해 저축을 줄인다. 유산을 통한 가구 간의 관계는 미시자료에서는 드러나지 않지만, 거시자료에는 이러한 가구 간의 관계가 모두 포함되어 저축률이 결정되므로 고령자가 많으면 총저축률을 줄이는 효과가 좀더 강하게 된다. 따라서 거시자료를 이용하여 분석한 경우, 인구구조의 변화가 저축률에 영향을 주는 효과가 커져 생애주기이론과 일치하는 결과가 나오기 쉬운 것이다. 이러한 결과는 Higgins(1998)에 의해서도 확인되었다.

인구구조의 변화는 총투자에도 영향을 준다. 투자는 기업이 담당하며 기업이 투자를 하는 목적은 자본 축적이므로 투자의 크기는 자본의 수익률에 영향을 받는다. 자본의 수익률에 영향을 미치는 것으로 크게 세 가지를 생각해 볼 수 있다. 첫째는 생산가능인구의 크기이다. 생산가능인구가 줄어들면 다른 조건이 일정할 때 노동고용에 비해 상대적으로 자본량이 많아지므로 자본의 수익률이 감소한다. 고령화의 진전은 생산가능인구를 줄이므로 자본의 수익률이 감소하게 되어 투자는 감소한다.

자본의 수익률에 영향을 주는 두 번째 경로는 경제활동 참가율의 변화이다. 경제활동 참가율의 상승은 생산가능인구의 감소를 상쇄할 수 있다. 즉 생산가능인구의 비중이 줄어 노동고용이 줄어도 경제활동 참가율이 상승한다면 이러한 노동고용의 감소를 만회하는 것이다. 특히 고령층의 경제활동 참가율은 증가하리라고 기대된다. 한국의 경우, 아직 고령화가 본격적으로 시작되지 않았지만 임금구조기본통계조사에 따르면 55세 이상 고령층 취업 비율은 1990년 3.0%에서 2000년 15.2%로 크게 증가하였다. 이러한 변화는, 55세 이상 고령층 인구가 전체 인구에서 차지하는 비중이 1990년 11.4%에서 2000년 15.5% 그리고 2010년 21.2%로 증가한 것을 감안하여도, 매우 급속한 증가이다. 하지만 이러한 증가 추세는 최근 약간 주춤하고 있다. 2010년의 55세 고령층 인구가 전체 인구에서 차지하는 비중이 21.2%로 증가하였지만 55세 이상 고령층 취업 비율은 19.4%에 그친 것이다. 최근의 이런 변화는 2008년 글로벌 금융위기 이후 고령층의 취업이 약간 주춤한 것과 노년층에 대한 복지 혜택 증가 등이 복합적으로 작용한 것으로 보인다.

자본의 수익률에 영향을 주는 세 번째 요인은 노동생산성이다.[5] 노동생산성이 높아지면 노동량이 늘어난 것과 유사한 효과를 가짐으로써 자본의 수익률을 높이게 되어 투자가 증가한다. 노동생산성은 크게 두 가지 요인에 의해 결정된다. 첫째, 인구구조의 변화가 직접적으로 영향을 준다. 일반적으로 30-50세 사이의 인구가 노동생산성이 가장 높은 것으로 알려져 있다. 따라서 고령화는 30-50세 사이의 인구 비중을 줄임으로써 노동생산성을 낮춘다. 둘째, 인적자본에 대한 투자의 변화를 통해 노동생산성에 영향을 준다. 인적자본에 대한 투자는 노동생산성을 결정하는 주요 요인이다. 일반적으로 고령화는 가구당 자녀 수의 감소를 수반하는데 부모는 자녀에 대한 결정을 할 때 자녀 수와 자녀의 질에 대한 결정을 동시에 한다. 이때 자녀 수와 질은 서로 대체재의 역할을 하므로 부모는 자녀의 수를 줄이는 경우 자녀의 질을 높여 이를 만회하고자 한다. 따라서 고령화의 진전은 자녀의 인적자본을 증가시켜 노동생산성을 증가시킨다.[6]

따라서 고령화가 노동생산성에 미치는 영향은 이론적으로 결정하기

---

5 좀더 정확히는 노동력증강 기술진보(labor augmented technological improvement)를 통한 기술진보이다. 하지만 논의를 편하게 하기 위하여 노동생산성으로 표현하고자 한다. 따라서 본 장에서의 노동생산성의 변화는 자본량의 변화 때문에 생기는 경우를 포함하지 않는다. 보다 일반적으로 고령화가 노동생산성에 미치는 효과에 대해서는 신관호·황윤재(2005)를 참조하라.

6 이러한 가능성은 예를 들어 Cutler, Poterba, Sheiner and Summers(1990)에 의해 강조된 바 있다.

어렵다. 결국 경험분석을 통해 첫째와 둘째 경로 중에 어떤 경로가 더욱 강하게 작용하는지 알아보아야 할 것이다. 경험분석의 결과는 대체로 고령화가 노동생산성을 줄이는 것으로 보고된다.[7]

결론적으로 고령화는 투자를 감소시킬 것으로 예측된다. 고령화는 노동생산가능인구를 줄이지만 이는 경제활동 참가율의 증가를 통해 완전히 만회되지는 않을 것이다. 따라서 고령화는 노동공급을 줄여 자본의 수익률을 낮춘다. 또 고령화는 노동생산성도 낮출 것으로 보여지는데, 이 역시 자본수익률을 낮출 것이다. 따라서 종합적으로, 고령화는 자본수익률을 낮추어 투자를 감소시킬 것으로 예측된다.

지금까지는 자본시장이 개방되었는지 여부를 고려하지 않고 논의를 전개하였다. 하지만 자본시장 개방 여부에 따라 지금까지의 분석의 결론은 어느 정도 차이를 보일 수 있다. 먼저 자본시장이 개방되어 있지 않은 경우는 저축과 투자가 일치해야 한다. 고령화는 저축과 투자를 모두 감소시킬 것으로 기대되지만 감소량이 정확히 일치한다는 보장은 없다. 이 경우, 저축과 투자의 변동분이 일치하기 위해서는 이자율과 같은 가격변수가 변화하여야 할 것이다. 하지만 고령화가 저축 및 투자를 감소시켜 자본의 증가율을 감소시킨다는 사실은 그대로 성립할 것이다.

자본시장이 개방되어 있는 경우는 저축과 투자가 일치할 필요가 없다. 즉 고령화가 저축과 투자에 상이한 효과를 미치는 경우 저축과 투자 변화의 차이만큼 국가 간 자본이 이동하게 될 것이다. 따라서 고령화는 자본수지에 대해서도 영향을 미칠 수 있다. 즉 고령화가 저축을 투자보다 더 많이 감소시킨다면 부족한 저축은 해외에서 조달되어야 하므로 자본수지는 흑

---

7 예를 들어 Park and Shin(2011)의 결과를 보라.

자가 된다. 반면 고령화가 저축을 투자보다 덜 감소시킨다면 남은 저축은 해외로 이동하므로 자본수지는 적자가 될 것이다. 경험분석은 대체로 고령화의 진전이 자본수지의 흑자를 늘리는 것으로 보고한다.[8]

하지만 자본시장이 개방되어 있는 경우, 보다 만족스러운 연구결과를 도출하기 위해서는 해외에서 벌어지는 변화까지 고려하여 전 세계를 대상으로 한 일반균형을 도출해야 가능할 것이다. 왜냐하면 고령화 현상은 일개 국가에만 국한된 현상이 아니라 국가 간 서로 속도는 다르지만 많은 나라에서 동시에 일어나는 현상이기 때문이다. 예를 들어 어느 국가에서 고령화가 진행되더라도 타 국가보다 느리게 진행되고 있다면 타 국가에 비해 젊은 국가인 상태가 유지되므로 단순히 해당 국가만 고령화된다고 가정하고 분석하는 것과 정반대의 결과가 도출될 수 있다.

## III. 이 책에 수록된 논문의 의의

고령화의 직접적 원인 중 하나는 평균수명의 증가이다. 의료기술의 발달에 따라 과거 치명적으로 여겨졌던 질병들도 이제는 완전히 치유되거나 만성질환으로 변모하면서 수명이 연장되고 있는 것이다. 따라서 고령화의 진전은 노년층의 평균적인 연령 증가와 더불어 더 많은 만성질환의 보유가 수반될 것으로 기대된다. 이러한 만성질환의 증가는 의료비용의 증가를 초래하며 고령화된 연령층의 경제활동 참가를 방해하여 경제 전체로 봐서도 고령화의 비용을 증가시킨다.

8 예를 들어 Higgins(1998)과 Bosworth and Keys(2004)을 보라.

하지만 한국의 경우 아직 고령화의 진전에 따른 만성질환의 실태 연구가 거의 이루어지지 않았다. 김범수·김진영의 연구는 이러한 문제를 보완하기 위한 것이다. 이들은 한국의료패널 데이터를 이용하여 가구원에 대한 의료 이용과 의료비 지출에 대해 분석하였다.

이들의 연구에 따르면 나이가 들면서 만성질환의 수는 빠른 속도로 증가한다. 인구고령화의 진척으로 노령인구의 비중이 증가하는 것은 결국 만성질환을 많이 보유한 연령층의 비중이 증가함을 의미한다. 하지만 소득계층 간의 만성질환 발병률이 다르며 저소득층에 만성질환 문제가 상대적으로 집중되어 있음을 확인할 수 있었다. 중소득과 고소득, 두 그룹 간에는 큰 차이가 없었으며 유독 저소득층만 유의하게 높은 수준의 만성질환을 보유하고 있다. 이러한 점은, 앞으로 소득수준이 높아지면서 이러한 혜택이 저소득층에도 돌아간다면 만성질환의 보유가 감소할 수도 있음을 보여 준다. 또한 만성질환 퇴치를 위한 소득보정 정책도 저소득층에 집중되어 이루어질 필요가 있음을 보여 준다.

한편 만성질환자들은 나이가 더욱 들어감에 따라 결국 스스로 본인을 돌볼 능력이 없어지는 상황에 이르기 쉽다. 또 고령인구는 암과 같은 불치병에 걸릴 가능성도 높다. 따라서 고령인구가 남은 시간을 인간답게 보내며 임종을 잘 맞을 수 있도록 도움을 줄 필요가 생긴다. 이러한 목적으로 등장한 활동이 호스피스이다. 호스피스는 치료를 통한 회복을 목적으로 하기보다 완치될 수 없는 환자들을 대상으로 돌봄을 제공하고 좀더 안락한 임종을 맞도록 도와주는 활동이다.

이상명은 고령화사회에서의 호스피스 활동의 중요성에 대한 분석을 행하였다. 이상명은 호스피스의 개념을 정리하고 고령화사회에서의 호스피스 필요성을 강조한다. 하지만 현실적으로 고령인구는 호스피스 비용을 감당할 여력이 없는 경우가 많다. 이에 대응하여 독일은 호스피스 서비스를 무료로 사용할 수 있도록 개인 비용을 전면 삭감한 바 있다. 하지만 한국의 경우는 아직 호스피스 서비스가 건강보험에도 적용되지 않는 실정이며 호스피스 시설도 턱없이 부족한 실정이다. 따라서 이상명은 호스피스와 관련한 재정 확보가 시급함을 주장한다. 더 나아가 그는 호스피스 서비스 제공이야말로 사회복지 목적의 궁극인 인간다운 삶을 영위하게 하는 데 필수적임을 주장한다.

고령화의 진전과 더불어 한국의 노동시장도 큰 변화를 맞이할 것으로 보인다. 특히 고령층의 증가는 생산가능인구의 비중을 줄여 노동공급이 축소될 것으로 예측된다. 일반적으로 생산가능인구는 15세에서 64세 연령까지의 인구를 일컫는데 이렇게 정의하는 이유는 65세 이상은 연령상 노동공급을 할 수 없다고 간주되기 때문이다. 하지만 인구고령화로 노동공급이 줄어들면 65세 이상의 연령에 대해서도 노동수요가 증가하여 자연스럽게 이들 연령층의 노동공급도 증가하리라고 생각된다. 특히 의료기술의 발달로 이들 연령층의 건강이 과거보다 현저하게 좋아지는 추세라서 이들 연령층이 노동공급을 지속하는 데 필요한 체력적인 어려움도 줄어들고 있다. 따라서 고령층의 노동공급을 증가시켜 고령화의 문제점 중의 하나인 노동공급 부족 현상을 해결할 수 있다는 주장도 제기된다.

이러한 점에 착안하여 정주연은 현재의 고령자 노동시장을 분석하여 고령자들이 어떠한 노동환경에서 노동에 종사하고 있는지 분석하였다. 이러한 분석은 장차 고령자 노동시장의 모습이 어떠한 식으로 변화해 갈 수 있는지 가늠할 수 있는 중요한 단서를 제공해 주리라 믿는다.

정주연은 고령자고용촉진법과 OECD 핵심 고령근로계층 분류를 따라 55세 이상을 고령자로 정의하고 이들을 대상으로 분석하였다. 이러한 분석은 통상의 생산가능인구의 정의와 다르지만 65세 이상의 고령층을 모두 포함했다는 점에서 크게 다르지 않으리라 생각된다.

정주연의 분석에 따르면 한국의 고령자들은 매우 열악한 환경에서 노동에 종사하고 있음을 알 수 있다. 첫째, 고령자 일자리의 비정규직 비율이 매우 높다. 고령자 일자리의 비정규직 비율은 통계청 기준을 적용한 경우 57.21%, 노동계 기준을 적용하면 74.4%이다. 둘째, 고령자들은 임금수준이 매우 낮은 산업에서 노동에 종사하고 있다. 고령자 일자리를 산업과 직종별로 나누어 살펴보았을 때 고령자의 비율이 높은 업종과 직종들이 저임금 근로자 비율도 높은 것으로 분석되었다. 셋째, 고령자들은 실제로 매우 낮은 임금을 받으며 노동공급을 행하고 있다. 이러한 점은 최저임금도 받지 못하는 고령자의 비율이 40%에 육박한다는 사실로 알 수 있다. 이러한 사실들은 한국이 세계 최고 수준의 노인 빈곤율과 자살률을 보이는 중요한 요인 중 하나라고 볼 수 있다.

따라서 정주연은 고령화의 문제를 해결하는 방안의 하나로 고령자의 노동공급을 늘려야 한다는 주장에 부정적이다. 고령자 노동시장의 열악한 환경을 개선하려는 노력이 수반되지 않고 단순히 고령자의 노동공급을 늘리려는 시도는 고령자들이 처해 있는 지금의 상황을 더욱 악화시킬 수도 있는 것이다.

고령화와 더불어 한국의 산업구조도 급격하게 변하고 있다. 그중에서도 정보통신(Information and Communication Technology, ICT) 산업의 확대는 괄목할 만하다. ICT산업은 지식기반 산업의 일종으로 빠른 기술혁신을 특징으로 한다. 하지만 고령층은 새로운 기술에 대한 적응력과 학습능력이 청년층에 비해 저하될 것으로 추측할 수 있기 때문에 고령화의 진전은 ICT산업의 발전을 저해할 가능성도 있다.

이러한 문제에 착안하여 정재현은 먼저 한국 고령층의 노동시장 특징을 분석하였다. 또 고령화와 산업 변화가 이루어진 서유럽과 일본 그리고 북미 국가들과 비교하여 한국에서의 고령화가 ICT산업의 발전에 어떠한 시사점을 가지는지 분석하였다.

정재현은 먼저 한국의 경우 고령자들의 노동활동 참가율이 높은 점에 주목한다. OECD 32개 국가들과 비교할 때 2009년 한국의 남성은 15-24세 연령에서 경제활동 참가율이 20.42%로 비교 대상 국가들 중 가장 낮았고 24-54세 연령에서는 여섯 번째로 낮았다. 하지만 55-64세 남성의 경제활동 참가율은 76.61%로 여덟 번째로 높았고 65세 이상 남성은 41.54%로 세 번째로 높았다. 정재현은 이렇게 고령자의 노동활동 참가율이 높은 가장 중요한 이유로 고령층의 소득보장이 대부분 개인소득, 저축, 가족으로부터 사적 이전을 통해 이루어지기 때문에 경우에 따라서는 노동활동에 종사하지 않고는 기초생활을 영위하기 어렵기 때문이라고 본다. 또한 한국은 자영업에 종사하는 비중이 높다는 특징을 갖는데 자영업에 종사하는 경우 임금노동자보다 더 오래 노동시장에 머물 수 있다는 점도 한국에서 고령층이 높은 경제활동 참가율을 보일 수 있는 이유라고 본다.[9]

정재현은 한국에서 고령층 노동시장의 또 하나의 특색으로 낮은 고용안정성과 낮은 임금을 꼽는다. 고령층의 이런 낮은 고용안정성과 임금은 일반적으로 퇴직연령이 상당히 낮은 반면 기업들은 퇴직 이후의 고령자들의 고용을 꺼리는 경향이 있기 때문이다. 정재현에 따르면 OECD(2004)는 이를 세 가지 원인으로 정리한다. 첫째, 한국에서는 연공임금 체계가 일반적이어서 고령노동자가 생산성에 비해 높은 임금을 받는다. 둘째, 기업

9 방하남 외(2004, 2005) 참조.

은 필요한 노동력 수급을 조정하기 위해 정년퇴직 연령을 상대적으로 낮게 정해 고령노동자의 퇴직을 유도한다. 셋째, 연장자에 대한 공경을 강조하는 유교사상이 여전하기 때문에 고령노동자가 직장 내에서 낮은 연공서열에 있는 것이 불편하다.

이러한 고령층의 특징은 어떠한 시사점을 가지는가? 정재현은 크게 두 가지를 지적한다. 첫째, 대부분 OECD 국가에서는 고령층의 경제활동 참가율이 감소하여 노동력 성장이 둔화되는 것이 큰 문제점으로 대두되었고 이에 따라 고령층의 노동시장 참여를 높이는 것이 이들 국가들의 주요 정책 방향이었지만 한국은 이와 달리 고령층이 높은 경제활동 참가율을 보이므로 이러한 정책의 개발 필요성이 상대적으로 낮다. 하지만 한국에서 고령층이 높은 경제활동 참가율을 보이는 이유가 부족한 노후소득 보장이라는 점에서 고령층의 노동시장 참여를 유지하는 선에서 적절한 노후소득을 보장할 제도적 장치의 개발이 필요하다. 둘째, ICT산업은 특성상 전체 고용에서 차지하는 비중이 OECD 평균 5.5% 정도로 비교적 적으며 시간이 흐름에 따라 다소 감소하는 경향을 보였기 때문에 고령화로 인한 인력 부족 문제는 그리 심각하지 않을 것으로 기대된다. 또한 ICT기술의 특성상 다른 산업 부문에 활용되면 다른 산업의 기술도 발전시키는 정(+)의 외부효과를 가지는 것으로 보는 연구들이 있는데 만약 이러한 점이 사실이라면 ICT기술의 발전은 노동시장에서 고령자의 비중이 커지면서 발생할 노동생산성 감소를 어느 정도 상쇄시킬 가능성도 존재한다고 결론짓고 있다. 하지만 다른 산업에 종사하는 노동력이 고령화됨에 따라 이들이 ICT기술을 활용하는 능력이 저하된다면 이러한 효과는 크게 기대하지 못하게 될 수도 있다.

고령화와 관련하여 가장 많이 제기되는 문제점 중 하나는 과연 기존의 연금제도가 지속적으로 존립할 수 있는가의 문제이다. 연금제도는 크게 부과방식(pay-as-you-go system)과 적립방식(funded system)으로 나뉘는데 전자는 현재 일하고 있는 사람들에게 부과한 부과금을 바로 이용하여 이미 은퇴한 사람들에게 연금 혜택을 부여하는 데 반하여 후자는 현재 일하고 있는 사람에게 부과된 부과금을 적립하여 기금을 마련한 후 이들이 은퇴한 이후 기금에서 나오는 수익을 통해 연금 혜택을 주는 것이다. 고령화가 진전되면서 재정 문제가 더욱 심각하게 제기되는 경우는 부과방식을 채택한 경우이다. 부과방식은 본질적으로 현재 일하는 연령층이 은퇴한 연령층에게 연금을 기여하는 방식인데 고령화가 진행되면 일하는 연령층이 감소하고 은퇴한 연령층이 증가하기 때문에 일하는 연령층이 더욱 많은 금액을 기여하여야 동일한 연금 혜택이 은퇴한 연령층에 돌아갈 것이기 때문이다. 현재 대부분의 국가들이 시행하고 있는 연금제도는 부과방식이거나 적립방식을 택하더라도 부분적으로 부과방식이 혼합되어 있으므로 고령화는 대부분의 국가가 시행하는 연금제도의 재정 상태에 악영향을 미칠 것으로 기대된다.

이러한 문제의식에 기초하여 박만섭은 연금제도의 여러 대안적 유형을 분류하고 그 특징들을 분석하였다. 특히 박만섭은 기존의 부과방식을 적립방식으로 바꿀 것을 촉구하는 대다수 신고전학파 경제학자들의 논의뿐 아니라 부과방식을 유지하면서 이를 지속할 수 있는 다른 조치들을 찾는 비주류 경제학자들의 논의까지도 함께 분석하여 정리하고 있다는 점에서 공헌을 하고 있다. 이를 위해 박만섭은 먼저 Lindbeck and Persoon(2003)에 기반하여 연금제도의 기본적인 유형을 8개로 분류하였다. 즉 ①연금기여와 급여에 따른 위험부담의 주체, ②기금적립의 정도, ③위험정산의 3가지 기준과 각 기준에서의 두 가지 극단적 경우를 적용하면 8개의 기본적 연금제도 유형이 도출된다. 이를 이용하여 박만섭은 Samuelson(1958)이 제공한 중첩세대 모형을 기초로 하여, II절에서 분류한 연금제도의 여러 유형들에 대한 정의를 경제학적 수식으로 표현하였다. 이를 이용하여 박만섭은 인구고령화에 직면하여 부과방식이 지속적으로 유지되기 힘들다는, 널리 퍼져 있는 회의를 비판적으로 살펴보았다.

특히 정부가 적극적인 유효수요 창출 정책을 집행하거나 노동시장에서의 고용조건 변화를 통해 고용수준을 상승시킬 수 있다면 부과방식에서도 재정위기가 존재하지 않을 수 있다. 또한 대안으로 제시되는 유형의 연금제도들은 흔히 노동생산성 향상이라는 부수적인 혜택이 있다고 주장되는데 이러한 주장이 달성되지 못할 수도 있으며 오히려 부과방식하에서보다 더 큰 문제들을 발생시킬 수 있다는 것을 지적한다. 박만섭은 이상과 같이 연금제도의 개혁은 좀더 조심스럽게 접근될 필요가 있음을 강조한다.

고령화는 연령층의 분포를 바꿈에 따라 한국의 정치 현상에도 영향을 줄 수 있다. 흔히 정치 현상을 설명하는 과정에서 좌우 이념의 대립이 크게 부각되지만 실제로 투표 양상을 보면 가장 두드러진 현상은 세대 간 차이이다. 최근 2011년 10월에 이루어진 서울시장 보궐선거에서도 이러한 세대 간의 투표 성향 차이는 두드러진다. 방송 3사가 공동으로 행한 출구조사에 따르면 야권 후보로 나선 박원순 후보는 40대 이하 젊은 유권자들에게서 압도적인 지지를 받았다. 즉 박 후보는 20대에서 69.3% 대 30.1%, 30대에서 75.8% 대 23.8%, 40대에서 66.8% 대 32.9%로 여권의 나경원 후보를 큰 격차로 앞섰다. 반면 나 후보는 50대에서 56.5% 대 43.1%, 60대 이상에서 69.2% 대 30.4%로 박 후보에 앞섰다. 이와 같이 한국에서의 투표 성향을 분석할 때 연령층에 따른 정치 성향의 차이를 이해하는 것은 매우 중요하다.

이러한 세대 간 투표 성향의 차이는 세대 간 이념의 차이를 반영하는 것인가? 이러한 질문에 대한 대답은 장차 한국사회가 고령화되고 젊은 유권자의 비중이 축소된다는 점을 감안할 때 매우 중요한 시사점을 가질 것이다. 이러한 문제점에 기초하여 이우진은 2006년, 2010년 두 개의 지방선거에 대한 여론조사 자료를 이용하여 유권자들이 얼마나 자신들의 이념에 충실하게 투표하였는지, 그리고 이념과 투표에 영향을 미치는 주요 변수는 무엇인지를 분석하였다.

이우진은 먼저 남성과 여성 간에 이념 위치에 대한 인식의 차이가 있는지를 살펴보았는데 두 선거에서 남성과 여성 간에 이념 위치에 대한 인식의 차이가 거의 없음을 발견하였다. 또한 학력별로도 이념 위치상의 현저한 차이는 발견되지 않았다. 소득별로 차이를 분석했을 때도 응답자 본인의 이념 위치가 소득그룹별로 현저한 차이를 보이지 않았다. 결국 두 개의 지방선거에서 성별, 학력별, 소득별 간 차이는 이념 성향에 차이를 가져오는 주요 요인이 아니었다. 반면 연령별 차이는 세 가지 경우들과는 현저히 다른 양상을 보이고 있다. 2006년 지방선거의 경우, 연령이 높아질수록 스스로를 보수적으로 평가하고 있음을 확인할 수 있으며 2010년 지방선거의 경우에도 명백한 세대균열이 관찰된다. 40대와 50대는 전체 평균에 가까운 이념 성향을 보이며 이보다 연령이 높으면 보수적인 편향을 보이고 이보다 연령이 낮으면 진보적인 편향을 보인다.

또한 두 선거 결과는 실제로 유권자들이 자신의 이념 성향을 충실하게 반영하여 선거에 임했음을 보여 준다. 이우진은 유권자들이 자신들의 이념에 충실하게 투표하였는가를 파악하기 위하여 응답자 자신의 이념 위치와 응답자가 평가한 정당의 이념 위치를 각각 계산한 후 실제 선거에서 응답자가 자신의 이념 위치와 가장 가까운 정당에 투표하였는지를 분석하였다. 그 결과 2006년에는 유권자의 52.6%, 2010년에는 70.0%가 자신의 이념에 충실하게 투표했음을 알 수 있었다. 따라서 한국의 유권자들은 대체로 자신의 이념에 충실하게 투표에 임하고 있음을 알 수 있다.

결론적으로 이우진은 지난 두 지방선거에서 유권자들이 대체로 자신의 이념에 충실하게 투표하였으며, 이러한 이념에 가장 큰 요인을 미치는 요인은 연령 차이임을 밝히고 있다. 이우진은 이러한 세대 간 차이를 설명하는 가설을 크게 두 가지로 보고 있는데 어떠한 가설을 지지하는가에 따라 고령화가 한국의 이념 분포에 미치는 영향이 달라질 수 있다. 첫째는 연령효과 가설이라 부를 수 있는데 이에 의하면 나이가 들수록 '변화'보다는 '현 상태를 유지하려는'(conserve) 경향이 강해진다는 것이다. 이에 따르면 한국의 고령화가 진행될수록 한국은 좀더 보수화될 가능성이 높아진다. 둘째는 세대효과 가설이라 부를 수 있는데 이에 따르면 청년 시기에 겪었던 역사적 사건이나 사회적 환경이 가치관이나 정치적 성향에 결정적인 영향을 미침으로써 세대 간 차이를 초래한다는 것이다.[10] 이에 따르면 청년기의 가치관은 연령이 높아져도 바뀔 가능성이 크지 않으므로 고령화의 진전은 한국의 이념 성향을 바꾸지 못한다. 장차 두 가설을 좀더 정밀하게 검증하여 고령화가 한국의 정치 현상에 어떠한 영향을 미칠 수 있는지 판단할 필요가 있다.

마지막으로 김균은 행복경제학의 성과와 정책적 함의에 대해 분석하였다. 사실 행복 추구야말로 우리가 경제활동을 하는 궁극적인 목적일 것이다. 그런데 최근 행복의 의미를 경제학적으로 재정립하려는 시도가 이루어지고 있다. 또한 행복수준을 결정하는 요인 중 하나로 연령의 중요성도

---

10 이내영(2009)참조.

부각되고 있다. 고령화의 진전과 더불어 노인인구가 증가한다고 할 때 연령이 증가함에 따라 행복을 느끼는 정도가 달라진다면 결국 사회 전체의 행복수준도 고령화의 정도에 따라 달라질 것이다.

김균은 일반적인 행복의 의미와 이를 정립하는 과정에서 발전한 행복경제학의 성과와 정책적 함의에 대해 분석하였다. 먼저 행복의 의미를 살펴보고 경제학에서 강조되는 효용이 행복의 척도로서 어떤 특색을 가지고 있는지 분석하였다. 경제학에서는 효용이 소득의 크기에 비례한다고 가정하는 반면, 이스털린에 따르면 국제 횡단면 자료나 일국의 시계열 자료 모두에서 소득과 행복은 뚜렷한 비례관계를 가지지 않는다. 이를 이스털린 역설이라고 부르는데, 이 역설을 설명하려는 다양한 시도들이 등장하는 과정에서 소득 이외에 행복을 결정짓는 다른 요인들이 고려되기 시작하였다. 이 과정에서 행복의 결정요인 분석은 경제학적 연구의 대상이 되었다고 한다.

김균에 따르면 최근 행복경제학 연구의 성과 중에서 연령과 관련한 중요한 발견은 생애주기에 따른 행복수준의 변화가 U자형을 따른다는 점이다. 즉 20대 초반에 높았던 행복수준은 점차 낮아져서 40대 말·50대 초에 이르면 최저가 되고 그 후 노년기로 접어들면서 행복수준은 다시 상승한다는 것이다. 그 이유는 노년층이 기대수준과 목표가 낮으며 목표와 성취감 간의 격차가 적기 때문이다. 또한 노년층은 일상적 삶의 의무에서 점차 해방되고 스스로를 통제할 수 있는 일종의 지혜가 생긴다는 점도 이들의 행복수준을 높이는 데 도움을 준다. 이러한 사실은 고령화가 진전됨에 따라 전반적인 행복수준은 오히려 올라갈 수도 있음을 보여 준다. 또한 최근 행복경제학의 성과에 따르면 행복수준은 부부 등 가족관계, 친구·이웃과 같은 소공동체 생활 등 인간관계에 영향을 받는데, 연령이 늘어감에 따라 이러한 인간관계에 소홀하지 않도록 사회복지 정책을 수립할 필요가 있다고 하겠다.

## IV. 결론

이 책에 수록된 논문들은 II절에서 설명하였던 고령화의 경제적 효과를 모두 고려하지는 못했다. 이러한 사실은 이 책의 한계이기도 하지만 동시에 고령화의 경제적 효과가 너무 광범위하여 이를 한 권의 책을 통해 모두 분석하기는 쉽지 않음을 반영한다. 하지만 이 책에 수록된 논문들은 해당 주제에 대해 매우 심도 있는 분석을 행하고 있으며 이를 통해 고령화가 한국경제에 미치는 효과를 종합적으로 분석하는 데 큰 도움을 줄 것으로 확신한다.

## 참고문헌


방하남 · 신동균 · 김동헌 · 신현구, 《인구고령화와 노동시장》, 한국노동연구원, 2004.

__________________, 《인구고령화와 노동시장 변화 및 노동정책 과제》, 한국노동연구원, 2005.

신관호 · 황윤재, 〈인구구조의 변화가 총노동생산성에 미치는 영향〉, 《경제분석》 제11권, 2호, 2005.

이내영, 〈6 · 2 지방선거와 세대균열의 부활〉, 이내영 · 임성학 공편, 《변화하는 한국유권자 4》, 동아시아 연구원, 2010.

Bosworth, Barry P., Gary Burtless, and John Sabelhaus, "The Decline in Saving: Evidence from Household Surveys" *Brookings Papers on Economic Activity*(1991:1), pp.183-256.

Bosworth P. Barry, Ralph C Bryant and Gary Burtless, "The Impact of Aging on Financial Markets and the Economy: A Survey", *Working Paper*, The Brookings Institution, 2004.

Bosworth, Barry P., and Benjamin Keys, "Increased Life Expectancy: A Global Perspective." In Henry J. Aaron and William B. Schwartz, eds., *Coping with Methuselah: The Impact of Molecular Biology on Medicine and Society*, Washington, DC: Brookings Institution, 2004.

Cutler, Poterba, Sheiner and Summers, "An Aging Society: Opportunity or Challenge", *Brookings Papers on Economic Activity*, No. 1, 1990.

Groome, W. Todd, Nicholas Blancher, Parmeshwar Ramlogan and Oksana Khadarina, "Population Ageing, the structure of Financial Markets and Policy Implications", *Geneva Reports on the World Economy*, 8, Center for Economic Policy Research, The Brookings Institution, Washington DC, 2006.

Higgins, Matthew, "Demography, National Savings, and International Capital Flows", *International Economic Review*, 39(May 1998), pp.343-69.

Kotlikoff, Laurence J., and Lawrence H. Summers, "The Role of Intergenerational Transfers in Aggregate Capital Accumulation." *Journal of Political Economy*, 89(August 1981), pp.706-32.

Kitchell, Olivia S., John Piggot, Michael Sherris and Shaun Yow, "Financial Innovation for An Aging World", *NBER Working Paper* #12444, NBER, 2006.

Lindbeck, A. and M. Persson, "The Gains from Pension Reform", *Journal of Economic Literature*, Vol.41, 2003, pp.74-112.

Modigliani, Franco, and Richard Brumberg, "Utility Analysis and the Consumption Function: an Interpretation of the Cross-Section Data." In Kenneth K. Kurihara, ed., *Post-Keynesian Economics*, New Brunswick, NJ: Rutgers University Press, 1954, pp.388-436.

Park, Donghyun, and Kwanho Shin, "Impact of Population Aging on Asia's Future Growth", *ADB Economics Working Paper Series*. Manila: Asian Development Bank, 2011.

Samuelson, P. A., "An Exact Consumption-Loan Model of Interest With or Without the Social Contrivance of Money", *Journal of Political Economy*, Vol.66, 1958, pp.468-82.

Weil, David N., "The Saving of the Elderly in Micro and Macro Data", *Quarterly Journal of Economics*, 109(February 1994), pp.55-81.

# 고령화와 만성질환

김범수 고려대 경제학과 교수
김진영 고려대 경제학과 교수

## I. 서론

한국을 비롯한 많은 나라에서 수명의 증가와 출산률 감소에 의해 인구의 고령화가 발생하고 있다. 한국의 평균수명은 1970년대의 여자 66세, 남자 59세에서 2003년에는 여자 81세, 남자 74세까지 증가하였으며, 여성 한 명당 생애 평균 출생아 수를 나타내는 총출산률(total fertility rate)은 1970년에 4.53명에서 최근인 2005년에는 1.08명까지 하락하였다. 인구의 고령화가 이루어지면서 한국인들에게 주로 발생하는 질병은 어떻게 바뀌고 있을까? 예를 들면, 최근 들어 만성질환의 경우에 노년층에 대한 발병률이 어떻게 변해 가고 있을까? 발병률이 증가해 왔을 것이라는 추측을 쉽게 해 볼 수 있지만 실제로 증가 속도와 증가 크기가 어떻게 변화해 왔을까?[1] 특히 만성질환의 경우에 지속적으로 의사를 만나야 하고 약을 복용해야 하는 특성이 있고, 관리가 잘못되었을 경우 급성질환이 되어 입원치료 등이 필요할 수 있기 때문에 좁게는 환자 본인, 넓게는 사회 전체적으로 그 의료

1 건강에 대한 투자를 늘림으로써 증가하지 않고 그대로 있거나 오히려 감소할 가능성도 배제할 수 없기 때문이다.

비용이 상당히 커질 수 있다.

Hwang et al.(2001)은 미국의 1996년 자료를 이용하여 만성질환자의 경우 의료비용 지출이 만성질환의 수에 따라 비례적으로 증가함을 보였다. 또한 Hoffman et al.(1996)은 1987년 현재 미국의 만성질환을 가진 사람의 수가 전체 인구의 38%에 달하며 이들은 나이가 들었거나 장애자가 아닌 경우가 대부분인 것으로 밝혔다. 그에 반해 우리나라의 경우에는 만성질환자의 실태를 파악해 본 적이 없는 것으로 알고 있다. 또한 인구구조의 변화, 특히 고령화는 만성질환의 종류나 확산에 영향을 미치는 중요한 요인이 될 수 있다. 만일 만성질환과 고령화가 서로 관련이 있다면 향후 정책 수립을 위해 실태 파악은 매우 중요한 문제가 된다고 할 수 있다. 한국의 경우 아직까지는 많은 다른 국가들에 비해 의료비 지출이 낮은 수준이지만 최근 지출이 상승하고 있으며, 그 원인들 중 하나는 만성질환의 증가일 수도 있다. 이는 향후 한국 사회가 점점 더 고령화된 사회로 진입할 것이라는 예상하에서 더욱 중요한 문제가 될 수 있다. 미래의 의료비 예측에 중요한 요소가 될 수 있기 때문이다.

최근까지 자료의 부족으로 인하여 실증적으로 우리나라에 만성질환이 얼마나 존재하는지, 그리고 만성질환이 연령별로 어떻게 변동하는지에 대한 연구가 많지 않았던 것이 사실이다. 2008년 처음으로 수집된 한국의료패널은 한국 인구 전체의 대표성을 지닌 집단에 대한 건강 상태, 의료 소비 등을 보고하고 있는데, 이 자료는 고령층의 만성질환 발병률과 변화 속도를 알 수 있는 좋은 자료라고 할 것이다. 따라서 본 연구에서는 제1차 한국의료패널을 이용하여 만성질환의 실태를 고찰해 보고자 한다.

본 연구는 다음과 같은 순서로 전개된다. II절에서는 사용된 자료의 출처와 변수 설명을 다루고 있다. III절에서는 데이터 연구에서 얻어진 연구결과를 설명하는데 연령별, 성별 등으로 나누어 보고 각 그룹에서의 만성질환 상황을 살펴본다. 마지막으로 IV절에서는 본 연구의 맺음말이 제시된다.

## II. 자료와 사용된 변수

한국의료패널 데이터는 2008년 4-10월의 기간 동안 총 7,866가구에 속한 24,616명의 가구원에 대한 의료 이용과 의료비 지출에 대한 정보를 포함하고 있다. 또한 이 패널 데이터는 본 조사 실시 이전인 2007년, 2008년에 실시한 예비조사와 가구유치조사 내용을 포함하고 있다. 한국의료패널 조사는 가구 및 가구원에 대한 인구 · 사회 · 경제적 특성과 만성질환, 의약품 이용, 응급, 입원, 외래 서비스 이용 등의 의료 이용 및 의료비 지출 내용, 그리고 민간의료보험에 대한 설문을 포함하고 있고, 2008년 첫 번째 조사를 시작으로 향후 2년에 3회 정도 같은 사람들을 추적하여 조사하는 한국 보건의료 분야의 첫 패널 조사이다.

한국의료패널조사의 표본은 2005년 인구주택총조사 90% 전수자료를 이용하여 추출되었는데, 본 연구에서는 1차 조사에 포함된 응답자 각 개인의 나이와 직업군에 따른 만성질환 개수와 만성질환의 종류, 또 그와 관련된 의료 행태와 의료비 지출 자료를 사용하였다.

만성질환은 일반적으로 완만한 증상을 보이며 6개월 혹은 1년 이상 장기적으로 지속되는 질환으로, 급성질환과 대비된다. 일부 질병은 만성과 급성의 구분이 쉬운 반면 일부의 경우에는 진단명만으로는 구분이 쉽지 않을 수도 있다. 한국의료패널조사에서는 본인의 상황을 가장 잘 알 수 있는 응답자에게 직접 만성질환 유무와 그 종류를 질문하였고 본 연구에서는 이를 기준으로 만성질환을 분류하였다. 다시 말하자면, 설문조사 시 각 가구원에게 현재 만성질환을 앓고 있는지의 여부를 질문하고, 이 중 만성질환이 있다고 응답한 사람에 대해서 질환의 종류를 조사하였으며, 언제 의사로부터 진단을 받았는지, 그리고 지난 조사원 방문 이후 만성질환과 관련하여 입원이나 외래의료 서비스를 이용한 적이 있는지를 확인하여 만성질환에 대한 데이터를 구축하고 있는데, 본 연구는 이 정보를 이용하고 있다.

또한 한국의료패널조사에서는 의료 서비스 이용을 응급, 입원, 외래로 구분하고 있다. 세 가지 서비스 모두 조사원의 지난 방문 이후 서비스를 이용한 적이 있는지를 먼저 질문하고, 이용 경험이 있는 사람들에 대해서는 만성질환 개개의 건별로 수납 금액을 포함한 다양한 질문을 하였다. 본 연구에서는 응급, 입원, 외래 서비스 중에서 응답자가 가진 만성질환과 같은 진단으로 서비스를 이용한 점과 만성질환 관련 응급, 입원, 외래 서비스 이용이 있었는지에 대한 정보를 이용하여 각각의 서비스가 만성질환과 관련이 있는지를 구분하였다.

본 연구에서의 응급 의료비는 응급실 이용에 대한 수납금액과 처방약값을 포함하고 있으며 외래 의료비는 외래를 통한 의료 이용 시의 수납금액으로 처방약값을 포함한다. 또한, 입원 의료비는 수납금액과 처방약값, 그리고 간병비로 구분된다. 다만, 응급실을 통해 입원을 하게 되고 응급실 이용비용을 입원비용과 함께 정산하게 된 경우에는 입원비용만 관찰할 수 있다. 또한 설문에서 관찰된 비용은 건강보험관리공단에서 지불할 의료 수가를 제외한 본인 부담금만을 포함하고 있다.

# III. 만성질환에 대한 실증연구

## 1. 연령별 만성질환

본 분석에서는 일반적인 분류 기준에 따라 연령을 20세 미만의 청소년과, 20세에서 64세까지의 성인, 그리고 65세 이상의 노년층으로 나누어 각 그룹의 만성질환 상태를 보고자 한다. 〈그림 1〉의 첫 번째 그래프에서 만성질환을 한 가지 이상 가진 환자의 비율을 보면, 20세 미만의 경우는 17%가 만성질환을 한 가지 이상 가진 반면 성인은 32%, 노인은 83%가 만성질환을 한 가지 이상 가진 것으로 나타났다. 나이가 들면서 만성질환의 증가가 관찰되고 있으며 특히 65세 이상에서는 급격히 증가함을 볼 수 있다.

〈그림 1〉 연령별 만성질환자의 비율

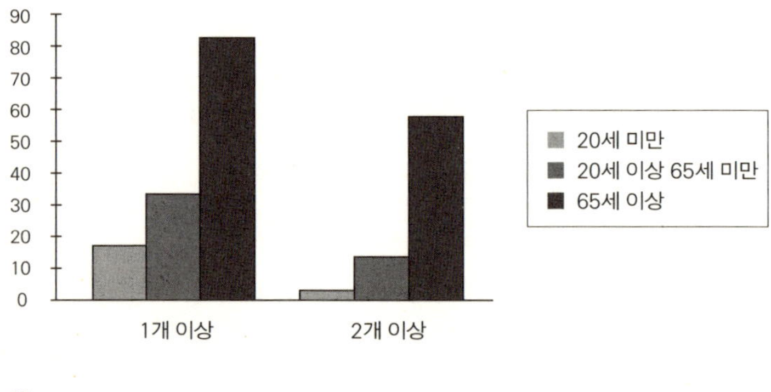


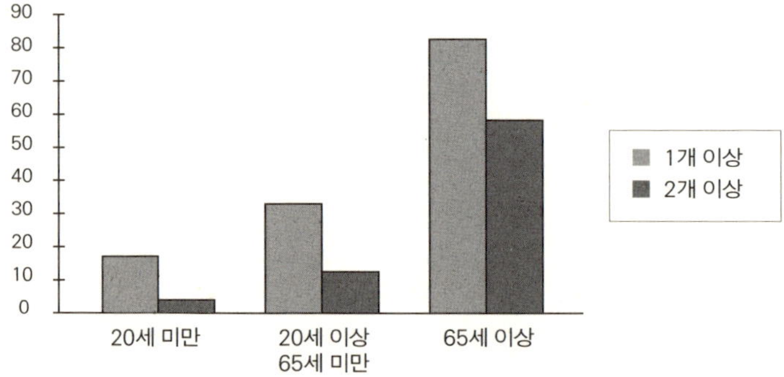

만성질환이 2개 이상의 경우에도 비슷한 패턴을 보이고 있다.

〈그림 1〉의 두 번째 그래프에서는 연령별로 만성질환 한 가지 이상을 가진 환자 비율과 두 가지 이상을 가진 환자 비율을 비교하고 있다. 이 그래프에서 우리는 연령대가 증가함에 따라 만성질환 두 가지 이상을 가진 환자의 비율이 상대적으로 한 가지 이상을 가진 환자에 비해 빨리 증가함을 볼 수 있다. 다시 말하면, 20세 미만 그룹에서는 두 가지 이상의 만성질환 환자가 한 가지 이상에 비해 1/5인 반면, 성인은 1/3 정도, 노인층은 2/3가 넘는 것으로 나타나 연령이 증가하면서 개인당 만성질환의 수도 증가하며 특히 노인들의 경우 거의 60%의 인구가 두 가지 이상의 만성질환을 가지고 있는 것으로 나타났다.

## 2. 성별 만성질환

〈그림 2〉는 남녀 두 그룹의 만성질환 수의 분포를 보여 주고 있다. 남성과 여성의 성별 만성질환의 수를 보면 남자는 인구의 67%, 여자는 59%가 만성질환이 없는 것으로 나타나 만성질환이 없는 비율은 남성이 다소 높음을 알 수 있다. 한 가지 만성질환을 가진 사람은 남녀 모두 19% 정도였고 두 가지 이상인 경우를 보면 여성이 남성보다 다소 높아짐을 볼 수 있다.

**〈그림 2〉 남녀별 만성질환 수**

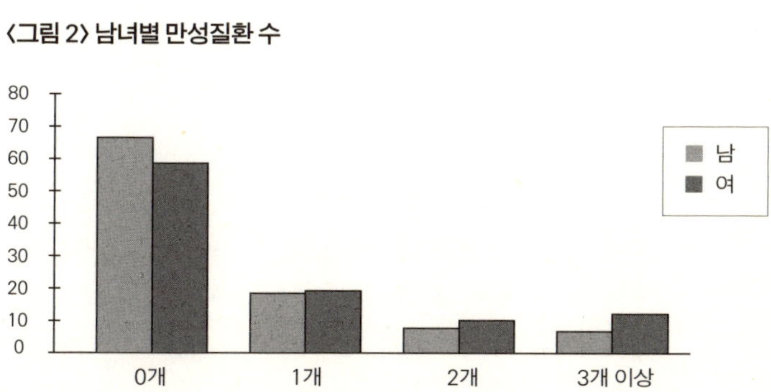

다수의 만성질환을 가진 여성이 많은 것은 여성의 건강 상태가 남성에 비해 양호하지 못하기 때문이 아니라 여성의 수명이 남성보다 길어서 노년 여성인구가 많기 때문일 것이라 사료된다.

### 3. 소득별 만성질환

본 연구에서는 한국의료패널 데이터에 포함된 전체 가구들의 소득분포를 고려하여, 2천만 원 이하의 저소득층과, 2천만 원에서 4,800만 원의 중소득층, 4,800만 원 이상의 고소득층으로 나누었다. 〈그림 3〉에 나온 각 소득계층별 만성질환의 수를 보면 저소득층이 만성질환에 좀더 많이 시달리고 있는 것으로 나타났다. 저소득층은 평균 1.3가지의 만성질환을 가지고 있는 것에 비해, 다른 두 그룹은 그룹 간의 큰 차이 없이 평균 0.5가지의 만성질환을 가지고 있음을 보여 주고 있다. 저소득층의 만성질환 보유 수

〈그림 3〉 가구소득별 만성질환

| 가구소득 | 만성질환 수 | |
|---|---|---|
| | 평균 | 표준편차 |
| 저소득층(2000만 원 이하) | 1.2931811 | 1.6714387 |
| 중소득층(2,000만 원 - 4,800만 원) | 0.5463778 | 1.0227453 |
| 고소득층(4,800만 원 이상) | 0.5084663 | 0.9991903 |

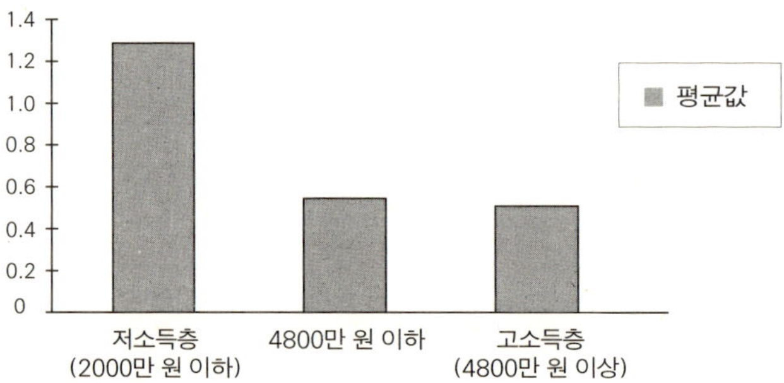

가 높은 것은 소득효과에 의해 의료비 지출이 적고 건강에 대한 인적자본 투자가 적기 때문일 것이라 추측되는데, 흥미로운 점은 중소득층과 고소득층 간의 차이가 크지 않다는 것이다. 또한 저소득층이 어떤 종류의 만성질환을 지니고 있는지 살펴보는 것은 왜 이들이 더 많은 만성질환을 가지고 있는지를 이해하는 데 큰 도움이 될 것이다.

### 4. 성인과 노인의 만성질환

〈표 1〉은 20세에서 64세 사이의 한국 성인이 가지고 있는 만성질환의 종류를 보여 주고 있다. 먼저, 가장 많은 14.2%의 성인이 고혈압을 가지고 있다고 조사되었다. 그리고 그 다음으로는 보유비율이 급격히 줄면서 5.4%가 당뇨병을, 그 이후에는 피부질환(4.8%), 관절염(4.6%), 위염(4.5%)을 가지고 있다고 답변하고 있다.

**〈표 1〉 한국 성인에게 가장 흔한 만성질환**

| 질환명 | 비율 |
|---|---|
| 고혈압 | 14.2 |
| 당뇨병 | 5.4 |
| 피부질환 | 4.8 |
| 관절염 | 4.6 |
| 위염 | 4.5 |

〈표 2〉에 따르면 65세 이상의 노인들의 경우에는 고혈압과 관절염이 가장 흔한 만성질환으로, 각기 20%와 11%의 비율을 차지하고 있다. 관절염의 경우에는 성인의 경우 4.6%만을 차지하고 있었지만 연령이 증가하면서 급격히 상승하여 노인인구에서는 두 번째로 흔한 만성질환으로 보고되고 있다. 반면, 당뇨병은 성인에 비해 크게 증가하지 않아 비교적 이른 시기

**〈표 2〉 노인의 가장 흔한 만성질환**

| 질환명 | 비율 |
|---|---|
| 고혈압 | 19.6 |
| 관절염 | 10.7 |
| 당뇨병 | 7.1 |
| 배병증(배통, 허리통증, 옆구리 통증 등) | 4.7 |
| 골밀도 및 구조장애 | 4.4 |

에 시작되어 지속적으로 유지되는 만성질환임을 알 수 있다. 위염과 피부질환은 다른 만성질환과 비교해 볼 때 오히려 줄어드는 것으로 나타난 반면 골밀도 장애나 통증은 연령이 올라감에 따라 증가하고 있다.

## 5. 3대 만성질환의 연령별 비율

〈그림 4〉는 고혈압, 관절염, 당뇨병의 3가지 가장 흔한 만성질환을 연령별로 비교하여 연령에 따라 질환이 얼마나 흔한가를 보여 주고 있다. 20세 미만은 아주 낮은 비율의 사람만이 위의 질환을 보유하고 있어 이 그래프

〈그림 4〉 3대 만성질환의 연령 그룹별 환자 비율(%)

| | 20세 미만 | 20세 이상 65세 미만 | 65세 이상 |
|---|---|---|---|
| 고혈압 | 0 | 14.2 | 19.6 |
| 관절염 | 0.07 | 4.6 | 10.7 |
| 당뇨병 | 0.07 | 5.4 | 7.1 |

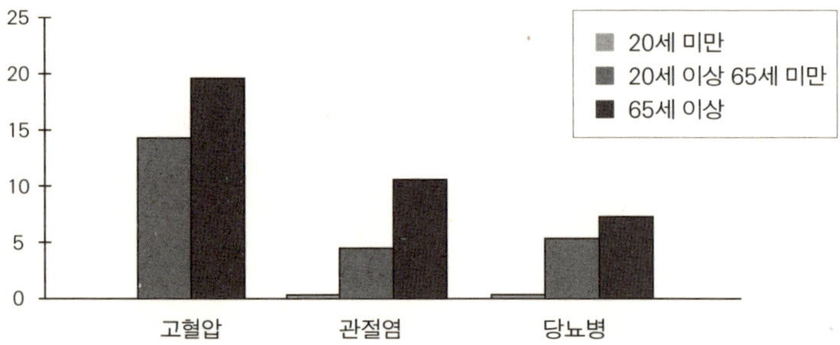


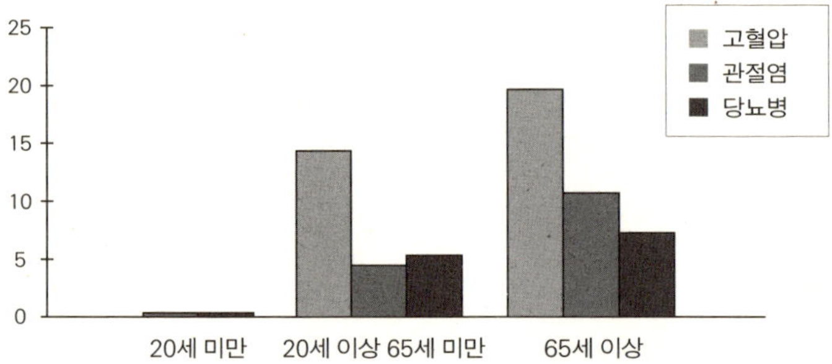

에 거의 나타나지 않았다. 관절염의 경우 성인 그룹과 노인 그룹을 비교하였을 때 가장 큰 차이를 보이는데, 노인 그룹에서 두 배 이상의 비율을 보이고 있다. 나이가 들수록 가장 빠르게 증가하는 만성질환이 관절염임을 알 수 있다. 반면, 당뇨병은 노인이 되어도 성인에 비해 크게 증가하지 않고 있다.

## 6. 질환별 의료비용

여기에서는 3대 만성질환인 고혈압, 관절염, 당뇨병에 대해서 의료비용이 얼마나 드는지는 살펴보고자 한다. 의료비용은 응급, 입원, 외래의 세 가지로 구분되는데 세 가지 만성질환 모두 외래 이용이 대부분인 것으로 나타났다. 만성질환이라는 특징을 감안할 때 평상시 외래진료를 지속적으로 보는 데 대부분의 비용이 들어간다고 보여진다. 하지만, 이를 해석함에

〈그림 5〉 질환별 의료비용

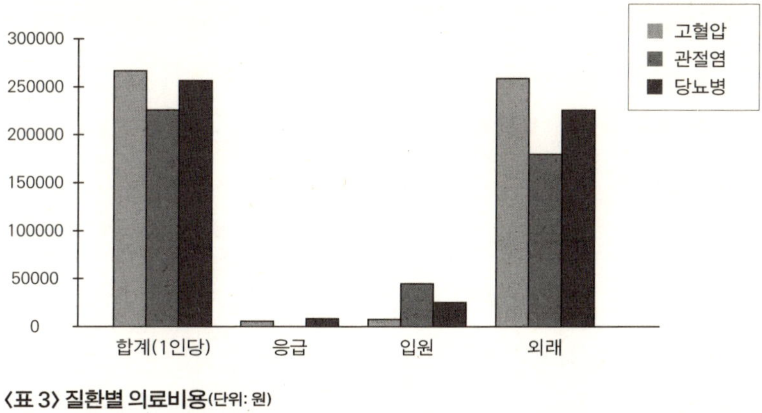


〈표 3〉 질환별 의료비용(단위: 원)

| 질환명 | 합계(1인당) | 응급 | 입원 | 외래 |
|---|---|---|---|---|
| 고혈압 | 268232.22 | 410.03 | 8332.81 | 259489.37 |
| 관절염 | 226974.24 | 0.00 | 46505.31 | 180468.93 |
| 당뇨병 | 255679.27 | 920.67 | 26868.05 | 227890.55 |

있어서 몇 가지 한계를 인식하여야 한다. 먼저, 만성질환이 급성질환과 관련된 경우에도 본 비용에서는 급성질환비용은 포함하고 있지 못하다는 것이다. 이는 만성질환과 급성질환을 인과관계로 연결하기 어렵기 때문이다. 예를 들면, 만성질환인 고혈압이 있는 사람은 합병증으로 급성증상인 심장마비가 올 수 있는데 이 둘을 연결하여 심장마비를 고혈압의 급성비용으로 계산하는 것이 어렵다는 것이다. 심장마비가 고혈압으로 인한 합병증인지 명확하게 말할 수는 없기 때문이다. 따라서 여기서는, 의료비용은 대체적으로 만성질환을 평상시 관리하는 데 외래를 이용하는 비용이라는 것 정도만 말할 수 있다. 고혈압의 경우에는 1년에 1인당 26만 원 정도를 외래비용으로 사용하고 있는 것으로 나타났다.

### 7. 직업군별 만성질환

여기에서는 직업군별로 만성질환의 평균개수와 종류를 알아보고자 한다. 직업군은 9개(관리자, 전문가, 사무, 서비스, 판매, 농림어업, 기능, 기계장치, 단순노무)로 나누어져 있다. 농림어업, 단순노무 직종이 각각 평균 1.75, 1.28의 만성질환을 가지고 있어 가장 많은 만성질환을 가지고 있는 것으로 조사되었다. 반면, 사무, 전문가 집단은 가장 낮은 만성질환을 가지고 있다. 이를 좀더 자세히 살펴보면 고혈압은 직업군에 관계없이 가장 흔한 만성질환이지만 관절염의 경우는 농림어업, 단순노무 등

〈표 4〉 직업군별 만성질환의 수

| 직업군 | 만성질환의 수 | |
|---|---|---|
| | 평균 | 표준편차 |
| 관리자 | 0.8656463 | 1.3248934 |
| 전문가 | 0.5002474 | 0.9993190 |
| 사무 | 0.4770206 | 0.8988642 |
| 서비스 | 0.9979737 | 1.4794042 |
| 판매 | 0.9436435 | 1.3773706 |
| 농림어업 | 1.7529412 | 1.6613597 |
| 기능원 | 0.6841721 | 1.1520361 |
| 장치 기계 | 0.7509124 | 1.2308808 |
| 단순노무 | 1.2880795 | 1.5286013 |

* 주: 한국의료패널을 이용한 저자의 계산

〈표 5〉 직업군별 발병률순 병명

| 병명 | 발병자 수 | 발병률 | 병명 | 발병자 수 | 발병률 |
|---|---|---|---|---|---|
| 관리자 | | | 전문가 | | |
| 고혈압 | 112 | 22.0039 | 고혈압 | 151 | 14.9357 |
| 당뇨병 | 46 | 9.0373 | 코질환 | 79 | 7.8140 |
| 치아장애 | 27 | 5.3045 | 피부질환 | 61 | 6.0336 |
| 위염 및 십이지장염 | 18 | 3.5363 | 당뇨병 | 59 | 5.8358 |
| 전립선의 비대 | 16 | 3.1434 | 위염 및 십이지장염 | 42 | 4.1543 |
| 사무직 | | | 서비스 | | |
| 고혈압 | 90 | 14.9502 | 고혈압 | 152 | 15.4315 |
| 피부질환 | 42 | 6.9767 | 당뇨병 | 64 | 6.4975 |
| 당뇨병 | 34 | 5.6478 | 관절염 | 53 | 5.3807 |
| 코질환 | 33 | 5.4817 | 내분비, 영양 및 대사질환 | 36 | 3.6548 |
| 위염 및 십이지장염 | 21 | 3.4884 | 피부질환 | 36 | 3.6548 |
| 판매직 | | | 농림어업 | | |
| 고혈압 | 248 | 17.2222 | 고혈압 | 569 | 18.1847 |
| 관절염 | 106 | 7.3611 | 관절염 | 408 | 13.0393 |
| 당뇨병 | 90 | 6.2500 | 당뇨병 | 199 | 6.3599 |
| 기타배병증 | 61 | 4.2361 | 기타 배병증 | 193 | 6.1681 |
| 위염 및 십이지장염 | 57 | 3.9583 | 위염 및 십이지장염 | 140 | 4.4743 |
| 기능원 | | | 장치기계 | | |
| 고혈압 | 178 | 18.9765 | 고혈압 | 153 | 18.5905 |
| 당뇨병 | 59 | 6.2900 | 당뇨병 | 60 | 7.2904 |
| 피부질환 | 44 | 4.6908 | 치아장애 | 52 | 6.3183 |
| 위염 및 십이지장염 | 42 | 4.4776 | 위염 및 십이지장염 | 36 | 4.3742 |
| 관절염 | 42 | 4.4776 | 피부질환 | 35 | 4.2527 |
| 단순노무 | | | 미성년자 및 비경제활동 인구 | | |
| 고혈압 | 406 | 17.3950 | 고혈압 | 711 | 11.2145 |
| 관절염 | 208 | 8.9117 | 코질환 | 528 | 8.3281 |
| 당뇨병 | 139 | 5.9554 | 피부 및 피부조직 질환 | 527 | 8.3123 |
| 기타 배병증 | 103 | 4.4130 | 관절염 | 330 | 5.2050 |
| 위염 및 십이지장염 | 98 | 4.1988 | 당뇨병 | 275 | 4.3375 |

* 주: 한국의료패널을 이용한 저자의 계산.

관절의 사용이 가장 많은 직업군에서는 고혈압 다음으로 가장 흔하게 조사되었다.

## IV. 맺음말

본 연구에서 우리는 한국의료패널 데이터를 이용하여 한국인의 만성질환에 대한 여러 측면을 보고하고, 인구고령화와 관련하여 어떤 정책적 함의가 있는지를 밝히고자 하였다. 만성질환의 의료비가 개인적으로나 사회적으로 큰 부담이 된다는 점을 고려해 보면, 만성질환은 고령화의 문제와 관련하여 중요한 경제 · 사회적 문제로 부각될 것이다.

본 연구에 따르면 나이가 들면서 만성질환의 수가 급하게 증가함을 볼 수 있는데, 인구고령화의 진척이 빠르게 이루어지고 있는 현 상황에서 볼 때 앞으로 사회적 비용 역시 급격하게 증가할 것임을 예상할 수 있다. 이에 대비한 의료보험 정비나, 개인들에게 만성질환에 대한 좀더 많은 정보 전달이 시급하다고 할 것이다. 예를 들어, 10년 전과 비교하여 같은 연령대에서 만성질환이 증가하였는지 혹은 반대로 좀더 좋은 의료 환경으로 인하여 만성질환의 발현이 미루어졌는지를 살펴볼 수 있다면 향후 변화에 대하여 좀더 정확한 예측이 가능할 것으로 보인다. 이를 위해서는 현재는 없는 반복된 횡단면 자료를 사용하는 것이 필요할 것이다.

우리는 소득계층 간의 만성질환 발병률이 다름을 알 수 있었는데, 특히 저소득층의 만성질환 문제가 상대적으로 심각함을 알 수 있었다. 중소득과 고소득, 두 그룹 간에는 큰 차이가 없음을 보여 주고 있다. 이는 간접적으로 소득과 만성질환의 발병이 정비례적이지 않음을 시사하고 있다. 만성질환 퇴치를 위한 단순한 소득보정 정책이 확대될 경우 그 정책 효과의 효율성이 떨어질 수도 있음을 보여 주는 것이라 할 것이다.

3대 만성질환(고혈압, 관절염, 당뇨병)의 경우, 성인 그룹과 노인 그룹을 비교하였을 때 가장 큰 차이를 보이는 것은 관절염인 반면, 당뇨병은 노인이 되어도 성인에 비해 크게 증가하지 않음을 알 수 있다. 고령화사회의 진척이 심화되고 있는 한국 사회의 경우 관절염에 의한 노동생산성의 감소가 더욱 심각해질 수 있음을 의미한다고 할 것이다. 이 질병에 대한 정책상 선택적 강조가 필요함을 알 수 있는 부분이라고 할 것이다.

본 연구는 일단 만성질환의 문제점을 대략적으로 파악하고 고령화와 관련한 중요성을 부각하는 데 그 의도가 있었기 때문에 이 주제에 관한 심층적인 연구가 부족하였다고 인정된다. 예를 들어, 만성질환의 발병의 경제 · 사회적 결정요인을 좀더 심층적인 연구방법을 통하여 살펴보아야 할 것이다.

### 참고문헌

Wenke Hwang, Wendy Weller, Henry Ireys and Gerald Anderson, "Out-Of-Pocket Medical Spending For Care Of Chronic Conditions", *Health Affairs*, 20, no.6, 2001, pp.267-278

C. Hoffman, D. Rice, and H-Y. Sung, "Persons with Chronic Conditions: Their Prevalence and Costs", *Journal of the American Medical Association*, 276, no.18, 1996, pp.1473–1479.

# 고령화사회에서의 죽음과 호스피스Hospiz의 필요성에 대해서

## — 독일의 호스피스를 중심으로

이상명
고려대 경제연구소 연구교수

## Ⅰ. 서론

이 세상에는 절대 변하지 않는 이치가 한 가지 있다. 그것은 태어난 모든 생명은 언젠가는 죽는다는 것이다. 비록 죽는 시일이나 죽음의 형태는 사람마다 다르지만 죽음 그 자체는 어느 누구도 피할 수 없는 숙명이다. 그럼에도 불구하고 '죽음'이라는 말은 우리 사회에서 반금기화되어 있는 분위기이다.

죽음에 대해서 언급하는 것조차 부담스럽게 여겨지고 있는 오늘날 이웃이나 친척 또는 친구들의 부음을 들으면 죽음이 삶의 일부라는 것을 인정하며 받아들이지만 적어도 내 개인의 삶에 죽음이 존재한다는 것만은 최대한 잊으며 살고 싶어 한다. 죽음과 직면한다는 것은 나이와는 무관하다. 그렇지만 평균수명이 증가하고 건강한 노년 시기를 맞게 되는 가능성이 높아진 고령화사회에의 죽음이란 나이가 든 노년기에 들어서야 경험하게 되는 일회적인 사건이라고 인식되고 있다. 젊은 사람들에게 죽음은 머나먼 훗날에 겪게 될 일이라서 지금 생각할 필요가 없는 일로 여겨지고, 반면에 연령이 높은 고령자들은 받아들이고 싶지 않은 불편한 현실로 가까이 다가와 있기 때문에 가급적 외면하려고 한다.

하지만 죽음이란 삶에서 분리할 수 없는 것이고 누구든 거쳐야 하는 삶의 마지막 단계이다. 다시 말해 죽음은 삶의 일부인 것이다.

그렇다면 오늘날 우리들은 어떤 형태의 죽음을 맞아야 가장 인간답고 바람직한 죽음이라 할 수 있는가? 이와 같은 질문에는 항상 두 가지의 상반된 답을 들을 수 있다. 하나는 '안락사를 통한 죽음'이고 다른 하나는 '호스피스에서의 죽음'이다. 이에 대한 선택은 물론 개인의 의사에 따라 다르겠지만 사람들이 죽음과 관련해 공통으로 원하는 것이 있다면 그것은 바로 고통 없는 죽음이다. '고통 없는 죽음'의 다른 표현은 아마도 '달콤한 죽음' 또는 '편안한 죽음'이라고 할 수 있겠다. 이와 같은 표현들은 어차피 죽음을 피할 수 없다면 고통 속에 일그러진 모습으로 힘겹고 고달프게 생애를 마감하는 것보다는 꿈속에서 춤을 추듯이 우아하게 이 생에서 저 생으로 떠날 수 있기를 바란다는 뜻을 담고 있다.

많은 사람들은 앞서 언급한 '달콤한 죽음'을 가장 이상적이고, 인간다운 죽음의 형태로 여긴다. 하지만 우리가 현실에서 목격하는 대부분의 죽음은 이러한 바람과는 너무나 동떨어져 있다. 2002년에 발간된 독일 정부의 네 번째 노인보고서에 따르면 아무리 건강하게 살았던 사람이라도 임종이 예상되는 시점에는 노인성 질병으로 인한 투병 과정을 거친다고 한다(BMFSFJ, 2002, p.21). 65세 이상 독일 노인들의 가장 흔한 사망원인은 만성퇴행성 질환으로 인한 순환기계 질환이었고 그 다음 순위가 암이었다. 암으로 인한 사망원인의 심각성은 암에 걸리는 확률이 나이가 많을수록 증가한다는 데에 있다. 실제로 2004년도 독일의 전체 암환자의 2/3는 65세 이상의 노인인구였다. 특히 고령화사회를 넘어 이미 고령사회에 진입한 독일의 경우 암으로 인한 사망률은 점진적으로 계속 증가할 것으로 예상된다. 더욱이 암은 아직도 불치병에 해당되기 때문에 암에 걸린 많은 말기 환자들의 경우 완치될 가망성이 없어 병원에서의 치료는 기대조차 하기 어려운 상황에 처해 있다. 대부분의 환자들이 할 수 있는 일은 결국 남은 시간을 힘겨운 고통 속에서 보내는 일뿐이다.

모든 사람들은 언제나 인간답게 살기를 바란다. 치료 가능성이 없는 말기 환자들도 예외는 아니다. 호스피스 활동의 목적은 육체의 통증을 경감시키는 치료와 더불어 임종자들의 심리적 갈등 및 영적 문제로 인한 고통들을 줄여 주는 데 있다. 더 나아가 임종자들이 갖고 있는 죽음에 대한 불안과 공포 또는 두려움을 최소화시키며, 심리적으로 안정을 취하고 죽음을 긍정적으로 받아들이며 수용할 수 있도록 필요한 서비스를 지원해 주는 것이다.

임종 시기는 환자의 전 생애주기를 고려해 볼 때 어쩌면 가장 나약하고 타인의 손길을 제일 많이 필요로 하는 기간이라고 할 수 있다. 특히 죽음을 앞둔 시기에는 임종자가 자신의 삶을 잘 마무리할 수 있도록 남은 시간을 평안하고 행복하게 보낼 수 있도록 하는 돌봄이 필요하다.

호스피스는 환자들의 이러한 요구에 맞춰 임종의 마지막 순간까지 삶의 질을 유지하고 환자가 인간답고 품위 있게 죽을 수 있도록 돌봄을 실행하는 데 중점을 두고 있으며 다양한 서비스를 포함한 개별적인 케어를 제공하여 환자들이 가능한 한 자연스러운 죽음을 맞을 수 있도록 도움을 주고 있다.

호스피스의 활동은 오늘날 전 세계적으로 활발히 전개되고 있다. 우리나라에서도 현재 호스피스 활성화를 위해 완화의료 건강보험수가 적용을 위한 제2차 시범사업을 실시하고 있다. 보건복지부에 따르면 2012년까지 호스피스 서비스 제공 체계를 다양화하기 위한 법적인 기반을 마련할 예정이며, 환자 및 의료인을 대상으로 교육·홍보 캠페인을 실시하여 완화의료에 대한 인식수준을 높여 갈 계획이라고 한다. 현재 국내에서 호스피스와 관련된 연구들은 활발히 이루어지고 있는 추세인데 학술지 게재 논문을 비롯하여 석·박사 학위논문들의 증가가 이러한 연구 동향을 잘 입증해 주고 있다. 그러나 호스피스에 대해 다루고 있는 많은 논문이나 전문서적들을 보면 외국의 호스피스 현황을 소개하고는 있지만 아쉽게도 대부분 미국을 비롯한 영국과 일본의 호스피스 소개에 중심을 두고 있다. 독일의 호스피스 현황과 특성을 다루는 연구들은 아직까지는 미비하다고 할 수 있겠다. 독일의 호스피스 운동은 영국보다는 뒤늦게 시작되었지만 현재 사회적으로 입지를 굳혔을 뿐만 아니라 제도적으로 정착되어 2007년부터는 보편적인 호스피스 서비스를 제공하고 있다. 이는 암과 같은 불치병에 걸린 환자로서 임종이 6개월 이내로 예견되는 말기 환자들이면 누구나 누릴 수 있는 권리로서, 추가적인 개인비용 부담 없이 호스피스를 이용할 수 있도록 법 규정을 개정한 것이다.

본 논문에서는 독일의 호스피스 현황을 소개하고 고령화사회[1]에서의 호스피스 필요성에 대해서 고찰해 보고자 한다.

1 고령화사회라는 개념은 이미 잘 알려져 있다. UN의 정의에 따르면 한 사회에서 65세 이상의 노인인구 비율이 전체 인구 중 7% 이상이면 고령화사회라고 하며, 14% 이상이면 고령사회 그리고 21% 이상일 경우 초고령화사회라고 불린다. 독일은 65세 이상의 노인인구 비율이 이미 21%를 넘어 초고령화사회에 속한다. 그럼에도 불구하고 논문의 주제를 '고령화사회에서의 죽음과 호스피스의 필요성에 대해서'라고 명한 것은 아직까지 우리나라에서는 '고령화사회'라는 개념이 '초고령화사회'라는 말보다 더 보편적으로 사용되고 있기 때문이다.

## II. 호스피스 개념에 대해서

호스피스(Hospice)라는 말은 전 세계에서 공통으로 사용되고 있는 용어라 할 수 있다. 독일어권에서도 호스피스를 영어 발음 그대로 적용하여 'Hospiz'로 표기하여 사용하고 있다. 또한 완화의료, 즉 영어로 Palliative Care라는 용어도 'Palliativmedizin'이라고 받아들여 사용하고 있으며 심지어 의학계에서는 독일어로 번역하지 않고 그대로 씀으로써, 이들은 전문용어로 자리를 잡았다. 본 절에서는 호스피스, 완화의료 그리고 죽음의 동행이라는 개념들에 대해서 설명하고자 한다.

### 1. 호스피스란?

호스피스(Hospice)라는 개념은 본래 라틴어의 어원인 hospes(손님) 또는 hospitium(손님을 맞이하는 장소 또는 손님 접대를 의미)에서 유래되었으며 찾아오는 손님을 주인이 돌본다는 의미이다. 호스피스가 유래된 역사적 배경을 보면 당시 사람들의 삶에 깊이 뿌리를 내리고 있었던 믿음이나 종교가 영향을 미쳤다는 것을 알 수 있다.

호스피스란, 중세기에는 예루살렘으로 가는 성지순례자들이 하룻밤 쉴 수 있도록 숙박을 무료로 제공하는 거처소를 일컫던 말로, 순례자들이 장거리 여행을 하는 동안 아프고 병들거나 심지어는 죽게 되었을 경우 필요한 약과 편안한 숙식을 마련해 줄 뿐만 아니라 따뜻하게 보살펴 주고 간호해 주었던 곳을 상징하였다. 그렇기 때문에 호스피스란 당시 '여행자의 휴식처'로도 알려져 있었다. 하지만 호스피스 활동의 역사적 배경은 예루살렘으로 향하는 성지순례가 활발했던 중세기 이전의 고대시대에서도 찾아볼 수 있다. 그리스에서는 여행을 하는 사람들은 제우스신의 특별한 보호와 돌봄 아래 있다고 믿고 있었기 때문에, 여행자들이 필요로 할 경우 의·식·주를 제공해 주는 관습이 있었다(노유자 외, 1994, p.116). 주인이 친분이 있는 손님은 물론 전혀 알지 못하는 사람이 찾아오더라도 정중히 대하고 은혜를 베풂으로써 결국 주인에게 신의 가호와 축복이 내려진다는 것을 믿는 데서 비롯되었다고 볼 수 있다.

현대적 의미의 호스피스란 암과 같은 불치병 등으로 치유될 가망이 없는 사람들이 가진 문제들과 요구에 맞춰 돌봄을 제공하는 활동으로, 임종자들이 죽음을 잘 맞고 남은 시간을 인간답게 잘 보낼 수 있도록 도와주는 것이다. Student(2005)의 연구에 따르면 죽는 사람들이 갖고 있는 공통적인 4가지 욕구가 있다. ①혼자서 외롭게 죽는 것을 바라지 않고 소중한 사람들이 함께해 주는 가운데 죽고 싶어 한다는 것(사회적 욕구), ②고통 없이 가급적이면 평안함 속에 죽는 것을 원하며(육체적 욕구), ③죽기 전에 사람들과 작별인사를 나누고, 남은 일들을 정리할 수 있는 시간적 여유(심리적 욕구)와, 마지막으로 ④죽음을 앞에 두고 생의 허무함을 느끼고 인생의 의미에 대해 번민하게 되면 누군가가 옆에서 자신의 이야기에 귀 기울여 주고 물음에 답을 해 주기를 원한다는 것이었다. 마지막 욕구사항은 사람들이 갖고 있는 영적인 측면을 나타내는 사항으로 볼 수 있겠다.

호스피스는 일반 병원과는 달리 치료(cure)를 통한 회복이나 치유가 중심이 아닌 완치될 수 없는 질병에 걸린 환자들을 대상으로 돌봄(care)을 제공하고 있다. 또한 병원치료의 대상자가 환자에게만 국한되었다면 호스피스의 대상자는 치유 가능성이 없는 말기 환자는 물론 환자의 가족과 환자의 죽음을 슬퍼하며 애도하는 모든 사람들을 포함하고 있다. 다시 말해 오늘날 호스피스라는 개념에는 죽어 가는 환자들을 마치 가족과 같이 따뜻하고 정성스럽게 보살피고자 하는 돌봄의 철학이 내포되어 있으며 임종자들이 생의 마지막 시간에도 인간의 존엄성과 품위를 잃지 않고 생을 마감할 수 있도록 도와주고, 남은 가족들이 힘겨운 애도 기간을 잘 넘기고 소중한 가족을 잃은 슬픔을 극복할 수 있도록 지원해 주는데 그 목적을 두고 있다. 우리나라에서는 호스피스가 '임종간호' 또는 '말기 환자 간호' 등과 동일어로도 해석되고 있다.

호스피스는 불치병 환자들이 입소하여 단순이 죽는 날만을 기다리게 하는 '수용시설이 아니라 죽음에 대한 대응 방법을 가르치는 곳'이라고(조유향, 1994, p.151) 보는 것이 더 적합하다. 오로지 장소나 시설을 뜻하는 말이 아닌 인간의 삶의 질과 존엄성에 대한 근본적인 철학을 바탕으로 한 돌봄의 개념이다. 왜냐하면 호스피스에서는 치료가 불가능한 병에 걸린 사람들을 '부분으로서의 인간이 아닌 신체적, 사회적, 영적 또는 그 이상의 합으로서 인간을 이해'하기 때문이다. 다시 말해 호스피스는 과거의 치료 중심에서 벗어나 '총체주의(Holism)의 사상과 철학을 기반으로 돌봄의 개념 및 그 사상을'(손선영, 2007, p.131) 실현하고 있으며 의사와 간호사가 중심이 되어 간호를 하는 병원과는 달리 의사, 물리치료사, 심리학자, 간호사뿐만 아니라 자원봉사자들을 포함한 사회복지사와 사목자들이 함께 팀으로 협력하여 환자를 돌본다.

호스피스의 도입 초기 단계에는 대상자들을 임종이 6개월 이내로 예견되는 암 말기 환자들로 정했었지만 점진적으로 대상자 범위를 넓혀 현재는 에이즈 환자나 치료 불가능한 근육신경질환 등을 앓고 있는 환자들과 노인성 치매에 걸린 환자들도 포함하고 있다. 불치병 말기 환자들이 갖고 있는 문제들은 다양하지만 특히 육체적 고통과 더불어 죽음에 대한 공포와 불안 그리고 고독감 등을 꼽을 수 있다. 이와 같은 문제들은 간략하게 육체적 고통, 정신적 및 심리적 고통과 영적 고통으로 구분되고 있다.

2007년 독일에서 자살을 한 총인구수는 9,402명이나 된다. 그중 60세 이상의 노인들이 무려 3,993명(Statistisches Bundesamt, 2008)으로 꽤 높은 비중을 차지하고 있다. 60세 이상의 노인들이 자살로 생애를 마감하려는 공통적인 원인은 바로 질병 때문에 고통에 시달리고, 타인에게 의존하며, 힘겹고도 외로운 투병생활을 해야 한다는 것에 대한 두려움 때문이라고 한다. 실제로 이와 같은 이유를 앞세워 2008년 6월에 79세의 한 여성노인이 타인의 도움을 받아 스스로 목숨을 끊는 사건이 발생하면서 '죽음에 대한 개인의 권리'를 둘러싼 논쟁이 다시 뜨거운 감자로 떠올랐다.[2]

호스피스는 안락사와는 반대로 죽음뿐만 아니라 질병과 함께 발생하는 통증 또한 인생의 한 부분으로 인정하고 남은 임종 기간 동안 죽음을 잘 준비하여 이 세상에서의 삶을 마감하는 것이 가장 인간답고 존엄한 죽음이라고 보고 있다. 소위 '좋은 죽음'이란 오랜 고통 없이 살다가 죽는 것이라고 할 수도 있겠지만 그것보다는 생을 마감하는 시기에 외롭게 혼자 죽는 것이 아니라 가족들과 마지막 인사를 나누고 사랑하는 사람들의 따뜻한 돌봄 아래 준비된 죽음을 맞이하는 것이다.

---

2 이 사건은 쿠시(Roger Kusch) 전 함부르크(Hamburg) 시 법무부 장관이 베티나 샤르트(Bettina Schardt) 씨의 요청에 의해 죽음을 도와주는 안락사(Sterbehilfe) 역할을 한 것과 더불어 자살을 시행하는 전 과정을 비디오로 녹화한 후 언론에 공개하면서 알려졌다. 이것을 계기로 '죽음에 대한 권리'를 둘러싼 논란이 다시금 사회의 중심 화두로 떠오르며, 소위 '의료유언장'(Patientenverfügung)에 대한 논의 또한 불가피하게 되었다. '의료유언장'이란 환자가 진료행위에 대한 자기결정권을 바탕으로 생명을 연장하는 치료를 받기를 원하는지에 대해서 또는 언제 중단하기를 원하는지에 관한 의사를 표시한 것이다. 즉 사람들이 자신의 죽음을 대비하는 목적으로 사전에 자신이 선택한 미래의 치료행위 의사를 문서로 표명하는 것을 말한다. 독일연방의사협의회는 2004년 5월 7일 개정된 '의사의 안락사에 관한 연방의사협회 지침'(Grundsätze der Bundesärztekammer zur ärztlichen Sterbebegleitung)에서 환자의 사전의사표시에 대하여 그 형식은 구두건 문서건 상관없는 것으로 보고 있다. 하지만 가능한 한 서면으로 작성하도록 하고 있고, 의료행위에 대해서도 가급적 구체적으로 명시할 것을 제안하고 있다(이석배, 2007, p.240). 생명을 단축하기 위한 치료 중단에 관한 논의는 비단 독일에서만 이슈화가 된 것이 아니다. 한국에서도 2004년에 '보라매병원사건'이 발생하면서 인간다운 죽음에 대한 논쟁이 뜨거워졌다.

## 2. 완화의료

호스피스라는 개념과 함께 많이 사용되고 있는 용어는 바로 '완화의료'(Palliative Care)이다. 완화의료의 어원적 기원은 라틴어인 'Pallium'(외투, 겉옷)에서 비롯되었다. 회복이 불가능한 환자들을 '고통으로부터 보호해 주는 외투'라는 의미를 담고 있다. WHO는 완화의료(Palliative care)를 '완치가 불가능한 환자에 대해 적극적이고 총체적인 돌봄을 통해 통증과 다른 증상들, 심리적, 사회적 그리고 영적인 문제들의 조절이 주가 되는 것으로, 완화의료의 목표는 환자와 가족들의 최상의 삶의 질(Quality of Life, QOL)을 성취하는 것'이라고 규명하였다(WHO 2002). 독일완화의료협회(Deutsche Gesellschaft für Palliativmedizin)는 '완화의료란 치료가 불가능한 말기 환자들에게 여생 동안 삶의 질을 유지하면서 동행해 주는 것이 주요 목적'(Borck, 2006, p.1122)이라고 설명하고 있다. 1989년에 창립된 European Association for Palliative Care(EAPC)는 WHO와 비슷한 정의를 내리고 있다: '완화의료란 완치가 불가능한 환자에 대해 적극적이고 총체적인 돌봄을 통해 통증과 다른 증상들, 심리적 · 사회적 그리고 영적인 문제들을 통제하는 것이 주요 관점이다. 완화의료는 학제적인 접근 방법으로 환자뿐 아니라 환자의 가족과 주변 환경을 모두 포함하고 있다. 완화의료는 다시 말해 환자의 요구에 응하는 돌봄 서비스의 기초개념으로 삶을 긍정하고 죽음을 당연한 과정으로 인정하며 임종 시간을 앞당기거나 연장하지 않고 임종할 때까지 삶의 질을 유지하는 것을 목적으로 하고 있다.'

이와 같은 정의들을 종합적으로 정리하자면 '호스피스가 말기 환자들과 그 가족들을 위해, 죽음과 사별까지 포함한 총체적이고, 전인적인 돌봄이라고 한다면, 완화의료는 주로 환자를 위해, 이러한 호스피스 활동을 하기 위한 구체적이고 실제적인 의료 행위'(김수지, 2001, p.37)이다. 궁극적으로 볼 때 호스피스와 완화의료의 목적은 같다고 할 수 있다. 호스피스에 포함되는 팀 구성원들이 의사, 간호사, 성직자, 사회복지사, 자원봉사자 등 전문 인력과 비전문인인 일반인들이라면 완화의료의 경우 우선적으로 환자를 대상으로 하기 때문에 의사, 간호사 등의 전문지식을 갖춘 의료인을 중심으로 시행되고 있다. 앞서 말했듯이 완화의료는 호스피스와 마찬가지로 말기 환자뿐 아니라, 죽음이 예견되는 모든 환자를 대상자로 보고 있다.

### 3. 죽음의 동행

독일의 일상생활에서는 호스피스나 완화의료라는 표현 대신에 '죽음의 동행'이라는 용어를 더 선호하고 있다. '죽음의 동행'이란 말은 호스피스의 목적과 관련된 동의어로 흔히 사용되고 있는데 이는 모든 사람들은 어떤 상황에서나 늘 함께해 주고 자신을 지지 또는 지원해 주는 '동행자'가 필요하다는 점이 호스피스 행위에 내포되어 있다는 것을 잘 상기시켜 준다. 호스피스에서는 이런 동행자의 역할을 의학 전문인과 더불어 자원봉사자들을 포함한 사회복지사, 사목자 등 많은 인력들이 함께 맡고 있다. '죽음의 동행'의 총 기간은 일반적으로 3.2개월이라고 한다. 죽음의 동행은 다음과 같이 세 가지 영역으로 구분할 수 있다. ①심리·사회적 동행, ②영적 지원 동행, 그리고 ③삶의 질 향상의 동행이다.

#### (1) 심리 · 사회적 동행

심리·사회적 동행이란 죽음을 준비하는 말기 환자는 물론 그의 가족들을 포함하여 실행되는 동행을 말한다. 죽음의 동행은 환자가 시설에 입소하면서부터 시작된다. 호스피스 관리자들은 가장 먼저 환자와 환자의 가족과 함께 환자가 바라는 것이 무엇인지에 대해서 대화를 나누게 되어 있다. 대화의 목적은 환자가 생각하는 존엄한 죽음과 이에 따르는 요구사항들을 고려하기 위해서이다. 이와 같은 목적을 위해 많은 호스피스는 직접 준비한 설문지를 함께 사용하기도 한다. 이 부분에서 주목할 점은 환자의 개인 신상에 대한 정확한 정보 파악이다. 환자가 지금까지 성장하고 살아온 배경을 파악하는 것이 하나의 예가 될 수 있는데, 이를 통해 어떠한 죽음의 동행이 가장 적합한지 알 수 있기 때문이다. 환자가 어떤 특별한 종교적인 동행을 바라는지에 대한 여부도 조사하게 되며 유서나 장례 형식에 대한 부분들도 이 대화를 통해 결정짓게 된다.

죽음은 임종자들만이 겪는 어렵고 고통스러운 시간이 아니다. 죽음은 생을 마감하는 사람들에게 끝을 의미하지만 죽음을 곁에서 지켜보는 가족들은 임종자 못지않게 큰 고통을 겪게 되며 그 고통의 기간은 임종 후에도 계속된다. 사별 후 남겨진 가족들은 소위 '애도의 과정'을 겪게 된다. 애도의 과정은 일반적으로 죽음의 형태나 애도하는 사람의 특성이나 환경에 따라 다르다고 알려져 있지만, 평균적으로 6개월에서 2년 정도 소요된다고 한다.[3]

사별한 가족들은 소중한 사람을 잃은 경험으로 인해 극심한 정서적 고통을 느끼는데, 이런 마음의 고통으로 인해 질병에 걸릴 위험이 높아지고, 생활만족도가 낮아진다. 특히 배우자와 사별한 경우에는 그 고통이 더 심각한 것으로 나타났으며 '남녀 모두 슬픔, 걱정, 불행감, 두려움 등의 부정

3 애도의 유형 또한 다양하지만 사별한 사람들은 일반적으로 4가지 반응단계를 거친다고 알려져 있다. ①죽음을 '부인하는 과정', ②죽음에 대한 '분노, 두려움과 같은 감정이 폭발하는 과정', ③ '이별하는 과정'(죽은 사람이 본인의 인생에 의미했던 소중함과 위치에 대해서), ④새로운 자신과 사회의 관계 · 애도의 마지막 과정으로 죽은 사람을 '마음에 품고' 자신의 삶을 살아가는 과정이다(Verena Kast, 1999, p.71).

적 정서 경험을 하고 사망이나 자살'(권중돈, 2010, p.291)에 노출될 위험이 매우 높다고 밝혀졌다. 가족을 잃은 슬픔으로 인해 발생하는 개별적인 문제들을 해결하고 사후에 변화된 환경에 잘 적응할 수 있도록 도움을 주는 것이 호스피스에서 추구하는 '심리 · 사회적 동행'의 세부적인 목표에 속한다. 통증을 완화시키며, 환자들의 심리적, 영적 그리고 사회적 욕구를 고려하고 죽음을 삶의 일부로 받아들일 수 있도록 도움을 주는 것이 환자를 대상으로 제공되는 돌봄이라면, 사후에  가족들의 슬픔과 아픔을 위로해 주고 어렵고 힘든 시간을 함께해 주는 것이 가족을 대상으로 하는 일명 '정서적 동행'(emotionaler Beistand)이다. 정서적 동행을 통해 환자와 그의 가족들이 겪고 있는 심리적인 부담감들을 최소화시키고 죽음을 받아들이는 데 필요한 도움을 제공하는 것이 주요 목적이다. 가족을 대상으로 하는 동행은 앞서 밝힌 바와 같이 사후에도 계속되며 환자 가족들이 필요로 하는 시점까지 계속 진행된다.

### (2) 영적 지원 동행

호스피스 환자들은 말기 환자들이기 때문에 병의 완쾌는 더 이상 기대할 수 없지만 환자들 스스로가 자신의 죽음에 대해 알면서 갖게 되는 심리적 불안감 및 영적 문제들을 잘 해결하도록 포괄적인 서비스를 실시하고 있다. 비록 불치병에 걸려서 신체적으로는 완쾌될 수는 없다 하여도 정신적이나 심리적으로 안정을 취할 수 있고 자신의 생을 돌이켜 보고 인생을 마칠 준비를 하는 데 필요한 동행을 지원하는 것이다.

영적 지원의 동행이란 호스피스에 입소한 환자들이 삶과 죽음에 대한 근본적인 물음에 답을 찾기를 갈망할 경우 영적 도움을 주는 것을 말한다. 영적 지원 동행에 참여하는 사목자들은 환자의 종교에 따라 구분되며 호스피스에서는 어떤 특정 종교를 선호하지 않는 것을 원칙으로 한다. 환자가 원할 경우 기독교, 천주교, 불교와 같은 다양한 종교에 소속되어 있는 영적 지도자들이 환자와 영신적인 대화를 통해 삶과 죽음의 의미를 찾는 동행을 하도록 알선해 주고 있다. 특히 2008년 독일 국민의 62.8%가 그리스도교인(Die Welt, 2010)이라는 점을 감안하면 영적 지원 동행의 중요성은 쉽게 짐작을 할 수 있다.

이미 많은 연구에서도 대부분의 임종환자들이 영적 요구를 갖고 있다는 사실은 알려져 있다. 김정남 · 송미옥(2003, p.255)은 임종자들이 종교와 관계없이 죽음에 직면하여 나타내는 공통적인 반응들을 언급하며 '개인적으로 정도의 차이는 있으나 사랑과 관심의 요구, 용서의 요구, 의미와 목적의 요구 및 희망의 요구를 지니고 있다'고 하였다. 또 김수지(2001, p.38)는 실제 임상 경험에서 말기 환자들이 죽음에 대해 단순히 육체가 썩어 없어지고 모든 것이 끝나는 것이라면 이를 허무하게 생각한다는 점을 볼 수 있었다고 하였다. 이와 같은 관점에서 말기 환자들이 '인간으로서 존엄성을 잃지 않고 편안하게 죽음을 맞이할 수 있도록 신체적, 정서적, 심리적, 사회적, 영적 간호'를 받는다는 것은 '호스피스 환자에게는 절실한 간호 요구이며 새로운 차원의 인간성 회복운동'(김정남 · 송미옥, 2003, p.256)이라고 할 수 있다. 이렇듯 호스피스는 통증완화를 포함한 치료간호 외에도 영적 간호를 중요시하고 있다.

#### (3) 삶의 질 향상의 동행

거의 모든 질병은 통증과 고통을 수반한다. 삶의 질 향상의 동행이란 삶의 마지막 단계에 있는 환자들의 병을 치료하기보다는 통증을 경감시키는 돌봄(care)에 집중하여 삶의 질을 마지막 순간까지 유지할 수 있도록 하는 것이다. 여기에는 통증완화를 위한 의학적 치료 외에도 일상생활 활동에 속하는 움직이고, 씻고, 먹고, 말하는 것 등 환자가 '정상적인' 생활을 하는 데 필요한 지원을 해 주는 일들이 해당된다.

## III. 죽음에 대해서

호스피스는 죽음이라는 개념과 매우 밀접한 관계를 맺고 있다. 그렇기 때문에 죽음을 제대로 이해해야만이 호스피스의 활동을 올바르게 파악할 수 있다. 그렇다면 죽음이란 무엇인가? 죽음의 본질에 대한 사람들의 개인적인 견해는 다양하다. 어떤 사람들에게 죽음이란 삶의 모든 것을 허무하게 끝내 버리는 종말론적인, 두려운 존재일 수 있고, 또 다른 이들에게 죽음이란 이해할 수는 없지만 불가피한 것이기 때문에 묵묵히 받아들여야 하는 비극적인 것일 수도 있다. 한편 그리스도를 믿는 신앙인들에게 죽음이란 절망적이거나 파괴적이기보다는 희망적인 것이다. 이처럼 종교는 죽음에 대한 사람들의 견해에 가장 큰 영향을 미치는 요인으로 작용하고 있다. 불교에서는 환생을 믿지만 그리스도교에서는 부활을 통해 하느님 안에서 영원히 살 수 있다는 말씀을 믿는다. 교회의 가르침에 따르면 죽음이란 꼭 거쳐야만 하는 일종의 '절차'이다. 오로지 죽음이라는 관문을 통해야만 부활이 가능하고, 더 나아가 영생이라는 새로운 삶이 시작되기 때문이다. 가톨릭 신앙에 따르면 죽음은 모든 것을 종말 짓는 끝이 아니라 새로운 삶을 시작하기 위해 거쳐야 하는 준비과정에 불과한 '이행'이다 (Caritas, 2005, p.7). 죽음이라는 관문을 통해서만이 부활이 가능하기 때문에 죽음은 새로운 것을 시작하는 첫 단계로 이해되고 있다.

암과 같은 말기 질환을 앓고 있는 환자들이 겪는 고통은 건강한 사람들이 이해할 수 없을 정도로 극심하지만 그렇다고 해서 고통을 덜어 줄 목적으로 안락사와 같은 생명을 단축시키는 행동은 가톨릭에서는 살인행위로 받아들이고 이를 반대한다. 왜냐하면 '고통 속의 삶을 존엄을 상실한 삶이라고 이해하는 순간 사람은 자신의 존엄성을 잃어버리는 것'(Caritas, 2005, p.7)이라고 받아들이기 때문이다. 가톨릭에서 이해하는 품위 있는 죽음이란 생의 마지막 단계에서 고통을 겪으면서도 하느님 앞에 나아가는 데 필요한 준비를 하기 위해 최선을 다해 노력하는 자세이다. 존엄한 죽음이란 '최후의 순간까지 하느님이 주신 생명을 지키면서 죽음을 맞이하는 것이야말로 인간으로서의 품위를 지키며 죽는 것이다'(김보라, 2007, p.16).

그렇기 때문에 안락사의 대안으로서 호스피스가 가장 적합하다고 할 수 있겠다. 호스피스는 '안락사'와는 다르게 죽음이라는 주제를 기피하지 않고 오히려 죽음을 삶의 일부로 인정하고 받아들여야 한다는 입장을 취하고 있다. 죽음이라는 주제는 개인뿐만 아니라 사회적으로도 대화를 통해 깊이 있게 다루어야 한다고 보고 있다. 앞서 말했듯이 죽음에 대해 정의를 내리기란 쉽지 않다. 많은 학자들은 죽음에 대한 정의를 다양한 측면에서 접근하여 해석하고 있다. Feldmann은 죽음을 사람이 '주체'에서 '객체'로 변해 가는 과정을 일컫는 것으로 보고, 이로 인한 '자제력의 완전한 상실'이라고 묘사했다(Oorschot and Wedding, 2005, p.267, 재인용). 또한 죽음은 육체적인 것 외에도 사회적인 죽음, 심리적인 죽음으로 진행되는 것이라고 한다. 사회적 죽음은 환자가 속해 있던 공동체에서의 분리로 인한 상실과 사회적 위치의 상실을 말하며, 심리적 죽음이란 의사소통 능력의 손상과 자신의 정체성 망각 및 의식 상실을 뜻하고 육체적 죽음은 활동력의 중단(Oorschot and Wedding, 2005, p.267)이라고 설명하였다. 독일의 국가도덕위원회(Der Nationale Ethikrat)는 죽음이란 '삶의 마지막 단계이며, 임종은 삶의 죽음의 앞 단계이며 생의 마지막'이라고 정의를 내렸다. 오진탁(2006, p.247)은 세계보건기구가 제시한 건강의 네 가지 측면에 빗대어 죽음도 이와 동일한 네 가지 측면이 있다고 보며 죽음을 육체적 죽음, 사회적 죽음, 정신적 죽음 그리고 영적인 죽음으로 구분하였다. 때문에 죽음을 오로지 의학적, 법적인 접근을 통해 이해한다면 결국 죽음의 일부만 보는 것이며 죽음의 전체를 파악하지 못하는 셈이다.

죽음이 언제 시작되느냐는 질문에 대해 Oorschot and Wedding(2005, p.372)은 죽음을 숨을 거두는 마지막 단계로만 국한하기보다는 환자의 주변환경에서 환자의 죽음에 관련하여 서로 정보를 주고받는 순간부터 시작된다고 한다. 죽음이란 결론적으로 환자를 포함한 환자의 가족이나 지인들이 환자가 죽는다는 사실에 대해서 인지하는 순간을 포함하여 서로 정보나 의견을 교환하는 단계를 시점으로 진행된다는 것이다.

죽어 가는 과정은 큰 틀에서 보면 태어나면서부터 시작되는 것이며, 삶의 마지막 단계는 죽음으로 이어진다. 죽음은 자연스러운 현상이다. 그럼에도 불구하고 사람들이 죽음을 받아들이지 못하고 회피하는 이유는 사람들의 존재를 가장 위협하는 것이 바로 죽음이기 때문이다. 사람들이 죽음을 외면하거나 망각하려는 것은 결국 자신의 삶을 위협하려는 것으로부터 스스로를 보호하기 위한 방어반응으로 매우 인간적(Conditio Humana)이며 자연스러운 행위(Goebel, 2008, p.127)라고 한다. 결국 살기 위해서는 죽음을 회피할 수밖에 없고, 이러한 행동은 사람들의 자연적인 생존의욕을 반영해 주는 자기보호본능이라고 할 수 있겠다.

죽음은 삶과 마찬가지로 일상생활에 늘 존재하고 있다. 독일 통계청(2009)에 따르면 매년 전 국민의 1%(사망자 수: 827,155명)가 죽는다고 한다. 하지만 현대사회에서의 죽음은 더 이상 우리가 생활하고 있는 집이라는 친근한 공간에서 맞는 것이 아니다. 오늘날 죽음은 대부분 병원에서 이루어지고 있다고 해도 과언이 아니다. 때문에 다수의 사람들이 임종을 지켜볼 수 있는 기회는 점점 줄어들고 있다. 더군다나 평균수명의 증가와 더불어 출산률 하락 현상과 핵가족 증가로 인해 오늘날 젊은 세대에게 죽음이란 예전과는 다르게, 쉽게 경험할 수 없는 일로 변해 가고 있다. 이런 현상은 죽음을 잊고 살 수 있게 해 주는 또 다른 요인으로 작용한다. 독일 사회에서는 가족구조의 변화로 인해 친족의 사망을 경험할 수 있는 기회가 10-15년에 한 번 정도라고 한다(Oorschot and Wedding, 2005, p.367). 하지만 20세기만 하더라도 독일 국민의 80%는 집에서 임종을 했기 때문에 남녀노소를 막론하고 죽음을 접할 수 있는 기회는 훨씬 흔했다. 이때에는 집에서 죽는 것이 올바르고 당연했었다. 심지어 독일 지방의 농촌가에서는 이른바 '죽음의 방'(Sterbezimmer)이라고 해서 임종하는 장소를 집 안에 직접 마련해 두는 일도 흔했다고 한다. 마을에 임종을 앞둔 사람이 있으면 가족을 포함한 친족과 친구들이 죽어 가는 사람과 작별인사를 나누기 위해 찾아갔고 임종 시간을 함께 지켜 주는 일도 흔했었다. 이와 같은 죽음의 문화로 인해 죽음이란 사람들의 생활에서 탄생과 더불어 삶의 시작과 마지막을 종결짓는 자연적인 현상이었다. 현대사회에서 임종의 80%는 의료전문인의 치료를 받으며 병원과 같은 시설에서 행해지고 있으며 죽음은 점점 개인화되어 가고 있는 추세이다. 또한 임종 이후 그 가족들의 경우, 빠른 시일 내에 일상생활로 돌아가 정상적인 생활을 해야 하기 때문에 임종자에 대한 애도기간도 예전과는 달리 짧아지고 있다.

## IV. 고령화사회에서의 호스피스 필요성

인구고령화는 전 세계적인 현상이다. 2009년 현재 독일의 총인구수는 8,200만 명이다. 전체 인구 중 65세 이상의 노인 인구수는 1,700만 명으로 1990년보다 500만 명이 늘었다. 65세 이상의 노인인구가 20년 전보다 무려 42%가량 증가한 셈이다. 독일 사회는 2009년을 기점으로 노인인구 비율이 이미 전체 인구 비율 중 21%를 육박하여 초고령사회가 되었다(Statistisches Bundesamt, 2011). 그중 여성노인인구는 58%로 남성노인(43%)보다 더 많은 비율을 차지하고 있다. 독일 연방통계청은 65세 이상의 노인인구 비율은 지속적으로 상승하여 2030년을 기점으로 전체 인구 비율 중 29%(2,230만 명)에 가까워질 것이라고 추정하고 있다.

호스피스는 특히 고령화사회에서 나타나는 현상으로 인해 더욱 중요해질 것이라고 할 수 있다. 일단 장기적으로 볼 때 노인 인구수의 증가는 결국 임종환자 수 증대를 초래한다. 더군다나 베이비붐 세대의 연령이 이미 60세 이상의 노인층에 해당되기 때문에 머지않아 80세 이상의 고령자 노인 인구수는 대폭 늘어날 것이 분명하다. 그렇다면 앞으로 많은 고령자들이 생애를 어디에서, 어떤 형태로 마감하기를 원하는지에 대해서 깊이 있게 생각해 볼 필요성이 있다고 볼 수 있다.

건강한 노년기를 보냈던 사람이라도 누구나 임종 시기에는 만성퇴행성 질환과 같은 복합적인 노인성 질환으로 사망하기 때문에 돌봄을 필요로 한다. 2008년도 자료에 따르면 60세 미만인 사람이 장기요양을 필요로 할 확률은 약 0.7%밖에 되지 않는다고 한다. 그러나 나이가 들수록 장기요양을 필요로 하게 될 확률은 증가해서 60세에서 80세 사이의 노인들 중 4.2%가 장기요양을 필요로 하게 되며, 80세 이상인 고령자들의 경우 장기요양 필요성의 확률은 28.4%로 높아진다는 결과가 나왔다(Statistisches Bundesamt, 2008). 나이가 들수록 자립 형태의 생활보다는 타인에게 보호와 수발을 받고 의존하며 살아가게 되는 것이 노년기의 한 모습이다. 더군다나 고령화사회는 노인 인구수 증가뿐 아니라 가속화된 합계출산률의 감소로 인해 나타나는 현상이다. 2008년도 독일 합계출산률은 1.38명이다. 이는 안정적인 인구구조를 유지하기 위해 절대적으로 요구되는 인구대체율 수준인 2.1명보다 크게 낮다. 출산률 하락으로 인해 앞으로는 여성노인들이 자녀 없이 홀로 임종을 맞이하게 되는 상황들이 점차 많아지게 될 것이다.

인간은 누구나 마지막 순간까지 존엄성을 보장받기를 원하고 또 보장받아야 한다. 생산성을 우선시하는 현대사회에서는 불치병 환자나 임종을 앞둔 사람들의 존엄성을 경시하고 자칫 소홀히 할 수 있다. 불치병으로 인해서 더 이상의 완화치료를 기대하지 못하는 말기 환자 또는 노인환자에게 호스피스는 생애의 마지막 날까지 인간다운 대우와 존중을 기대할 수 있는 장소가 될 수 있다(Mehnert et al., 2006, p.1087). 이와 같은 현실을 고려하여 독일에서는 2007년부터 완화치료를 받을 수 있는 권리를 인정해 주고 있으며 2008년에는 1억 3천 유로를 완화의료를 위한 목적으로 사용하였다. 다음은 고령사회에서의 호스피스의 필요성에 영향을 미치는 요소들을 ①임종 장소 선호도, ②비용적 측면, ③가족 형태 변화, ④여성노인 임종자들을 위한 돌봄 필요성, 그리고 ⑤노인 만성퇴행성 질환 등 5가지로 간추려 정리하였다.

### 1. 임종 장소 선호도

현대사회에서는 죽음의 장소가 변화되고 있다. 20세기만 해도 모든 사망자의 80%는 집에서 가족들의 도움을 받으며 임종을 맞았지만 오늘날 70-90%는 의료기관이나 요양시설에서 사망하고 있다. 즉, 모든 사망자의 50%는 병원에서 그리고 18-30%는 요양원에서 죽으며 불과 10-20%의 사망자만이 집에서 임종한다는 것이다(Kränzle et al., 2010, p.122). 이러한 임종 장소의 변화는 '죽음의 시설화'라는 표현을 통해 적절하게 묘사되고 있다.

노인들은 거주환경에 대해서 공통적인 요구를 갖고 있다. 대다수의 노인들은 자립생활이 가능할 때까지는 자신들이 생활했던 정들고, 익숙한 집에서 오랫동안 살고 싶어 한다는 것이다. 독일 정부의 노인보고서(BMSFJ, 2002)에 따르면 70-85세의 노인 중 90%는 낯설고 새로운 곳보다는 오래되고 낡아 다소 불편하더라도 그들이 머물던 집에서 계속 거주하는 것을 원한다고 한다. 실제로 독일의 65세 이상의 노인 중 90%는 젊었을 때부터 살아온 집에서 계속 거주하고 있다(이상명, 2009, p.147). 이는 많은 노인들이 생애의 마지막 시기를 친근함과 안정감을 느낄 수 있는 곳에서 마감하고 싶다는 것을 의미한다. 임종 장소에 대한 선호도를 다룬 국내의 한 연구에서도 이와 유사한 결과를 보여 주고 있다. 무려 응답자의 86.2%가 임종 장소로 집을 선호한다는 것이다. 이러한 연구결과는 대부분의 사람들이 임종 기간 동안에도 가능한 한 가족과 함께 지내는 것을 원한다는 점을 잘 반영해 준다(김신미 외, 2003, p.103).

임종환자들의 임종 장소에 관한 이 같은 요구는 가정 호스피스를 통해 충족되고 있다. 독일의 사회법전 제11권 제3조(SGB XI)는 재가보호의 우선원칙(Prinzip des Vorrangs der häuslichen Pflege)에 대해 언급하고 있다. 요양을 필요로 하는 사람이 가능하면 오랫동안 본인에게 익숙한 가정환경에서 머물 수 있도록, 재가요양 또는 가족 및 이웃의 요양 제공을 우선적으로 지원하여야 한다는 것이다. 재가보호의 우선원칙은 요양을 필요로 하는 사람들 외에도 임종을 앞둔 말기 환자들도 병원과 같은 시설보다는 집에서 돌봄을 받을 수 있도록 적용되는 규정이다. 2006년 의료비용 지출 중 의료시설을 위해 사용된 비용의 48.4%가 재가보호 서비스에 쓰여 가장 큰 비중을 차지하였고, 그 다음은 시설복지 서비스를 위한 목적으로 36.8%가 사용되었다(Statistisches Bundesamt, 2009).

## 2. 비용적 측면

앞서 언급한 바와 같이 호스피스가 오늘날 많이 활성화되고는 있지만 아직도 대부분의 암 말기 환자들을 비롯한 불치병 환자들은 의료기관에서 사망한다. 사람들의 생애주기에서 의료비를 가장 많이 사용하는 시기가 바로 임종 기간이다. 2009년도에 실시된 한 조사에 따르면 응급환자를 담당하는 의사들 중 무려 35%가 비용적인 문제 때문에 병원에서 환자들을 수용할 수 없어 받지 못하였다고 밝혔다. 중환자실에 있는 환자들의 경우 하루 침상 비용만 1,500유로가 넘기 때문이다(Focus, 2009). 이와 달리 호

〈표 1〉 2006년 연령별 및 성별로 구분된 병원비용(요양시설을 포함)

| 연령 | 총진료비(유로) | | 요양 시설(유로) | |
|---|---|---|---|---|
| | 남성 | 여성 | 남성 | 여성 |
| 15세 미만 | 1,140 | 1,370 | 10 | 10 |
| 15-29세 | 1,460 | 930 | 10 | 10 |
| 30-44세 | 1,910 | 1,320 | 20 | 20 |
| 45-64세 | 3,050 | 2,800 | 70 | 90 |
| 65-84세 | 6,170 | 6,000 | 1,050 | 630 |
| 85세 이상 | 15,330 | 11,490 | 8,140 | 4,340 |

* 자료: Statistisches Bundesamt, 2008.

스피스는 비용적인 면에서 병원보다 경제적이라고 한다. 〈표 1〉은 2006년 연령별 및 성별로 구분된 병원비용을 보여 주고 있다. 병원비용은 65세 이상의 연령이 높은 노년층을 대상으로 급속히 증가하여 85세 이상의 고령자들을 위해 가장 많이 할당되고 있다. 사망 직전에 연명치료라는 명분 아래 수행되는 의료 과다제공과 이로 인해 발생하는 높은 의료비 지출은 병원 측뿐만 아니라 의료금고 입장에서도 큰 재정적 부담감을 가져다줄 수 있다. 의료비 지출로 인해 대두되는 재정적 문제를 사전에 예방할 수 있는 대책으로도 호스피스의 필요성을 찾을 수 있겠다. 물론 환자가 병들어 아픔 속에 신음하고 있는데 경제적인 면을 언급하는 것은 비인간적이라고 치부할 수도 있다. 하지만 더 이상의 완화를 기대할 수 없는 불치병 환자들을 무조건 병원에만 입원시키는 것보다는 무엇이 환자들을 위해서 가장 바람직하고 효율적인지에 대해 논리적이고 냉정하게 고려해 볼 필요성이 있다.

비용적인 측면 외에도 많은 사람들이 임종환자에게 수행되는 무의미한 의료행위에 대해 부정적인 반응을 나타내고 있다. 치료 불가능한 말기 상태에 있는 환자들의 생명이 인위적으로 연장되는 것보다는 차라리 치료를 중단하여 죽음을 선택하게 하는 편이 훨씬 인간적이고 바람직하다고 보는 연구결과도 있다. 2006년 국립암센터의 연구조사에 따르면 '의학적으로 무의미한 생명연장치료 중단'에 국민의 84%가 동의한다고 나타났다. 김신미 외(2003, p.105)가 실시한 연구에서도 87.7%의 응답자가 좋은 죽음의 요소와 관련된 질문에 회복이 불가능한 경우에도 생명연장술을 시행하는 것은 좋은 죽음에 해당하는 것으로 여기지 않는다고 나타났다. 의료기기에 의지하다가 낯선 병원에서 생을 마감하기보다는 호스피스에서 인간적 품위를 유지하고 준비된 죽음을 맞는 것이 사람들이 인식하는 좋은 죽음인 것이다. 호스피스에서 케어를 받고 있는 환자들의 심리적 상태에 관한 연구결과에서는 호스피스에 있는 환자들이 병원이나 양로원에 있는 환자들보다 '더 좋은 상태임을 시사하고 있다'고 나타났다(김신미 외, 2003, p.105). 이 결과는 호스피스의 장점을 잘 부각시켜 주고 있다.

### 3. 가족 형태 변화

독일 가족 형태의 변화는 핵가족화와 1인가구 증가의 특징을 보여 준다. 1999년에 900만의 가족이 18세 미만의 자녀와 함께 살았다면 10년 후인 2009년에는 무려 11%나 감소하여 800만으로 줄었다. 그중 과반수인 53%는 1명의 자녀를 둔 가족이었고, 36%는 2명의 자녀와 함께 살았으며, 3명 이상의 자녀를 둔 가족은 11%로 가장 낮은 비율을 보였다(Statistisches Bundesamt, 2011). 이와 같은 변화는 가구 수에도 큰 영향을 미친다. 2010년 독일의 총 가구 수는 4,030만 가구였다. 1991년(3,536만)과 비교하면 무려 14%나 증가한 것이다. 가구 수는 이렇게 지속적으로 늘어나고 있는 반면에 가구원 수는 계속 감소하고 있어 2030년까지는 약 6%나 감소할 것이라고 연방통계청은 전망하고 있다. 하지만 이런 현상과는 반대로 가구 수는 2% 정도 더 증가할 것으로 내다봤다. 한편, 주목

**〈표 2〉 가구원 수별 가구 분포**(%, 백만)

| | 2009(%) | 가구 수(백만) | 2030(%) | 가구 수(백만) | 증가율(%) |
|---|---|---|---|---|---|
| 1인가구 | 40 | 15.9 | 43 | 17.8 | 11 |
| 2인가구 | 34 | 13.7 | 38 | 15.5 | 13 |
| 3인가구 | 13 | 5.1 | 9 | 3.8 | -26 |
| 4인 이상 가구 | 13 | 5.3 | 10 | 3.9 | -26 |

* 자료: Statistische Ämter des Bundes und der Länder, 2011.

할 만한 것은 1인가구의 지속적인 증가이다. 가구원 수의 감소로 인한 1인가구의 증가 현상은 이미 30년 전부터 시작되었고 2009년에는 40%를 육박하여 독일의 대표적 가족 유형으로 나타났다(〈표 2〉 참조). 그 다음은 2인가구로 전체 가구 유형 중 24%나 되었으며 3인가구와 4인가구는 각각 13%를 차지하고 있다. 연방통계청에 따르면 2030년에는 1인가구 형태가 2009년 현재보다 11%나 증가하여 43%로 상승할 것으로 보고 있으며 2인가구는 38%, 3인과 4인가구 형태는 각각 9%와 10% 비율을 보일 것이라고 한다.

고령화로 인한 노인인구의 증가와 함께 65세 이상의 노인가구 수도 대폭 증가할 것이다. 이러한 현상은 노인가구 유형의 변화라는 결과를 초래할 것으로 예측된다. 이미 2009년 독일의 세 가구 중 한 가구는 65세 이상의 노인들이 살고 있었으며, 여기에서 열 가구 중 여덟 가구는 65세 이상의 노인들만 거주하는 단독노인가구였다. 〈표 3〉은 65세 이상 노인가구 비율을 보여 준다.

2010년 현재 65세 이상 노인가구가 전체 가구 중 차지하는 비율은 24.3%로 비교적 높았지만 1991년 6.1%였던 65세 이상의 노인과 함께 생활하는 가구 비율이 2010년에는 5.8%로 감소하였다. 이러한 현상은 이미

**〈표 3〉 65세 이상 노인가구 비율**(천, %)

| 년 | 총 가구 수 | 65세 미만 가구 수 | 65세 이상 노인가구 | | |
|---|---|---|---|---|---|
| | | | 총 가구 수 | 65세 이상 노인가구 수 | 65세 이상 노인가구 수 + 다세대 가구 수 |
| 2010 | 40300<br>(100) | 28161<br>(69.9) | 12139<br>(30.1) | 9782<br>(24.3) | 2357<br>(5.8) |
| 1991 | 35256<br>(100) | 25954<br>(73.6) | 9302<br>(26.4) | 7005<br>(19.9) | 2297<br>(6.5) |

* 자료: Statistische Ämter des Bundes und der Länder, 2011(새로 정리함).

〈표 4〉 2005년 노인가구의 세대별 구성률(%)

| | 70-74세 | 75-79세 | 80-84세 | 85-89세 | 90세 이상 |
|---|---|---|---|---|---|
| 1세대 가구(노인부부) | 60.6 | 51.3 | 35.8 | 23.5 | 13.8 |
| 2세대 가구 | 8.1 | 6.6 | 6.7 | 8.0 | 13.8 |
| 3세대 가구 | 1.0 | 1.6 | 2.1 | 2.8 | 4.2 |
| 1인가구(노인단독가구) | 27.4 | 38.3 | 53.4 | 63.7 | 66.4 |

* 자료: Statistische Ämter des Bundes und der Länder, 2011.

2005년 노인가구의 세대별 구성률 〈표 4〉에서도 잘 드러나고 있다. 70-74세의 노인부부 가족으로 구성된 1세대 가구의 비율이 60.6%였다면 연령이 높은 80-84세의 1세대 가구는 반으로 하락하여 35.8%로 나타났으며 90세 이상의 1세대 가구는 13.8%로 급격히 줄어들었다. 반면 70-74세의 노인단독가구 비율은 27.4%를 차지하였지만 80-84세는 53.4%로 증가하였고 90세 이상의 고령자의 경우 66.4%로 상승하여 1세대 가구와는 상반된 현상을 보였다.

65세 이상 인구의 1인가구 수 증가는 고령화로 인해 대두되는 노인 부양 문제와 더불어 노인들이 질병을 앓는 시기에는 간병을 해 줄 수 있는 가족구성원이 없다는 것을 암시한다. 결론적으로 연령이 높을수록 혼자 외롭게 생을 마치게 된다고 할 수 있다. 이러한 시점에서 볼 때 노인들이 존엄한 죽음을 맞이할 수 있도록 도움을 주는 호스피스의 역할이 앞으로는 더욱 강조될 것으로 여겨진다.

### 4. 여성노인 임종자들을 위한 돌봄 필요성

고령화사회는 '여성노인의 사회'라고 불러도 과언이 아니다. 고령화사회에서는 전체적인 노인인구 수가 증가하지만 세부적으로는 남성보다는 여성의 평균수명이 높은 점으로 인해 여성노인 인구가 더 많은 비율을 차지하기 때문이다. 이는 더 나아가 훗날 여성노인이 배우자나 가족, 친족 없이 홀로 임종할 확률이 매우 높다는 것 또한 예측 가능하게 한다.

2006년도의 장기요양 수급자 현황을 살펴보면, 재가요양 서비스를 받은 수급자들 100명당 44.7명은 80세 이상의 노인이었으며 시설에 입소하여 요양을 받은 80세 이상의 노인들은 100명 중 63.5명이나 되었다. 또한 노인 장기요양 수급자들의 성별을 살펴보면, 수급자의 상당수가 평균수명이 남성노인들보다 높은 여성노인들이었다. 재가요양 서비스를 받는 수급자들 100명 중 62.7명이 여성노인들이었으며, 시설에 입소해서 요양을 받고 있는 80세 이상의 수급자들 가운데 100명 중 74.8명이 여성노인으로 수급비율이 매우 높았다(Statistisches Bundesamt, 2010).

이러한 현상의 원인은 배우자 유무 상태에서 찾을 수 있다. 여성노인들은 남성노인들과 반대로 나이가 많으면 많을수록 혼자 살고 있었지만 대부분의 남성노인들은 80세가 넘은 고령임에도 배우자와 함께 살고 있었다. 2009년도 독일연방통계청의 60세 이상 인구의 혼인 상태에 관한 결

**〈표 5〉 2009년 60세 이상 인구의 혼인 상태**(%)

| 성별 | 상태 | 60-64세 | 65-69세 | 70-74세 | 75-79세 | 80세 이상 |
|---|---|---|---|---|---|---|
| 남성 | 이혼 | 13.0 | 9.3 | 6.6 | 4.8 | 4.0 |
| | 사별 | 3.7 | 5.7 | 8.9 | 14.8 | 30.4 |
| | 결혼 | 74.6 | 78.0 | 78.7 | 75.7 | 60.7 |
| | 미혼 | 8.7 | 7.0 | 5.7 | 4.7 | 4.8 |
| 여성 | 이혼 | 12.6 | 10.5 | 8.1 | 6.2 | 6.1 |
| | 사별 | 12.7 | 19.5 | 30.6 | 46.0 | 73.7 |
| | 결혼 | 69.5 | 65.3 | 56.5 | 42.0 | 10.4 |
| | 미혼 | 5.2 | 4.6 | 4.9 | 5.8 | 9.8 |

* 자료: Statistisches Bundesamt, 2011.

과를 보면(〈표 5〉) 65-69세의 남성노인은 78.8%가 배우자와 함께 살고 있었으며 특히 65세 이상 인구 중 70-75세의 노인들이 80.5%로 가장 높은 혼인 상태를 유지하고 있었다. 80세 이상의 남성노인들 중 60.7%는 배우자가 있었으며, 30.4%는 사별을 하였고, 4.0%는 이혼을 하였으며, 나머지 4.8%는 미혼자였다. 반면에 65-69세 여성노인들의 혼인 상태를 보면 사별을 한 비율이 19.5%로 남성노인들보다 매우 높았고, 혼인 상태를 유지한 여성노인은 65.3%였으며, 이혼한 여성노인은 10.5%%로 남성노인층보다는 다소 높은 수치를 나타냈다. 80세 이상의 여성노인들 중 배우자가 있는 여성노인들은 16.5%로 60세 이상-80세 미만의 여성노인들보다 눈에 띄게 감소하였으며, 69.8%의 여성노인은 사별을 한 상태였다. 이러한 수치는 여성이 남성보다 오래 살기 때문에 고령이 될수록 사별을 하는 여성노인의 수가 증가한다는 것을 잘 보여 준다(Statistisches Bundesamt, 2011).

2009년도 독일 인구의 평균 사망연령은 77.1세였다(Statistisches Bundesamt, 2010). 여성은 일반적으로 80.6세, 남성은 73.1세에 사망했다. 여성이 남성보다 7.5세 정도 늦게 사망하는 것이다. 이와 같은 통계는 남성노인들의 임종 시기에는 가족구성원 중 여성 배우자가 옆에 있을 가능성이 매우 높아 시설 호스피스보다는 집에서 죽음을 맞이할 수 있는 확률이 더 높다는 것을 나타낸다. 반면, 여성노인의 경우는 다르다. 예컨대 80세 이상의 여성노인의 경우 질병이나 노인성 질환으로 인해 타인의 수발을 필요로 하는 시점부터 임종을 앞둔 시기에는 이미 배우자와 사별을 했을 확률이 매우 높고, 옆에서 임종을 지켜 줄 다른 가족이나, 친척, 또는 친구나 친분이 있는 이웃들도 없을 가능성이 매우 크다.

수발을 필요로 하는 여성노인들은 최대한 정들고 익숙한 자신의 집에서 전문요양 인력을 통해 요양이나 케어를 받을 수는 있지만 언젠가는 더 이상 혼자 집에서 생활을 할 수 없는 시간을 맞게 된다. 해당 노인여성은 그렇다면 어디에서 죽음을 맞을 준비를 해야 한다는 말인가? 결론적으로는 호스피스에서 전문인들의 도움과 보호를 받으며 편안한 죽음을 맞는 것이 인간답게 죽는 것이라고 할 수 있겠다.

## 5. 노인 만성퇴행성 질환

2009년도 65세 이상의 노인들의 가장 흔한 사망원인은 만성퇴행성 질환으로 인한 순환기계 질환이었다. 〈그림 1〉은 2009년도 독일의 사망원인을 순위대로 보여 준다. 여기에서 볼 수 있듯이 2009년 사망원인 중 순환기질환이 전체 사망의 42%로 가장 높게 나타났으며 허혈성 심장질환(ischemic heart disease)과 같은 순환기질환(cardiovascular disease)으로 사망하는 사람의 수는 총 7만 4천 명이었다(연방통계청). 이 중 여성은

**〈그림 1〉 2009년 사망원인(%)**

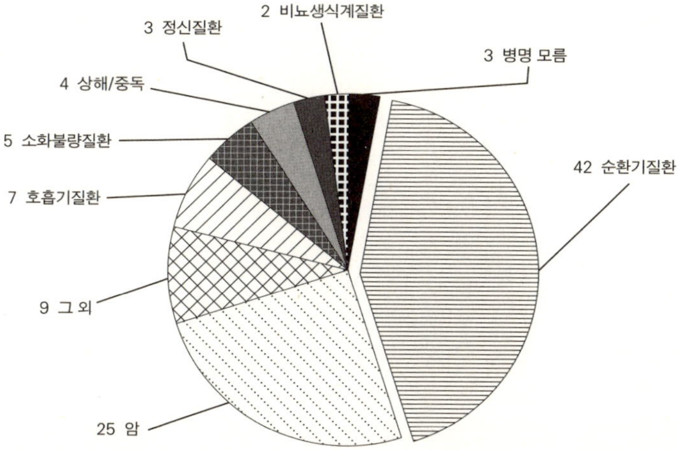


* 자료: Robert-Koch-Institut, 2010.

4만 명이었으며, 남성은 3만 4천 명이었다. 그 다음 악성종양 발생으로 인한 암 사망률이 25%로 매우 높았다.

암환자 중 5만 명의 남성환자에게서는 전립선암(26.2%)이 가장 높은 발병률을 보였으며, 그 다음은 직장암(15.8%), 폐암(14.2%), 방광암(8.4%)순으로 나타났다(〈표 9〉). 여성 암환자의 경우 유방암이 29.3%로 가장 높은 사망원인이었으며, 직장암이 16.4%를 차지했다. 2009년 한 해에만 무려 총 32,440명이 직장암으로 인해 사망한 것으로 밝혀졌다. 이어

〈표 9〉 2006년도 암 종류(명, %)

| 남성 | 명 | % | 여성 | 명 | % |
|---|---|---|---|---|---|
| 전립선암 | 60,120 | 26.2 | 유방암 | 57,970 | 29.3 |
| 직장암 | 36,300 | 15.8 | 직장암 | 32,440 | 16.4 |
| 폐암 | 32,500 | 14.2 | 폐암 | 14,600 | 7.4 |
| 방광암 | 19,360 | 8.4 | 자궁암 | 11,140 | 5.6 |
| 위암 | 10,620 | 4.6 | 난소암 | 9,670 | 4.9 |
| 신장암 | 10,050 | 4.4 | 피부암 | 8,470 | 4.3 |
| 구강암 및 인두암 | 7,930 | 3.5 | 방광암 | 8,090 | 4.1 |
| 피부암 | 7,360 | 3.2 | 위암 | 7,230 | 3.7 |
| 림프종 | 6,410 | 2.8 | 췌장암 | 6,980 | 3.5 |
| 췌장암 | 6,380 | 2.8 | 신장암 | 6,440 | 3.3 |
| 백혈병 | 5,080 | 2.2 | 림프종 | 6,350 | 3.2 |
| 고환암 | 4,960 | 2.2 | 자궁경부암 | 5,470 | 2.8 |
| 식도암 | 4,100 | 1.8 | 백혈병 | 4,220 | 2.1 |
| 신경교종 | 3,880 | 1.7 | 갑상샘암 | 3,660 | 1.9 |
| 후두암 | 3,430 | 1.5 | 신경교종 | 3,290 | 1.7 |
| 갑상선암 | 1,620 | - | 구강암 및 인두암 | 2,930 | 1.5 |
| 호지킨 병 | 1,130 | - | 식도암 | 1,090 | - |
| | | | 호지킨병 | 890 | - |
| | | | 후두암 | 460 | - |

* 자료: Robert-Koch-Institut, 2010.

서 호흡기질환으로 인한 사망률은 7%를 나타났으며, 소화불량질환으로 인한 사망률은 5%로 확인됐다. 상해나 중독으로 인해 사망한 비율은 4%를 차지하였으며, 치매와 같은 정신질환은 3%, 비뇨생식계질환은 2%로 나타났다. 그 외에도 아직 의학적으로 밝혀지지 않은 병증세나 이름 모를 병명으로 인해 사망한 비율은 3%나 되었으며, 9%는 그 외의 사망원인으로 높은 순위를 보였다.

암의 완치율은 70년대 후로 지속적으로 증가해 5년 이상의 생존확률은 여성 암환자의 경우 56%로 증가하였고 남성의 경우 44%나 높아졌다(Schneider and Schwarz, 2006, p.553).

그럼에도 불구하고 〈그림 1〉에서 볼 수 있듯이 암으로 인한 사망률은 여전히 매우 높다. 통계자료에 따르면 매년 40만 명이 새롭게 암에 걸린다고 한다. 암에 걸리는 연령은 나이가 많을수록 증가하는데 2004년 현재 모든 암환자의 2/3는 65세 이상의 노인인구였다. 일반적으로 암에 걸린 여성의 연령은 68세, 그리고 남성은 69세라고 알려져 있으며, 여성이 암으로 사망하는 연령은 76세, 남성은 72세였다. 또한 여성이 일생 동안 암에 걸릴 확률은 38%이지만 남성이 살면서 암에 걸린 위험은 47%로 여성보다 높은 것으로 밝혀졌다(Robert Koch Institut, 2010).

암과 같은 치료 불가능한 병 외에도 후천성 면역결핍증, 일명 에이즈에 감염되는 사례는 여전이 발생하고 있다. 후천성 면역결핍증(acquired immune deficiency syndrome)이란 인면역부전 바이러스(human immunodeficiency virus, HIV) 감염으로 인해 인체의 세포성 면역에 관계하는 CD4림프구가 파괴되고 면역기능이 저하되어 여러 가지 기회감염과 악성종양이 합병되는 감염질환이다(김수지, 2001, p.43). 에이즈는 특히 젊은 계층에게는 심각한 사망원인이 되는 변수라고 볼 수 있겠다. Robert

Koch-Institut의 통계에 따르면 2010년도 현재 독일에는 7만 명이 HIV에 감염되었거나 이미 에이즈에 걸린 환자들이라고 한다. 또한 매년 300명이 새로 에이즈에 감염되고 있으며, 2010년에는 550명이 에이즈로 인해 사망하였다(Spiegel Online, 2010). 아직은 에이즈 환자들의 다수가 노인들보다는 젊은 연령층에 더 많지만 이들 또한 돌봄을 필요로 하고 있다. 모든 제도는 현재의 문제를 해결하는 데 중점을 두고 있지만 해당 제도가 안정적으로 정착하고 계속 발전하기 위해서는 항상 미래에 발생할 수 있는 문제점들을 예견하고, 대비하는 대책을 마련하는 미래지향적인 측면 또한 함께 고려하여야 한다. 오늘날 HIV 감염자들도 치료 발달로 인해 노년기를 맞게 될 가능성이 매우 높아졌기 때문에 미래지향적인 측면에서 볼 때 노인 에이즈 환자의 수는 앞으로 증가할 것으로 예측된다. 이러한 HIV 감염자의 발생 역시 호스피스의 필요성을 제기하고 있다.

## V. 호스피스 활동

### 1. 호스피스 활동의 역사

현대사회에서 알려진 호스피스의 시작은 1967년에 Cicely Saunders에 의해 런던 교외에 위치한 Sydenham에 St. Christopher's Hospice를 창설한 것을 기반으로 전 세계적으로 전개되었다. 독일은 1980년도에 들어서면서부터 호스피스에 관심을 갖기 시작했다. 영국보다 훨씬 뒤늦게 호스피스 운동을 받아들였을 뿐만 아니라 초창기에는 사회적으로도 크게 호응을 얻지 못했다. 왜냐하면 당시 임종 말기 환자를 돌보는 시설로서 호스피스라는 새로운 개념이 자칫 '죽음의 장소'로 왜곡될 수 있다는 우려가 있었기 때문이다. 호스피스가 역사적으로 볼 때 독일 나치정권이 유대인이나 신체장애 또는 정신장애가 있는 사람들 그리고 불치병을 앓고 있는 환자들을 인종위생(Rassenhygiene)이라는 명목 아래 학살하기 위해 자행되었던 게토 형식의 격리수용소를 연상시켰던 것이다. 게다가 1971년에 위에서 언급한 영국의 St. Christopher's Hospice를 소개하는 다큐멘터리가 상영되면서 호스피스의 필요성에 대한 논의는 더욱 불리한 방향으로 전개되었다. 이 다큐멘터리의 방송 타이틀은 '16일 남짓…런던의 한 죽음의 병원'(Noch 16 Tage…eine Sterbeklinik in London)이었는데 바로 여기에서 사용된 '죽음의 병원'이라는 용어가 제작진의 의도와는 반대로 시청자들에게 호스피스가 마치 죽음만을 기다리는 '허무의 공간'으로 잘못 인식되면서 시청자들의 반감을 불러일으키는 변수로 작용하였던 것이다. 이와 같은 이유들로 인해 호스피스가 사회적으로 수용되고 제도적으로 정착하기까지는 10년 이상의 시간이 걸렸다. 오늘날 독일사회에서 호스피스는 긍정적으로 받아들여질 뿐만 아니라 지속적으로 성장하고 있는 추세이다. 이와 같은 발전은 장기간 동안 호스피스에 대한 필요성을 역설하는 학문적 노력과, 정치적 개입 및 다양한 홍보활동이 병행되면서 이루어 낸 성과이다. 암과 같은 불치병으로 고통을 받고 있는 환자와 임종 말기 환자들을 위한 최초의 호스피스형 완화치료 시설은 1983년에 쾰른 시의 한 수술 대학병원의 응급병원에 설립되었고 그 후 3년 뒤 1986년에 아헨 시에서 두 번째의 호스피스가 문을 열면서 점차 전국으로 확장되었다. 호스피스 시설들이 활성화되기 시작한 중요한 계기는 1991년도에 독일연방건강부(Bundesministerium füer Gesundheit und Soziales)에서 호스피스 완화의료 시설을 통한 '암환자 치료를 향상시키기 위한 모델 프로그램'(Modellprogramm zur Verbesserung der Versorgung

Krebskranker-Palliativeinheiten)을 시행한 것이었다. 그 후 1994에 독일완화의료협회가 처음 발족된 이후 지금까지 완화의료의 발전을 위해 활발한 완화의료 전시회를 개최하고 있을 뿐만 아니라 장학금을 수여하고 있으며 2000년부터는 완화의료의 동행을 알리는 의료완화지가 발간되고 있다. 또한 1997년에 시설 호스피스(Stationäre Hospiz)와 완화의료시설(Palliativstation)의 서비스에 관한 법적 규정이 사회법전 제5권 §39a(Sozialgesetzbuch V)에 적용되면서 호스피스 발전에 매우 획기적인 효과를 가져다주었다. 또한 시설 호스피스에 머무는 환자들의 개인 비용 부담을 덜어 주기 위해 독일의 건강보험공단에서 재정을 지원하도록 법이 제정되었고, 입원 호스피스는 비용의 10%를 개인이 부담하도록 하였다. 2001년에는 가정형 호스피스 시설을, 2002년에는 입원 호스피스를 활성화시키기 위한 목적 아래 위의 법이 개정되면서 가정 호스피스의 재정도 국민건강보험공단에서 함께 부담하도록 되었다. '호스피스 및 완화의료의 제도화와 의료보험의 적용'이 현실화됨에 따라 호스피스의 필요성에 대한 '공감대가 사회 전반에 형성'되는 계기가 마련되었다. 호스피스 동행자가 되기 위한 전문직 교육과정의 경우 오랜 기간 동안 독일 의학교육 차원에서 호스피스 관련 완화의료가 정규과목으로 채택되어 있지 않았다. 1999/2000년에야 비로소 처음으로 본(Bonn) 대학에서 호스피스 완화의료의 교육프로그램을 개발하여 교육을 실시하면서 정규과목으로 개설되었다.

이와 더불어 연방의사협회에서는 2003년에 계속직업교육규정(Weiterbildungsordnung)을 바탕으로 완화의학 전문 인력이 되기 위해서는 12개월 동안 완화의료 전문의의 지도 아래 수련을 받거나 또는 이를 대체할 수 있는 120시간의 슈퍼비전을 포함한 사례세미나 교육을 받아야 하며 그 외에도 추가로 40시간의 완화의료 교육과정을 거치도록 규정을 강화하였다.

독일 호스피스와 완화의료협회는 현재 오스트리아나 프랑스와 같이 호스피스에서 임종을 맞을 수 있는 당연한 권리를 토대로 가족의 죽음에 동행하기 위한 사람들이 무보수로 휴직을 할 수 있는 법적 조치를 마련해 달라고 요구하고 있다.

## 2. 독일 건강보험제도에서의 호스피스

근래에 들어 완화의료가 치료의학의 새로운 패러다임을 뜻하는 새로운 치료나 간호 분야로 받아들여지고 추세이다. 하지만 완화의료는 현대의학이 있기 전부터 적용되어 왔다고 할 수 있다. 현대과학의 주요 관건이 건강을 회복하고 질병을 낫게 하는 치료에 있다면, 의학이 발달하지 않고 치료가 가능한 기술이나 장비가 없었던 시대에는 치료보다는 통증을 완화하는 데 더 큰 비중을 두었기 때문이다. 이런 측면에서 볼 때 완화의료는 현대의학보다 더 오래된 역사를 갖고 있는 셈이다. 독일 호스피스나 완화의료의 사회적 위치는 의료인의 업무 관련 사항에서도 잘 나타나고 있다. 앞서 말한 바와 같이 현대의학에서 의료인의 주요 목표는 건강을 회복하는 치료에 있었다. 그러나 2004년에 독일연방의사협회(Bundesärztekammer)는 의사의 업무를 '생명을 살리는 것이며, 건강을 보호하고 완쾌하며 고통을 줄이고 임종하는 사람들이 죽을 때까지 함께 하는 것'이라고 명하였다. 이렇듯 '죽음의 동행'을 의사의 주요 치료행위에 함께 포함시켰다. 위의 내용은 의료인의 행위와 관련해 일대 변화를 보여 줄 뿐만 아니라 호스피스 활동의 중요성이 독일 사회에서도 이미 인정받고 있다는 것을 잘 반영해 주는 대목이다. 〈그림 2〉에서 보여지듯 현

〈그림 2〉 건강보험제도의 4대 축

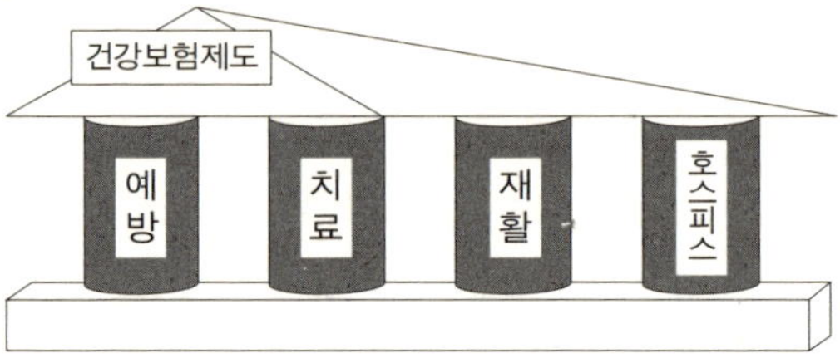


* 자료: Conzen, Freund and Overlander(2009, p.145).

재 독일의 건강보험 체계에서는 호스피스 및 완화의료를 '건강보험제도의 4대 축'(예방, 치료, 재활, 호스피스)에 포함시키고 있다(Conzen et al, 2009, p.145). 사람들이 건강한 삶을 살 수 있도록 도입된 예방, 치료 그리고 재활을 통한 건강회복이라는, 일명 '건강보험제도의 3대 축'이 호스피스 활동으로 말미암아 '건강보험제도의 4대 축'으로 확대되었다. 호스피스는 회복 불가능한 질병을 앓고 있는 환자들을 대상으로 제공되는 건강보험 서비스의 한 영역이다.

## Ⅵ. 호스피스의 현황

독일의 호스피스는 크게 가정형 호스피스(ambulante Hospiz)와 시설 호스피스(Stationäre Hospiz) 그리고 완화치료 시설(Palliativstation)로 나뉘어져 있다. 이와 같은 호스피스 유형은 협의적으로는 '일반적 완화의료 돌봄'(allgemeine Paliativversorgung)과 '특수 완화의료 돌봄'(Spazialisierte Palliativversorgung)을 제공하는 서비스로 구분되는 데서 비롯된다. '일반적 완화의료 돌봄'이란 의사를 통해 받는 치료나 요양시설에서 제공받는 케어와 같은 일차적 서비스를 말한다. '특수 완화의료 돌봄'이란 협의적인 케어 개념을 뜻하는 표현으로 모든 완화의료를 포함한 총괄적인 서비스를 뜻한다(Schindler, 2006, p.1078). 이렇듯 호스피스와 관련된 업무수행을 보는 치료행위나 시설들을 용어적으로 통일시켜 사용하지 않고 아직은 혼용하고 있는 실정이다. 실제로 대부분의 학자들은 통일된 개념 사용의 필요성을 강조하고 있지만 아직도 각 지역에서는 호스피스를 뜻하는 표현을 다양하게 혼합하여 사용하고 있다는 점이 지적되고 있다(Schindler, 2006, p.1079). 호스피스 또는 완화의료 입소 여부에 관한 선정은 일반적으로 환자의 주치의의 판단에 따르도록 되어 있으며 주치의는 환자가 호스피스에 머무는 기간을 일차적으로 4주로 제한하고 있다. 하지만 무엇보다 가장 핵심적인 것은 가정형 호스피스와 시설형 호스피스 선택 여부에 대한 결정권은 환자에게 있다는 것이다. 환자의 결정권에 전적으로 따른다는 것은 불완치병에 걸린 환자의 결정을 존중하자는 뜻을 반영해 주는 것이며 호스피스의 원칙에 의한 것이다. 대상자는 암 말기 환자를 비롯해 에이즈 환자, 신경질환과 더불어 전신마비질환 · 말기신장질환 · 심장질환 · 위장질환 · 폐질병 환자들로 정해져 있다. 여기에 해당하는 말기 환자란 '수술, 항암요법, 방사선요법 등을 시행했으나 더 이상의 의료적 효과를 기대하기 어려운, 임종이 3-6개월 이내로 예견되는 환자'(황나미, 1996, p.61)를 말한다. 이외에도 다음과 같은 대상자 선별기준이 적용된다. '의사의 동의가 있거나 의뢰된 환자, 환자나 가족이 의사의 진단을 받아들이고 예후를 논의하여 통증 및 증상 완화를 위한 비치료적인 간호를 받기로 결정된 자, 가족이나 친지가 없어 호스피스의 도움이 필요하다고 선정된 자, 수술 · 항암요법 · 방사선요법을 시행하였으나 더 이상 의학적인 치료 효과를 기대하기 어려운 환자'(김분한, 2007,

p.12), 그리고 의식이 분명하고 의사소통이 가능한 자여야 한다. 2006년 현재 독일 호스피스·완화 시설에 입원한 환자의 90%는 암 말기 환자들이며, 전체 환자 중 암 말기 환자가 아닌 비율은 10%도 채 안 되는 것으로 나타났다(Schneider and Schwarz, 2006).

### 1. 가정형 호스피스

가정형 또는 방문형 호스피스는 방문간호사나 자원봉사자가 정기적으로 환자의 가정을 방문하여 상담이나 간단한 치료를 제공하는 유형이다. 집에서 생을 마감하기를 원하는 사람들을 위해서는 환자의 어려운 상황을 전문적으로 이해할 수 있는, 죽음을 동행하는 '돌봄 인력'이 있어야 한다. 또한 집에서 함께 거주하는 사람이 적어도 1명은 되어야 가정형 호스피스 서비스를 받을 수 있도록 규정되어 있다. 가정형 호스피스의 주요 역할은 심리·사회적인 죽음의 동행을 수행하는 일이다. 〈그림 3〉은 독일의 가정형 호스피스 현황을 보여 준다. 1996년에는 451개에 불과하던 가정형 호스피스가 2011년에는 1,500개로 확인되어 3배나 증가했음을 알 수 있다. 이는 독일의 건강보험제도의 특징이라 할 수 있는 '재가보호의

**〈그림 3〉 독일의 가정형 호스피스(아동형 호스피스 포함)의 연도별 현황**

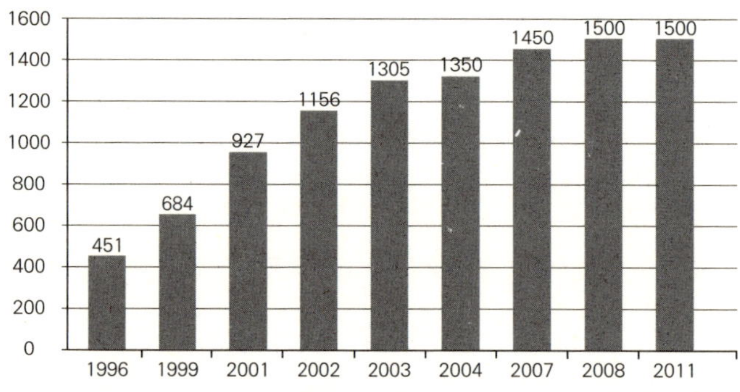


* 자료: Deutscher Hospiz- und PalliativVerband 2011.

우선원칙'에 따라 말기 환자들도 가급적이면 익숙하고 편안한 자신의 집에서 임종을 맞을 수 있도록 가정형 호스피스가 적극 확산되고 있는 것을 잘 반영하고 있다.

### 2. 시설 호스피스

시설 호스피스는 독립병원 및 독립시설의 입원형 호스피스로 병원의 부속기관이기는 하지만 독립적 형태로 운영되고 있다. 사회법전 제5권 39a조 1항(§ 39a, Abs. 1 SGB V)에서는 호스피스의 최소 침상 규모를 8개에서 최대 16개 미만으로 규정짓고 있다. 시설 호스피스는 24시간 치료를 받을 수 있는 곳으로 가족적인 분위기를 부각시키기 위해 최소 6개에서 최대 12개의 침상을 보유하도록 하고 있다. 하지만 일반적으로는 1.2개의 침상을 보유하고 있는데 이 수는 50만 7천 명의 환자가 274:1의 비율로 입소 가능하다는 것을 뜻한다. 치료팀은 의사를 포함한 심리상담자와 같은 전문인력과 요양인력 및 자원봉사자와 공익근무요원으로 구성되어 있으며 치료는 일반적으로 환자의 주치의가 담당하고 있다. 시설 호스피스는 병원이나 양로원과는 다른 개념의 요양시설로서 가족들의 부양을 기대할 수 없는 경우, 또는 병원이나 특수 호스피스 시설에서 질병의 완쾌를 목적으로 한 치료를 필요로 하지 않는 임종 말기 환자들을 대상으로 운영되고 있다. 통계에 따르면 호스피스 시설에 입원한 환자 중 1/3은 이곳에서 3개월 안에 사망하며 환자의 입소기간은 통상 15일에서 25일 정도이다. 시설 호스피스는 말기 환자들이 남은 시간 동안 '인간답게' 또는 '존엄성'을 유지하고 죽음을 준비하기 위한 목적으로 입소하는 곳이기 때문에 요양시설에 입소해 있는 일반환자들은 올 수 없는 곳이다. 하지만 요양시설에 입원해 있는 환자의 상태가 호전되지 않아 호스피스로 병동을 옮겨야 하는 사례가 발생하면 MDK(Medizinischer Dienst der Krankenversicherung: 건강보험의료서비스 단체)가 직접 환자의 상태를 판단하여 호스피스의 입소 여부가 타당한지 결정하게 되어 있다.

### 3. 완화의료 시설

완화의료 시설은 병원에 포함되어 있는 시설로서 필수인력인 의사를 중심으로 요양인력과 사회봉사자, 심리상담자와 자원봉사자들 모두가 환자들의 상태가 편안해질 수 있도록 팀을 형성하여 도움을 주고 있다. 환자들의 치료보다는 증상과 통증을 완화시키는 데 중점을 두고 있으며 의료금고에서 총 비용을 지원해 주고 있다. 완화의료 시설은 기관 형태에 관계없이 완화의료 환자가 통증 완화를 위해 필요한 서비스를 항상 받을 수 있도록 가정방문 서비스와 24시간 상담 서비스를 실행할 수 있는 시스템을 갖추고 있어야 한다. 또한 완화치료 시설은 8-10개의 병상을 적어도 한 명의 의사가 돌볼 수 있도록 규정하고 있으며 간호사와 같은 요양인력과 환

〈그림 4〉 시설 호스피스와 완화치료 시설(아동 시설 호스피스 포함)의 연도별 현황(1996-2011)

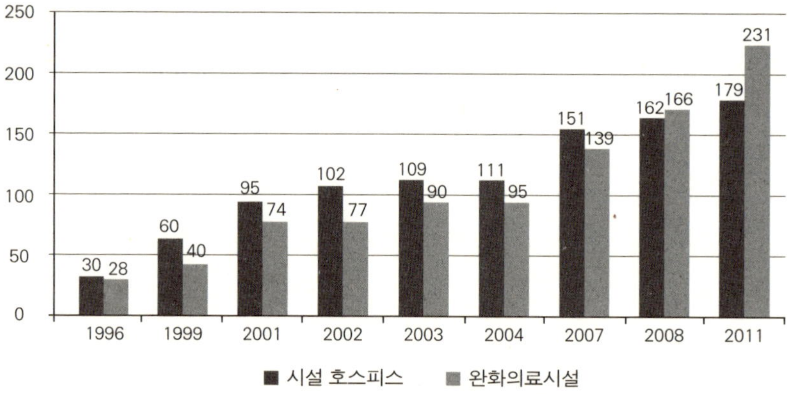


* 자료: Deutscher Hospiz-und PalliativVerband, 2011.

자의 비율이 1.4:1 수준이 되는 것을 전제조건으로 하고 있다. 〈그림 4〉는 시설 호스피스와 완화 시설의 현황에 대한 것이다. 1996년 독일 전국에 총 30개의 시설 호스피스가 설치되었지만 15년 후인 2011년을 기준으로 179개의 시설 호스피스가 운영되고 있다. 완화의료 시설은 1996년과 2011년을 비교하면 28개에서 총 231개로 확충되어 4배 정도 증가하였으며 이미 시설 호스피스의 수를 넘어서서 더 많이 운영되고 있음을 알 수 있다.

〈그림 4〉에서 볼 수 있듯이 독일의 호스피스는 꾸준히 증가하고 있다. 그렇지만 독일 연방의회조사위원회가 펴낸 〈현대의학의 도덕과 법에 관한 보고서〉에 따르면 독일 인구 100만 명당 27.7-35.9개의 완화의료 시설 병상을 필요로 하고 있으며 호스피스 시설 병상은 25-30개가 요구된다고 한다(〈표 10〉).

그러나 2009년 현재 완화 시설의 경우 100만 명당 17개의 병상만이 준비되어 있고, 호스피스 시설은 100만 명당 18개의 병상을 보유하고 있어 실제 수요보다 턱없이 부족한 현실을 보여 주고 있다(Deutscher Hospiz-

**〈표 10〉 2009년 인구당 호스피스 병상 수(현황과 필요한 병상 수)**

총 인구(백만), 개(수)

| | | |
|---|---|---|
| 완화의료 시설 | 100만 명당 필요한 병상 수 | 1 : 27-35 |
| | 실제 병상 수 | 1,440 |
| | 실제 100만 명당 병상 수 | 1 : 17 |
| 호스피스 시설 | 100만 명당 필요한 병상 수 | 1 : 25-30 |
| | 실제 호스피스 병상 수 | 1,467 |
| | 실제 100만 명당 병상 수 | 1 : 18 |
| 완화의료 시설 & 호스피스 | 100만 명당 필요한 병상 수 | 1 : 50-60 |
| | 실제 완화의료 시설 & 호스피스 병상 수 | 2,907 |
| | 실제 100만 명당 병상 수 | 1 : 35 |

* 자료: Wegweiser Hospiz & Palliativmedizin, 2009.

und PalliativVerband, 2009). 유럽의 호스피스 현황과 비교하면 스웨덴은 100만 명당 72개의 병상을 보유하고 있고 룩셈부르크의 경우 100만 명당 86개의 호스피스 병상을 마련해 놓고 있다. 현재 독일은 유럽 국가 호스피스 순위에서 비교적 낮은 12위에 올라 있다(Wiese et al., 2009, p. 218).

독일연방호스피스협회 통계에 따르면 2008년 현재 독일의 전체 사망자 수는 83만 명이었다. 이 중 5만 800명(6.1%)은 집이나 요양원 또는 병원에서 자원봉사자들의 죽음 동행의 도움을 받았으며, 1만 9천 명(2.3%)은 시설 호스피스에서 그리고 3만 3,700명(4.1%)은 완화의료 시설에서 사망하였다. 전체 사망자의 60%가 죽음을 동행하는 도움을 필요로 하였지만 현실에서는 결국 12.5%만이 가정형 및 시설 호스피스와 완화의료 시설에서 도움을 받으며 생을 마감한 것이다. 이렇듯 사망자 5명 중 4명이 호스피스의 도움이 필요함에도 불구하고 아무런 도움도 받지 못한 상태에서 죽음을 맞았다. 이러한 문제를 해결하기 위해서 현재 독일호스피스협회는 호스피스 시설을 급속히 확충할 것을 요구하고 있다.

호스피스와 완화의료 시설의 확충 방안으로는 시설과 병상 수를 늘리는 대책 외에도 24시간 비상전화센터를 무료로 운영하고 있다. 이러한 서비스는 긴급한 상황에 처한 환자들을 위해서 의사와 더불어 요양 인력과 요양 시설에 빠르게 연락을 취할 수 있도록 하자는 취지에서 제공되고 있다. 그 외에도 호스피스에 관한 정보나 상담을 원하는 사람들을 위해서 서비스가 제공되고 있다. 누구든지 호스피스와 더불어 죽음의 동행이나 요양에 관한 질문이 있으면 무료전화 상담을 받을 수 있다. '호스피스 환자 보호전화망'은 현재 독일 전국에서 Dortmund, Berlin과 München과 같은 3대 도시에 설치되어 있다.

호스피스 서비스 질 향상을 위한 대책으로는 1999년부터 독일암협회와 독일완화의료협회가 공동으로 주관하고 있는 '호스피스 및 완화의료 설문조사'(Hospiz und Palliativ Erhebung, HOPE)가 실시되고 있다. 'HOPE'란 호스피스와 완화의료 서비스의 질을 관리하고 활동을 기록하기 위해 지속적으로 성장하고 있는 관리기구이다. 2008년에는 대략 1만 7천 명의 환자에 대한 병상 진행에 대한 자료들을 수집하고 기록하여 보관하고 있다. 많은 호스피스와 완화의료 기관들은 HOPE에서 제공되는 기록들을 토대로 시설과 서비스의 질 향상을 위한 기본 자료로 벤치마킹하는 데 이용하고 있다. 그 외에도 2004년에는 독일카리타스협회와 독일 기독교 디아코니에서 함께 'SORGSAM'(주의)이라고 불리는 '호스피스 시설을 위한 품질 매뉴얼'(Quälitatshandbuch)을 개발하여 발간하고 있다. 독일호스피스협회는 한 발 더 나아가 독일연방건강부에서 매년 호스피스와 완화치료 현황을 알려 주는 보고서를 발간하도록 요구하고 있다. 또한 호스피스 서비스의 질을 더욱 향상시키고 환자들의 권리를 보호하기 위해서는 요양 인력과 호스피스에서 제공되는 서비스 질이 부족할 경우 해당 인력과 시설을 고소할 수 있는 법적 조치가 마련돼야 한다고 요구하고 있다(Deutsche Hospiz Stiftung, 2010).

## VII. 호스피스 서비스 재정 제도화

사회복지의 가장 중요한 핵심은 사람들에게 인간다운 삶을 보장해 주는 것이다. 그렇기 때문에 삶을 종결하는 마지막 순간까지도 모든 사람들은 인간다운 삶을 보장받을 권리를 인정받아야 한다. 비록 병들어 타인의 도움을 가장 많이 필요로 하고 인생에서 가장 나약한 시기를 보내고 있는 말기 만성질환자들이라도 생의 마지막 순간까지 존엄성을 잃지 않고, 보호(care)를 받을 필요가 있다. 독일 정부는 말기 환자들의 존엄한 죽음에 대한 요구를 들어주기 위하여 호스피스·완화의료 서비스를 무료로 이용할 수 있도록 개인부담비용을 전면 삭감해 주는 조치를 내렸다. 호스피스 비용으로 인한 환자들과 가족들의 경제적 부담을 덜어주기 위해서 2009년 6월 건강보험법을 일부 개정하여 호스피스 서비스를 건강보험에 적용하도록 한 것이다. 우리나라의 국민건강보험공단에 속하는 의료금고(Krankenkasse)와 (노인)장기요양보험공단의 요양금고(Pflegekasse)는 호스피스 서비스 비용의 총 90%를 지원해 주고 나머지 10%는 시설 호스피스가 자체적으로 충당하도록 되어 있다(사회법전 제5권 제39a조와 사회법전 제11권). 현재 우리나라에서는 호스피스의 활성화를 위해 호스피스 수가를 제도화하려는 노력을 하고 있다. 독일도 호스피스 서비스가 제도화되지 않았던 2009년 이전까지는 호스피스를 이용하는 환자들의 개인부담이 7%정도였다. 호스피스 하루 사용비용이 많게는 90유로까지 들어 개인적으로 느끼는 경제적 부담이 상당히 높았다.

시설 호스피스의 재정 충당은 세부적으로 보면 ①의료금고, ②장기요양보험, 그리고 ③호스피스 시설 측의 자가 부담 방식을 통해 이뤄지고 있다. 시설 호스피스의 1일당 사용 비용은 200-250유로 정도로 추정된다. 의료금고의 1일당 적용 수가는 대략 178.85유로 정도이다. 장기요양보험에서 지급되는 비용은 해당 환자들의 등급 판정에 따라 차이가 나며 일반적으로 시설요양에 적용되는 금액과 같이 계산하여 지급하고 있다. 예컨대 1등급의 경우 33.63유로이며, 2등급의 경우 42.04유로 그리고 3등급(우리나라의 1등급과 같이 중증환자에 속함)의 경우 47.07유로 정도를 부담해 주고 있는 상황이다. 앞서 나타나듯이 의료금고의 재정부담

비율이 장기요양금고에서 지급되는 부분보다 훨씬 높다. 2005년에는 의료금고 총 지출비의 0.30-0.48%는 완화의료 서비스를 위해 사용되었다(Schneider, Schwarz, 2006, p.556). 독일호스피스협회는 시설 사용비용이 전국으로 일정하게 책정되어 있지 않아 지역마다 차이가 난다는 문제점을 지적하고 정부의 해결 대책을 요구하고 있는 실정이다. 또한 호스피스 시설마다 비용 청구 방식이 일률적이지 않다는 점도 지적되고 있다. 대부분의 호스피스 시설은 환자의 총 호스피스 사용비용을 직접 의료금고에게 청구하는 방식을 이용하고 있어 이럴 경우 의료금고는 요양금고와 내부적으로 비용을 계산하여 처리하고 있다. 동시에 호스피스 총 이용비를 시설에서 직접 결산 처리하여 의료금고와 요양금고에 각각 따르게 청구하는 방법도 사용되고 있다. 현재 시설 호스피스에 적용되고 있는 계산방식은 다음과 같다. 예를 들어 ①호스피스의 하루 수가가 230유로라는 가정하에, ②요양 3등급에 해당하는 환자의, ③시설사용 기간이 총 20일이었다면 아래와 같은 비용이 책정된다.

207유로(=하루 사용 비용의 90%) × 20(=환자의 호스피스 사용 기간)
=총 4140유로

요양금고는 여기에서 1470유료를 지불해 주고 의료금고는 2670유로를 지원해 준다.

호스피스 시설의 자가 부담은 매월 24.48-24.91유로 정도이다. 호스피스 운영비 자가 부담은 대부분 후원단체의 의료비 지원이나 일반인들의 기부금으로 충당된다. 현재 독일호스피스협회와 완화치료협회는 기부금을 조성하기 위한 수단으로 MEMOSITE라는 문상, 조위, 애도사이트

(Trauerportal)를 운영하고 있다. 예컨대 소비자들이 아마존 사이트에서 상품을 구매할 경우 해당 물품의 5%를 호스피스 운영을 위한 기부금으로 내도록 하는 것이다. 그렇다고 구매자들이 물건을 살 때 일반 가격에 비해 5%를 추가해서 더 많이 내는 것이 아니라 본래 가격으로 물품을 사지만 구매 금액에서 5%가 자동적으로 호스피스를 위해서 전달되는 방식이다. 건강보험에 가입되지 않은 빈곤계층의 환자인 경우에도 이렇게 모인 기부금을 통해 서비스 비용을 전면 부담해 주고 있다.

## VIII. 나가며

오늘날 사람들은 인생을 행복하게 사는 것이 삶의 가장 중요한 가치라고 여긴다고 해도 과언이 아닐 것이다. 사회복지의 목적 또한 인간다운 삶을 살 수 있는 데 필요한 서비스를 제공해 주는 것이다. 인간답게 산다는 것은 안녕(well-being)을 누리며 건강적, 경제적 또는 문화적으로 문제없이 사는 것을 의미한다. 의학의 발전과 삶의 질 향상, 기술과 과학의 발전으로 평균수명이 증가하였고 건강하게 사는 기간 또한 길어졌지만 노년기에 겪게 되는 노인성 질환은 완전히 치료되기보다는 퇴행성 만성질환으로 발전하여 죽음의 원인이 되기도 한다. 본 논문에서는 현대사회에서 '죽음이란 무엇이며 과연 어떤 의미를 갖고 있는 것일까?'라는 질문을 토대로 독일 고령화사회에서 요구되는 호스피스의 필요성에 대해 고찰해 보았다. 독일에서는 '끝이 좋아야 모든 것이 좋다'(Ende Gut, Alles Gut)라는 속담이 있다. 그렇다면 과연 어떻게 죽는 것이 가장 인간답게 죽는 것이며, 소위 '잘 죽는 것'일까? 본 논문에서는 좋은 죽음이란, 질병으로 인한 고통

없이 살다가 죽는 것으로 볼 수도 있지만 그것보다는 생을 마감하는 시기에 외롭게 혼자 죽는 것이 아니라 가족들과 마지막 인사를 나누고 사랑하는 사람들의 보살핌과 따뜻한 돌봄 아래 준비된 죽음을 맞이하는 것이라고 하였다. 임종을 눈앞에 둔 사람들이 필요한 것은 누군가가 숨을 거두는 마지막 순간까지 옆에서 따뜻하게 보살펴 주며 동행해 주는 것이다. 호스피스는 이러한 면에서 매우 중요한 역할을 한다. 특히 호스피스는 고령화사회에서 나타나는 가족 형태의 변화, 노인 인구수의 증가, 불필요한 연명치료로 인해 증가하는 치료비용에 대한 방안 등으로 더욱 적합하다고 할 수 있다.

호스피스는 일반병원과는 달리 치료(cure)를 통한 회복이나 치유가 중심이 아닌, 완치될 수 없는 질병에 걸린 환자들을 대상으로 돌봄(care)을 제공하고 있다. 치유 가능성이 없거나 말기 환자로서 임종을 앞에 두고 있는 사람들이 죽음을 잘 맞고 남은 시간을 인간답게 잘 보낼 수 있도록 도와주는 곳이다. 호스피스는 의사와 간호사를 중심으로 간호를 하는 병원과는 달리 의사, 물리치료사, 심리학자, 간호사뿐만 아니라 자원봉사자들을 포함한 사회복지사와 사목자들이 함께 '멀티팀'을 구성하여 환자를 돌본다. 여기에서 자원봉사자의 역할은 중요한 부분을 차지하고 있다. 독일 호스피스의 기둥 역할을 하고 있는 사람들이 바로 자원봉사자들이기 때문이다. 자원봉사들의 헌신을 바탕으로 1980년도부터 호스피스 운동이 시작되었으며 오늘날 지속적으로 확대되고 있는 추세이고, 자원봉사자들의 협력 없이는 호스피스의 운영 자체가 어렵다고도 한다. 이미 2009년에 8만 명이 넘는 자원봉사자들이 호스피스에서 죽음의 동행에 함께 참여하였다. 이런 상황에서 자원봉사자들도 죽음에 대한 지식을 통해 좀더 전문적으로 죽음의 동행에 참여할 수 있도록 지속적인 교육을 받아 죽음에 대한 견해를 넓히도록 하는 것 또한 중요하다. 이와 더불어 완화치료에 대한 기초적인 지식을 배울 수 있는 기회도 더 많이 제공되어야 한다. 독일의 경우 암으로 인한 사망원인은 전체 사망원인 중 두 번째로 높게 나타났다. 특히 노인들의 경우 암으로 사망할 위험이 매우 높다고 한다. 우리나라에서도 매년 6만 7천여 명이 암 질환으로 사망하고 있다. 그렇지만 호스피스 시설 부족으로 인해 2007년 한 해 암으로 사망한 환자 가운데 불과 7.5%에 불과한 5천여 명만이 호스피스 또는 완화치료를 받았다고 한다(닥터스뉴스, 2010. 4. 28). 호스피스가 제도적으로 확장되기 위해서는 호스피스와 완화의료 수가 도입과 더불어 호스피스 서비스의 질을 관리하는 구축망이 요구되며 특히 서비스를 제공하는 종사자를 위한 교육프로그램 등이 지속적으로 제공되어야 한다. 보건복지부는 '완화의료 서비스'를 건강보험에 적용하기 위한 2차 시범사업을 시작하였다. 우리나라에서도 호스피스의 재정적 제도화가 실현된다면 앞으로는 많은 말기 환자들이 호스피스를 병원과 같은 치료기관으로 자연스럽게 받아들이고 이용할 수 있게 될 것이다. 이를 위해서는 무엇보다도 사회에서의 죽음에 대한 열린 대화가 가장 절실하다. 죽음은 인생의 일부이다. 죽음에 대해서 근본적으로 알아야지만 죽음을 두려워하지 않고 긍정적으로 받아들일 수 있기 때문이다. 또한 사회복지의 궁극적인 목적인 '인간다운 삶'이 어디까지 보장되어야 하는가에 대한 물음과 삶의 가치에 대한 사회적 논의도 전반적으로 이루어져야 한다고 본다.

## 참고문헌


김보라, 〈호스피스의 의미와 역할에 관한 연구 — 그리스도교적 관점에서〉, 고려대학교 인문정보대학원 석사학위논문, 2007.

김분한, 《일반인을 위한 호스피스 교육》, 퍼시픽출판사, 2007.

김수지, 《호스피스 총론》, 한국호스피스협회 출판부, 2001.

김신미 · 이윤정 · 김순미, 〈노인과 성인이 인식하는 좋은 죽음에 대한 연구〉, 《한국노년학회》 제21집, 제3호, 2003, pp.95-110.

김정남 · 송미옥, 〈호스피스 환자의 영적 안녕 상태에 관한 조사 연구〉, 《한국보건간호학회지》 제17권, 제2호, 2003, pp.255-265.

김철환, 〈독일 입원형 호스피스 시설의 건축 계획적 특성에 관한 연구〉, 《한국의료복지시설학회지》 제14권, 1호, 2008, pp.39-48.

권중돈, 《노인복지론》, 학지사, 2010.

노유자 · 한성숙 · 안성희 · 김춘길, 《호스피스와 죽음》, 현문사, 1994.

손선영, 〈호스피스 완화간호와 삶의 질〉, 《간호학 탐구》 16권, 2호, 2007, pp.121-134.

조유향, 〈호스피스 전개에 있어서 과제와 방향에 대한 모색 — 호스피스 전개를 위한 교육적 측면에서〉, 《한국보건보육 · 건강증진학회》 11권, 2호, 1994, pp.146-159.

최윤선, 《호스피스 완화의학》, 고려대학교출판부, 2000.

이상명, 〈독일의 노인복지 서비스와 독일의 시사점〉(한국보건사회연구원, 고려대학교 경제연구소 공동심포지엄 발제문 2009, pp.137-157).

이석배, 〈독일의 치료중단 기준과 입법론〉, 《刑事政策》 제19권, 제1호, 2007, pp.229-251.

오진탁, 〈성숙한 죽음문화의 모색: 소극적 안락사의 대안과 관련하여〉, 《오늘의 동양사상》 통권14호, 2006, pp.241-262.

황나미, 〈호스피스의 제도화 방안〉, 《보건복지포럼》, 1996, pp.58-66.

Borck, S., "Seelsorge in der Palliativmedizin", Bundesgesundheitsbl-Gesundheitsforsch-Gesundheitsschutz, Vol.11, 2006, pp.1122-1131.

BMGS(Deutsches Bundesministerium für Familie, Senioren, Frauen und Jugend), Vierter Altenbericht zur Lage der älteren Generation, Berlin, 2002.

BMGS(Deutsches Bundesministerium für Familie, Senioren, Frauen und Jugend), Berlin, 2011.

Caritas, Leitgedanken zur Sterbebegleitung in katholischen Alten- und Pflegeheimen in der Diözese Mainz, Mainz, 2005.

Conzen, C., Freund, J. and G. Overlander, Pflegemanagement heute. Ökonomie, Personal, Qualität: Verantworten und Organisieren, München, 2009.

Deutsche Bischofskonferenz(Hrsg.), Ambulante Palliativversorgung und Seelsorge.

Forschungsbericht zu einer empirischen Befragung, 2009.

Deutsche Hospiz Stiftung(Hrsg.), HPCV-Studie: Hospizliche Begleitung und Palliative-Care-Versorgung in Deutschland 2008, 2009. http://www.hospize.de/docs/hib/Sonder_HIB_02_09.pdf(2010.5.10).

Deutsche Hospiz Stiftung(Hrsg.), SonderHospiz Info Brief 3/10, 2010. www.hospiz.de/docs/hib/HPCV-Studie%2010.pdf

Deutscher Hospiz- und PalliativVerband, Wegweiser Hospiz & Palliativmedizin, 2009. http://www.dhpv.de

Deutscher Hospiz- und PalliativVerband, Wegweiser Hospiz-und Palliativemedizin und DHPV-Datenbank, 2011. http://www.dhpv.de/service_zahlen-fakten.html

Goebel, S., "Zur Soziologisierung in der Hospizbewegung," Sozialwissenschaften und Berufspraxis, vol.31, Nr.1, 2008, pp.126-134.

Kränzle, S., Schmid, U. and C. Seeger, Palliative Care. Handbuch für Pflege und Begleitung, Heidelberg, 2010.

Mehnert, A., Schröder, A.S., Puhlmann, K., Müllerleile, U., and U. Koch, "Würde in der Begleitung schwer kranker und sterbender Patienten. Begriffsbestimmung und supportive Interventionen in der palliativen Versorgung", Bundesgesundheitsbl-Gesundheitsforsch-Gesundheitsschutz, 11, 2006, pp.49: 1087-1097.

Thielke, R., "Hospiz ist kostenguenstiger", Focus Online(Gesundheit Intensivmedizin), 2009.05.12.

Oorschot, B. v. and Wedding, U., "Einstellungen zu Sterben, Tod und Palliativmedizin", Onkologie, 2005, pp.11:367-375.

Patientenschutzorganisation Deutsche Hospiz Stiftung: HPCV Studie 2010. Hospizliche Begleitung und Palliative-Care-Versorgung in Deutschland. Dortmund, 2010. http://www.hospize.de/docs/hib/HPCV-Studie%202010.pdf

Robert Koch-Institut, Krebs in Deutschland 2005/2006. Häufigkeiten und Trends. 2010. http://www.rki.de/cln_117/nn_203956/DE/Content/GBE/Gesundheitsberichterstattung/GBEDownloadsB/KID2010,templateId=raw,property=publicationFile.pdf/KID2010.pdf

Schindler, T., "Zur palliativmedizinischen Versorgungssituation in Deutschland", Bundesgesundheitsbl-Gesundheitsforsch-Gesundheitsschutz, 11, 2006, pp.49: 1077-1086.

Schneider, N. and FW. Schwarz, "Hoher Entwicklungsbedarf und viele offene Fragen bei der Versorgung von Palliativpatienten", Medizinische Klinik, No.7, 2006, pp.101: 552-557.

Statistisches Bundesamt, Krankheitskosten, Wiesbaden, 2008.

Statistisches Bundesamt, Ausgaben und Finanzierung des Gesundheitswesens, Wiesbaden, 2009.

Statistisches Bundesamt, Demografischer Wandel in Deutschland, Heft 2,Wiesbaden, 2010.

Statistisches Bundesamt, Bevölkerung und Erwerbstätigkeit. Haushalte und Familien, Ergebnisse des Mikrozensus, Wiesbaden, 2011.

Statistisches Bundesamt, Ältere Menschen in Deutschland und der EU, Wiesbaden, 2011.

Statistische Ämter des Bundes und der Länder, BevÖlkerungs-und Haushaltsentwicklung im Bund und in den Ländern, Wiesbaden, 2011.

Student , J.-C.: Im Himmel welken keine Blumen, Freiburg, 2005.

Wiese, C. H. R., Bartels, U .E., Zausig, Y. A., Graf, B. M and G. G. Hanekop, "Palliativmedizin", Der Anaesthesist 3, pp.218-230.

World Health Organisation(WHO)(2002), Definition of palliative care. http://www.who.int/cancer/palliative/definition/en/print.html

《닥터스뉴스》, 2010. 4. 28.

Die Welt, 2010(http://www.welt.de/die-welt/politik/article8572693/Zahl-der-Christen-leicht-gesunken.html).

Spiegel Online, 2010(http://www.spiegel.de/wissenschaft/medizin/0,1518,730471,00.html).

# 국내 노동시장과 고령자
## — 활동적 고령화 논의의 재고

정주연 고려대 경제학과 교수
이정아 고려대 경제학과 박사과정

## Ⅰ. 서론

인구고령화는 피할 수 없는 경향으로, 나라마다 차이가 있지만 우리나라도 이미 빠른 속도로 고령화 단계에 진입하였다. 따라서 고령화를 다룬 여러 연구들은 전례 없는 인구학적 현상이 초래할 수 있는 사회적, 경제적 파급효과에 대한 우려를 나타낸다. 무엇보다 노인부양비 및 사회보장비 부담의 증대는 고령화사회가 떠안게 될 가장 큰 짐으로 인식되고 있다. 이에 대응하기 위한 대책으로 대표적인 것이 '활동적 고령화'(active ageing)이다. 활동적 고령화는 노동시장에서의 생산활동을 강조한 생산적 고령화(productive ageing)에서 더 나아가 삶의 질과 정신적, 육체적 안녕을 강조하며 국제보건기구(WHO)가 제시한 개념이다. 생산적 고령화가 생산 및 노동시장과의 관계에서 얻어지는 개념이라면 활동적 고령화는 그보다 폭넓은 활동으로 정의된다(Walker, 2002). 활동적 고령화를 가능하게 하기 위한 세 가지 요소는 건강, 참여, 경제적 보장으로, 고령화에 대응하고 있는 여러 선진국들은 고령화 정책의 기본 방향으로 활동적 고령화를 채택하고 있다(방하남 외, 2005).

그러나 일견 타당해 보이는 활동적 고령화 논의는 이미 상당히 구성되어 있는 고령자의 노동시장 현실을 간과한 것이다. 활동적 고령화가 생산적 고령화보다 폭넓은 개념이라고 소개하지만, 고용을 지속하는 것이 고령자의 육체적, 정신적 건강 유지에도 중요하다고 주장함으로써 내용 면에서 고령자의 경제활동이 강조된다. 실제 우리나라의 고령자 경활률은 매우 높은 수준인데(〈표 1〉 참조) 낮은 생산성 혹은 연령차별주의(ageism)로 인해 낮은 임금을 받는다는 사실은 널리 알려져 있는 현실이다. 그럼에도 불구하고 제도를 통해 수요를 진작시키거나 학습능력이 떨어지는 고령자에게 생산성 제고를 위한 숙련 프로그램을 개발하는 등의 활동적 고령화 전략은, 사전에 형성되어 있는 저임금의 고령자 노동시장에 고령자들을 더 밀어넣는 결과를 낳을 뿐이다. 같은 제도라고 해도 이미 있는 다른 제도와 법 체계, 문화에 따라 다른 효력을 발휘하기 마련이다. 마찬가지로 노동시장의 수요와 공급이라는 '활동'과 관련한 대안을 마련하기 이전에 노동시장 구조와 실태를 파악해야 한다.

이 글에서는 이미 형성되어 있는 국내 고령자 노동시장의 여러 측면들을 살펴볼 것이다. 결론부터 말하면 우리나라 노동시장 전체의 문제 상당 부분이 고령자 일자리에서 관찰되는바, 고령자 일자리 질의 개선이 비단 고령자뿐만 아니라 우리나라 노동시장 전체의 문제로 인지되고 이를 개선하기 위한 노력이 요구된다.

## II. 고령자의 정의

구체적으로 살펴보기에 앞서 고령자를 정의한다. 먼저 법을 기준으로 살펴보면 노인복지법, 기초노령연금법 등에서는 65세 이상을 대상으로 하며 OECD에서 정의하는 생산가능인구는 15-64세이다. 반면 고령자고용촉진법은 55세 이상을 고령자로, 50-55세를 준고령자로 규정하고 있는데 OECD 기준에서도 핵심근로계층은 55세 미만이며 55-64세는 고령근로계층으로 구분한다. 이 글에서는 일자리라는 노동의 측면에서 고령화를 고려하므로 고령자고용촉진법과 OECD 핵심/고령근로계층 분류를 따라 55세 이상을 고령자로 정의한다.

## III. 고령자의 국내 노동시장 실태

본고에서는 통계청에서 매달 발표하는 '경제활동인구조사'의 2011년 3월 부가조사 자료원 자료를 이용한다. 임금근로자의 임금자료를 포함하는 부가조사는 매해 3월과 8월에만 실시된다. 그리고 기타 경향 자료는 통계

**〈표 1〉 연령대별 경활률 및 고용률**(단위:%)

| | 경활률 | | | 고용률 | | | |
|---|---|---|---|---|---|---|---|
| | 전체 | 여성 | 남성 | 전체 | 여성 | 남성 | OECD 평균* |
| 전 연령대 | 60.9 | 49.07 | 73.26 | 58.28 | 47.03 | 70.02 | 67.3 |
| 15-24 | 25.07 | 29.44 | 20.37 | 22.19 | 26.6 | 17.43 | 39.5 |
| 25-34 | 73.92 | 62.15 | 85.16 | 69.11 | 58.88 | 78.87 | 73.2 |
| 35-44 | 78.22 | 61.31 | 94.55 | 75.87 | 59.29 | 91.89 | 77.1 |
| 45-54 | 78.09 | 64.25 | 91.71 | 75.95 | 62.43 | 89.25 | 75.4 |
| 55세 이상 | 45.26 | 32.37 | 60.95 | 43.73 | 31.37 | 58.77 | - |
| 55-64 | 62.76 | 47.01 | 78.88 | 60.87 | 45.94 | 76.15 | 54 |
| 65세 이상 | 28.73 | 20.49 | 40.55 | 27.53 | 19.54 | 39 | 12.3 |

* OECD 국가 평균 고용률은 2010년 기준임(출처: http://stats.oecd.org).

청 자료 등을 이용하였다.

〈표 1〉은 연령대별 경제활동 참가율과 고용률을 나타낸 것이다. 고용률을 기준으로 살펴보면 전체 연령대에서 우리나라의 고용률은 OECD 평균을 밑도는데 연령대별로 나누어 보면 55세 이상 고령자부터는 오히려 평균을 크게 초과한다. 특히 65세 이상의 고용률은 OECD 평균의 두 배 이상으로, 금융위기 이후 급격한 변화를 겪은 아이슬란드를 제외하면 OECD 국가들 중에서 가장 높다. 또한 55-64세의 고령근로계층에서도 우리나라의 고용률은 OECD 국가들 중 6위 수준으로 높은 편이다. 이러한 자료만으로 볼 때 우리나라 고령자들은 이미 부족한 복지를 자발적 노동시장 참여를 통해 해결하고 있는 것으로 보인다. 부족한 사회보장의 해결책으로 제안된 활동적 고령화가 이미 우리 사회에서 상당한 진행 경로에 있는 것이다. 그러나 이와 같은 상황을 긍정적으로 평가하고 진작을 논하려면, 고령자의 노동시장 참여가 생산적 복지로서 실질적 기능을 하는지 여부를 확인해야 한다.

현재 비정규직을 분류하는 기준은 정부기관과 노동계 간에 차이가 있다. 통계청(정부)은 비정규직을 구분하는 데 있어 한시적 노동자, 시간제 노동자, 비전형 노동자의 고용 형태에 따른 분류만을 사용하고 있다. 이에 반해 노동계(한국노동사회연구소)는 고용 형태와 함께 고용 지위를 고려

**〈표 2〉 통계청 및 노동계 기준 비정규직 비율**(단위: %)

| | 전체 | | 여성 | | 남성 | |
|---|---|---|---|---|---|---|
| | 통계청 기준 | 노동계 기준 | 통계청 기준 | 노동계 기준 | 통계청 기준 | 노동계 기준 |
| 전 연령대 | 33.82 | 48.71 | 41.73 | 60.96 | 27.98 | 39.67 |
| 55세 이상 | 57.21 | 74.4 | 64.35 | 87.83 | 52.18 | 64.95 |
| 55-64 | 51.14 | 67.74 | 58.55 | 83.47 | 46.28 | 57.42 |
| 65세 이상 | 73.87 | 92.7 | 78.1 | 98.16 | 70.29 | 88.07 |

해 비정규직을 구분함으로써 통계청의 개념을 따를 경우 정규직으로 분류되는 임시, 일용직 노동자 중 장기임시노동자를 비정규직에 포함시키고 있다. 〈표 2〉는 양쪽의 기준을 각각 적용하여 계산한 고령자의 비정규직 비율을 모두 보여 주고 있다.

일자리와 소득의 안정성이 정규직에 비해 크게 떨어지는 비정규직의 비율은 고령자 계층에서 매우 높게 나타나는데, 통계청 기준을 따라도 절반 이상이고 노동계 기준을 따르면 70% 이상이다. 특히 여성에게 있어서 더욱 심각하다. 노동계 기준으로 60%를 넘는 여성 전체의 비정규직 비율은 여성고령자 중에서는 87.83%로, 노동시장에 참여하는 여성고령자의 대부분이 비정규직 일자리를 가지고 있음을 알 수 있다. 고령자의 다수가 비정규직으로 노동시장에 참여하는 상황은 〈표 3〉의 저임금 근로자 비율과도 관련이 있다.

임금 근로자 전체의 평균 월임금인 약 202만 원에 비하여 고령자의 평균 월임금은 낮게 나타나는데 내용에 있어서는 남녀 간 큰 차이가 있다. 전 연령대에서 평균 월임금 격차는 약 100만 원으로 높은데 55세 이상 고령자 계층에서 그 격차가 더욱 벌어져 110만 원 이상 차이가 난다. 65세 이상만 따로 떼어 보면 남성의 평균 월임금도 크게 낮은 탓에 절대적 격차의

**〈표 3〉 평균 월임금 및 저임금 비율**(단위: 만 원, %)

| | 전체 | | 여성 | | 남성 | |
|---|---|---|---|---|---|---|
| | 평균 월임금 | 저임금 비율 | 평균 월임금 | 저임금 비율 | 평균 월임금 | 저임금 비율 |
| 전 연령대 | 202.56 | 24.81 | 142.96 | 39.77 | 246.48 | 13.79 |
| 55세 이상 | 155.32 | 52.01 | 90.36 | 74.5 | 201.04 | 36.18 |
| 55-64 | 182.51 | 41.71 | 109.22 | 65.51 | 230.63 | 26.03 |
| 65세 이상 | 80.59 | 80.32 | 45.65 | 95.6 | 110.27 | 67.34 |

크기는 줄어들지만 남성의 평균 월임금이 여성의 2.4배로 상대적 격차는 전혀 줄어들지 않는다.

고령자 중에서 중위임금의 2/3 미만으로 정의되는 저임금 근로자의 비율이 절반 이상이라는 사실은 노동시장 참여만으로 부족한 복지를 대체하기 어렵다는 점을 방증한다. 주목할 부분은 저임금 근로자의 비율에서 나타나는 구성적 경향이 비정규직 비율에서도 유사하게 나타난다는 데에 있다. 여성의 일자리 특성이 남성보다 나쁘고 고령노동자 계층에서도 65세 이상 고령자층의 일자리가 훨씬 나쁘다. 이 두 특성을 모두 지닌 65세 이상 여성의 98% 이상이 비정규직이고 95% 이상이 저임금 근로자이다. 〈표 2〉에서 살펴본 비정규직, 즉 고용 형태가 열악한 임금수준과도 밀접한 관련을 가지는 것이다.

고령자가 고용되는 일자리의 성격을 살펴보기 위해 먼저 업종별 고령자 비율을 살펴보면, 전체 업종에서 고령자가 차지하는 비중은 13.79%인데 이를 훨씬 상회하여 높은 고령자 비율을 보이는 업종으로는 가구 내 고용 및 생산활동(56.14%), 농림어업(54.92%), 부동산 및 임대업(34.35%), 시설관리업(34.32%) 등이 있다. 국제 및 외국 기관을 제외하면 이들 산업의 특징은 모두 저임금 근로자의 비율이 가장 높은 산업들이라는 것이다.

성별로 분포가 집중되는 산업에도 차이가 있다. 남성고령자의 경우 건설업(16.62%)과 시설관리업(16.11%)에 집중 분포되어 있는데 반해 여성고령자가 가장 많이 분포한 산업은 시설관리업(13.76%), 숙박 및 음식점업(12.9%), 제조업(11.98%), 보건 및 복지 서비스업(10.55%), 도소매업(10.21%)순이다. 여성고령자가 주로 분포한 산업들의 저임금 근로자 비율은 모두 평균을 상회하거나 매우 높다. 여성고령자가 가장 많이 분포한 업종인 시설관리업의 저임금 근로자 비율은 39.97%, 두 번째로 많이 분포

〈표 4〉 업종별 고령자 비율 및 저임금 비율(단위: %)

| 업종 대분류 | 고령자 비율 | 여성고령자 | | 남성고령자 | | 저임금 비율 |
|---|---|---|---|---|---|---|
| | | 비율 | 분포 | 비율 | 분포 | |
| 전체 | 13.79 | 5.7 | 100 | 8.09 | 100 | 24.81 |
| 농업, 임업 및 어업 | 54.92 | 44.30 | 7.94 | 10.62 | 1.34 | 70.97 |
| 광업 | 7.6 | 0 | 0 | 7.6 | 0.12 | 3.04 |
| 제조업 | 8.77 | 3.31 | 11.98 | 5.46 | 13.9 | 16.31 |
| 전기, 가스, 증기 및 수도사업 | 8.15 | 0.94 | 0.08 | 7.22 | 0.43 | 5 |
| 하수·폐기물 처리, 원료재생 및 환경복원업 | 12.1 | 1.2 | 0.08 | 10.9 | 0.52 | 9.41 |
| 건설업 | 18.93 | 0.83 | 1.09 | 18.1 | 16.62 | 18.91 |
| 도매 및 소매업 | 9.43 | 4.76 | 10.21 | 4.67 | 7.04 | 32.37 |
| 운수업 | 18.01 | 0.91 | 0.65 | 17.1 | 8.57 | 21.12 |
| 숙박 및 음식점업 | 12.48 | 11.47 | 12.9 | 1.01 | 0.8 | 59.12 |
| 출판, 영상, 방송통신 및 정보서비스업 | 2.42 | 0.64 | 0.4 | 1.78 | 0.78 | 5.13 |
| 금융 및 보험업 | 6.56 | 3.08 | 2.53 | 3.48 | 2.02 | 3.46 |
| 부동산업 및 임대업 | 34.35 | 9.96 | 3.26 | 24.39 | 5.62 | 37.96 |
| 전문, 과학 및 기술 서비스업 | 5.64 | 0.37 | 0.3 | 5.27 | 3.03 | 4.09 |
| 사업 시설관리 및 사업지원 서비스업 | 34.32 | 12.89 | 13.76 | 21.43 | 16.11 | 39.97 |
| 공공행정, 국방 및 사회보장 행정 | 22.09 | 7.53 | 7.23 | 14.56 | 9.83 | 20.52 |
| 교육 서비스업 | 8.65 | 2.63 | 3.56 | 6.02 | 5.74 | 14.73 |
| 보건업 및 사회복지 서비스업 | 10.9 | 8.58 | 10.55 | 2.32 | 2.01 | 25.45 |
| 예술, 스포츠 및 여가 관련 서비스업 | 8.14 | 3.36 | 0.81 | 4.78 | 0.81 | 39.88 |
| 협회 및 단체,수리 및 기타 개인서비스업 | 15.19 | 6.61 | 4.63 | 8.58 | 4.23 | 28.25 |
| 가구 내 고용활동 및 달리 분류되지 않은 자가소비 생산활동 | 56.14 | 54.01 | 7.95 | 2.14 | 0.22 | 61.12 |
| 국제 및 외국기관 | 30.18 | 5.82 | 0.09 | 24.36 | 0.27 | 0 |

한 업종인 숙박 및 음식점업은 무려 59.12%로 여성고령자의 상당수가 저임금 근로자라는 현실의 내용을 상당 부분 설명한다.

직종별로 살펴보면 고령자 일자리의 내용은 더욱 분명하게 드러난다. 고령자 비율이 매우 높은 직종은 농림어업숙련 종사자(42.86%)와 단순노

〈표 5〉 직종별 고령자 비율 및 저임금 비율(단위: %)

| 직종 대분류 | 고령자 비율 | 여성고령자 | | 남성고령자 | | 저임금 비율 |
|---|---|---|---|---|---|---|
| | | 비율 | 분포 | 비율 | 분포 | |
| 전체 | 13.79 | 5.7 | 100 | 8.09 | 100 | 24.81 |
| 관리자 | 26.22 | 2.06 | 0.82 | 24.16 | 6.82 | 0.24 |
| 전문가 및 관련 종사자 | 5.39 | 1.25 | 4.81 | 4.14 | 11.17 | 8.57 |
| 사무 종사자 | 3.81 | 0.64 | 2.43 | 3.17 | 8.44 | 7.64 |
| 서비스 종사자 | 13.51 | 11.92 | 18.47 | 1.59 | 1.73 | 46.91 |
| 판매 종사자 | 6.11 | 4.03 | 6 | 2.08 | 2.18 | 33.54 |
| 농림어업숙련 종사자 | 42.86 | 14.33 | 0.83 | 28.52 | 1.17 | 40.69 |
| 기능원 및 관련기능 종사자 | 14.36 | 2.35 | 3.75 | 12.01 | 13.48 | 19.53 |
| 장치,기계조작 및 조립 종사자 | 12.82 | 1.23 | 2.33 | 11.59 | 15.48 | 15.49 |
| 단순노무 종사자 | 39.61 | 20.55 | 60.57 | 19.06 | 39.54 | 59.31 |

무 종사자(39.71%)인데 각각의 직종에서 저임금 근로자 비율은 40.69%와 59.31%이다. 특히 단순노무 종사자는 저임금 근로자 비율이 가장 높은 직종인데 고령자의 분포가 여성과 남성 모두에서 압도적으로 높다. 여성 고령자의 경우에는 60% 이상이 단순노무 종사자이다. 고령자 비율이 높은 편은 아니지만 여성고령자의 분포가 두 번째로 높게 집중되어 있는 서비스 종사자 또한 저임금 근로자의 비율이 46.91%로 매우 높다. 결국 노동시장에 참여하는 고령자가 분포하는 일자리의 특성이 공통적으로 임금 수준이 낮은 부문이라는 점은, 반대로 고령자 비율이 높은 부문이 곧 저임금 부문이라는 사실로 인하여 고령자 일자리의 자기강화적 게토화가 이미 진행되고 있음을 보여 준다.

〈표 6〉은 우리나라의 기초사회보장제도인 건강보험, 국민연금, 고용보험 가입비율을 고령자와 비고령자로 나누어 살펴본 것이다. 앞서 보았듯

〈표 6〉 임금근로자의 사회보장제도 가입비율(단위: %)

| | 건강보험 | 국민연금 | 고용보험 |
|---|---|---|---|
| 비고령자 | 71.5 | 71.45 | 63.56 |
| 고령자 | 50.69 | 29.99 | 39.86 |

이 고령자의 높은 비정규직 비율은 낮은 임금과 더불어 낮은 사회보장제도 가입비율로 나타나고 있다. 고령자 복지 부족에 대한 개인적인 대처로 노동시장 참여를 선택한다고 하더라도 그 일자리가 비정규직인 탓에 노동시장에 참여하는 근로자들에게 기본적으로 제공하는 사회보장제도의 혜택을 받지 못하는 것이다.

지금까지 임금근로자 중위임금의 2/3 미만을 받는 경우로 정의되는 저임금 근로자 개념을 이용하여 살펴보았는데, 우리나라에는 현재 1인 이상 사업장에 고용된 근로자 모두에게 적용되는 최저임금제가 실시되고 있으며 2011년 법정 최저임금은 시간당 4,320원이다. 최저임금수준에도 못 미치는 임금근로자의 비율은 전체 임금 근로자의 11.96%로, 최저임금 기준이 OECD 저임금 기준에 미달함에도 불구하고 그 비율이 적지 않다. 그런데 최저임금에 미달하는 임금을 받는 임금근로자 중에서 고령자의 비율은 38.5%, 고령자 중에서 최저임금에 미달하는 임금을 받는 비율은 33.4%라는 사실은 고령자 일자리의 상당 부분이 법의 사각지대에 놓여 있음을 보여 준다고 할 수 있다.

고령자의 열악한 일자리 특성은 따라서 부족한 복지와 맞물려 고령자 가구의 빈곤을 심화시킨다. 〈표 7〉에서 보듯이 고령자 중에서 1인가구의 비율은 늘고 있는 추세이며 2005년에서 2010년 사이에는 무려 10%포인트 가까이 늘었다. 순전히 자신의 소득에 의존할 수밖에 없는 고령자의 비

〈표 7〉 60세 이상 고령자 중 1인 가구 비율(단위: %)

| 년도 | 1995 | 2000 | 2005 | 2010 |
|---|---|---|---|---|
| 1인가구 비율 | 11.68 | 13.78 | 15.78 | 24.36 |

* 출처: 국가통계포털(http://kosis.kr).

〈그림 1〉 2000년대 중반 고령자 빈곤율(단위: %)

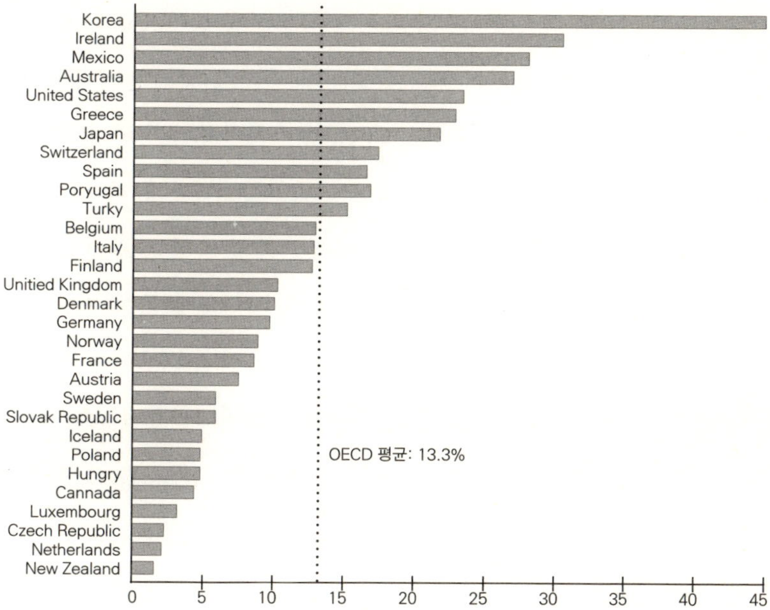


* 출처: OECD(2009) Pension at Glance.

율이 늘고 있는 것이다. 그 결과는 〈그림 1〉과 같다. 우리나라의 고령자 빈곤율(중위소득의 50% 이하 기준)은 2000년대 중반에 이미 OECD 최고 수준이 되었는데 약 45%로 OECD 평균의 세 배 이상이다. 우리나라의 노인 자살률 또한 세계 최고로, 고령자의 경제활동 진작이 고령자 복지 증진으로 기능할 수 있다는 주장을 의심하게 한다.

## IV. 결론

고령화에 대처하기 위해 선진국들에서 채택하고 국내 여러 연구들이 지향하는 활동적 고령화는 비생산적 인구구조 추이와 복지 부담이라는 사회적 문제를 해결하는 동시에 고령자 개인의 건강과 시민권을 증진시키기 위한 이상적 대안으로 보인다. 그리고 이러한 이상적 대안으로서 활동적 고령화를 위해 연령차별금지가 제도화되어야 한다고 주장되어 왔다(장지연, 2003; 장지연 외, 2004; 방하남 외, 2005). 연령차별은 나이가 듦에 따라 자연히 떨어진다고 여겨지는 생산성 탓에 구분되기 어렵지만 적어도 채용과 해고, 더 넓게는 고용이라는 측면에서 고령자가 받는 차별을 제도적으로 제거하자는 것이다. 그러나 우리나라 고령자의 고용률이 세계에서 가장 높은 수준이라는 점에서 보면 이미 개인적 차원에서 활동적 고령화는 상당히 진행된 것 같다. 그럼에도 불구하고 우리나라 노인 빈곤율은 OECD 평균의 세 배를 상회하며, 2000년대 중반 이후 압도적 1위를 꾸준히 유지해 오고 있으며 노인 자살률 또한 세계 1위라는 부끄러운 타이틀을 두 개나 가지고 있다.

경제학적으로 모순적인 우리나라 고령자의 현실은 상당 부분 노동시장 내에서 기인한다. 고령자 일자리의 비정규직 비율은 통계청 기준을 적용하여도 57.21%, 노동계 기준을 적용하면 74.4%이다. 고용 형태에 따른 분류임에도 불구하고 다수가 비정규직으로 일한다는 사실은 고령자 중 저임금 근로자의 비율이 절반을 넘는다는 점과 밀접하게 연관된다. 특히 고령자 중에서도 여성고령자의 상황은 더욱 열악한데, 여성고령자의 평균 월임금은 전체의 절반에도 못 미치는 것으로 나타났다.

또 고령자 일자리를 산업과 직종별로 나누어 살펴보았는데, 특히 고령자의 비율이 높은 업종과 직종들이 저임금 근로자 비율도 높은 것으로 나타났다. 여성고령자와 남성고령자가 집중 분포하는 업종에도 차이가 있어서 연령과 성별에 따른 분리가 진행되고 있음을 알 수 있었다. 고령자 일자리의 게토화로 볼 수 있는 이러한 현상은 연령차별을 제도로 금지한다고 하더라도 그 효과가 제한적일 것이라는 예상을 하게 한다.

복지 부담의 해결 대안으로 활동적 고령화를 고려하기 어렵다는 점은 복지 부족을 이유로 노동시장 참여를 하는 고령자들이 근로자 모두에게 적용되도록 마련된 기초사회보장제도의 혜택도 받지 못하는 악순환 속에서도 확인된다. 고용된 모두가 적용받게 되어 있는 최저임금도 받지 못하는 고령자의 비율이 40%에 육박한다. 좋은 제도를 구상하고 마련하는 것은 중요하지만, 그렇게 만들어진 제도가 실효를 거두기 위해서는 상당한 노력이 필요하다는 점도 고려되어야 한다.

이 글에서는 고령자의 경제활동 진작이 만병통치약으로 제시되기에 앞서 현재 노동시장에 참여하고 있는 우리나라 고령자들의 노동시장 현실을 좀더 자세히 파악하고자 하였다. 그 결과 세계 최고의 노인 빈곤율과 자살률이라는 암울한 자화상이 고령자 노동시장과 무관하지 않으며 따라서 고령자 노동시장의 열악한 환경 개선 없이 활동적 고령화라는 이상적 대안이 도모되어서는 안 된다는 결론을 얻었다. 게다가 근로자 중에서 고령자의 비율은 앞으로 더욱 늘어날 것으로 기대되는바, 고령자 노동의 문제는 곧 노동시장 전체의 문제가 될 가능성이 높다.

이상의 고찰에서 비정규직이라는 고용 형태가 저임금이라는 낮은 경제적 보상, 사회보장제도로부터의 배제와 관련되어 있음을 보였다. 고령자의 열악한 노동 현실은 고령자의 상당수가 바로 이러한 비정규직 일자리를 가지고 있는 것과 관계가 있다. 따라서 국내 고령자 노동시장 문제의 근본적인 해법은 결국 일자리 자체에 있다고 할 수 있다.

### 참고문헌


방하남 · 신동균 · 김동헌 · 신현구, 《인구고령화와 노동시장 변화 및 노동 정책과제》, 한국노동연구원, 2005.

장지연, 《고령화시대의 노동시장과 고용 정책(I)》, 한국노동연구원, 2003.

장지연 · 김대일 · 신동균 · 조준모 · 조용만 · 김정한, 《고령화시대의 노동시장과 고용 정책(II)》, 한국노동연구원, 2004.

OECD, *Pension at Glance*, 2009.

Walker, A., "A Strategy for Active Ageing", *International Social Security Review*, 2002, 55(1): pp.121-139.

# ICT산업에서 고령화와 산업변화에 따른 노동시장의 변화

## — 주요 산업국가들을 대상으로 비교분석

정재현
고려대 경제연구소 연구교수

## Ⅰ. 서론

한국은 경제발전과 의료기술의 발달로 1970년대 이후부터 평균수명이 비약적으로 늘었고 정부의 적극적인 인구억제 정책으로 출생률도 하락하기 시작했다. 통계청의 인구추계를 보면 합계출생률은 1980년대 초에 대체출생률 수준인 2.1명 이하가 되었고 2000년 이후에 1.5명 이하로 하락했다.[1] 이런 평균수명의 증가와 급격한 출생률 감소로 고령인구가 차지하는 비중이 최근에 빠르게 증가하고 있다. 고령화는 이미 서구 선진국에서 오래전부터 경험한 현상으로 경제발전 단계 중 하나로 볼 수 있다. 다만 한국에서 인구고령화의 문제는 그 속도가 유례없이 빠르다는데 있다. 통계청의 장래인구추계에 따르면 한국은 2000년에 65세 이상 인구 비중이 7%를 넘어 이미 고령화사회에 들어섰고 2019년에 고령사회로 진입하며 7년

1 2000년 이후 출생률의 급격한 하락에 대해 전광희(2002)는 1998년 경제위기로 인한 청년실업의 증가로 설명한다. 또한 전광희(2002)는 장기적으로 결혼연령이 늦어지는 만혼화 현상과 과다한 자녀 양육 비용 때문에 출산률이 하락하는 것으로 설명한다. 반면 최경수(2003)는 만혼화가 최초 출생연령을 늦추지만 완결 출산률을 크게 하락시키지 않기 때문에 1998년 경제위기로 급격하게 하락한 출생률은 다시 상승할 것으로 보고 있다.

후인 2026년에는 초고령사회가 된다고 보고 있다.[2]

이렇게 빠르게 진행되는 인구고령화는 다양한 사회경제적인 문제를 발생시킬 것으로 예상된다. 이미 인구고령화가 진행된 유럽과 일본 그리고 북미의 경우를 보면, 고령남성의 노동시장 참여가 줄어 경제활동 참가율이 감소했다(Gruber and Wise, 1999; 이철희, 2006).[3] 이로 인해 장기적으로 인력부족 및 생산성 저하가 나타날 가능성이 높아진다. 그리고 노동시장에서 은퇴한 인구가 상대적으로 증가하면 고령연금의 재정적 부담이 크게 증가하고 고령층 의료 서비스 이용의 증가로 의료비 지출 증가 및 의료보험 재정 악화를 불러올 수 있다(이철희, 2006). 이런 고령화로 인한 노동인구의 부족과 생산성 저하로 발생하는 경제성장의 둔화는 연금과 의료보험의 재정지출 증가를 뒷받침할 수 없게 만들 것으로 예상된다. World Bank(1994)와 OECD(1998) 등은 이런 시각에서 인구고령화의 위기를 경고한다.

한편, 이렇게 인구고령화가 부정적인 영향을 제공할 것이라는 시각에 대해 그 영향이 과장되었다는 연구도 이루어졌다. Cutler, Poterba and Summers(1990)는 인구고령화로 노동력 증가율이 감소하면서 노동이 희소하게 되고 그에 따라 기술변화 속도가 증가한다는 시각에서 1960-1985년 국가별 자료를 이용하여 노동력 증가율이 느린 국가에서 좀더 빠른 생산성 증가가 나타난 것을 실증하였다. Denton and Spenser(1999)는 총부양인구비와 생산성의 관계에 주목하여 총부양인구비가 높았던

2 UN이 제시한 기준에 따르면 한 국가의 전체 인구 중 65세 이상 인구가 7% 이상 14% 미만이면 고령화사회(ageing society)로, 14% 이상 20% 미만인 경우 고령사회(aged society) 그리고 20% 이상이면 초고령사회(super aged society)로 구분한다.

3 장기자료가 축적된 미국, 영국, 프랑스, 독일의 경우를 보면 65세 이상 고령남성의 경제활동 참가율 감소가 이미 한 세기 전부터 시작된 것으로 나타난다(Costa, 1998).

1950-1960년대 자료를 통해 총부양인구비와 생산성 사이의 정의 관계를 실증하였다. Emery and Rongve(1999)는 생산가능인구의 감소로 실질임금이 증가하는 경로에 주목하였다. 한편 Merette(2002)는 노동력이 희소해짐에 따라 실질임금이 상승하는 현상과 함께 젊은 세대의 인적투자 증가에 주목하였다. Merette(2002)에 따르면 인적투자 증가로 노동생산성이 증가하고 장기적으로 경제성장이 지속적으로 이루어질 수 있다.

이런 논의들을 살펴보면, 주된 쟁점이 노동시장에 있다. 특히 고령노동인구 비중이 증가함에 따라 나타나는 노동력의 규모의 변화와 노동생산성 변화가 주요 쟁점이 된다. 한편 경제발전과 함께 한 국가의 산업구조는 계속 변화하고 있으며, 산업구조의 변화로 노동시장도 큰 영향을 받을 수 밖에 없다. 현재 ICT산업과 같은 지식기반 산업의 비중이 증가하는 방향으로 변화가 계속되고 있다. 이런 산업구조의 변화에 따라 노동시장에서 수요 측면의 변화도 함께 이루어진다. 재화 생산 및 서비스 부문의 빠른 변화와 함께 관련 지식의 변화도 빠르게 이루어져 상대적으로 젊은 노동공급원을 필요로 한다. 그러나 한국의 인구구조는 급속히 진행되는 고령화로 인해 고령층 인구 비중이 증가하는 반면 청년층 인구 비중이 감소하고 있다. 이런 노동공급원의 구성 변화는 산업구조 변화에 따른 노동수요 변화와 불일치하는 문제를 잠재적으로 가지고 있다. 그리고 인구고령화로 인한 노동력 연령 구성의 변화는 노동생산성도 변화시킨다. 인구가 고령화되면 노동력의 고령층 비중이 커지면서 새로운 기술에 대한 적응력과 학습능력이 하락하여 노동생산성이 하락할 수 있다(방하남·신동균·김동헌·신현구, 2005). 특히 미래의 산업구조가 정보통신기술(Information and Communication technology, ICT) 기반 서비스 산업으로 전환되어 빠른 기술변화에 대한 적응력과 학습능력은 노동생산성에 큰 영향을 미칠 수 있다. 그러나 기술의 발전 자체가 고령화와 독립적으로 발전할 것이며 이런 발전이 노동생산성을 증가시킬 가능성도 배제할 수 없다. 따라서 고령화와 산업변화가 이루어진 서유럽과 일본 그리고 북미 국가들에서 이런 변화들이 어떻게 나타났는지를 살펴보는 것은 중요한 의미를 가질 것이다. 따라서 본 연구는 유럽과 일본 그리고 북미 국가들이 포함된 OECD회원 국가를 대상으로 인구고령화와 ICT 산업구조의 변화에 따른 노동시장의 변화를 살펴볼 것이다.

## II. 한국 고령 노동시장의 특징

### 1. 한국 고령층의 경제활동 참가율(노동공급 측면)

장기적으로 한국의 고령층의 경제활동 참가율은 안정된 모습을 보이고 있다. 〈그림 1〉에서 지난 1989년부터 2010년 동안 자료를 보면 50대 이상 남성[4]의 경제활동 참가율이 안정된 모습을 보이는 반면 20대와 30대 남성은 점차 낮아지는 모습을 볼 수 있다. 20대의 경우 1989년에 79.4%로 80%에 근접했던 경제활동 참가율이 2010년에 63.5%로 크게 하락했으며 30대는 1989년에 97.4%로 경제활동 참가율이 가장 높았으나 2010년에는 92.9%로 93.4%인 40대 경제활동 참가율보다 낮아졌다.

한편 60-64세 남성들의 경제활동 참가율은 1997년까지 지속적으로 높아져 1995년 73.7%까지 증가했다가 1998년 이후 급격한 하락을 보였으며 2003년 63.7%로 낮아진 후 다시 증가하는 추세를 그리며 50대 이상

4 고령자고용촉진법에 따르면 50세 이상 55세 미만을 준고령자, 55세 이상인 자를 고령자로 정의하고 이 두 연령대를 합한 50세 이상을 중고령자로 정의한다.

〈그림 1〉 1989-2010년 한국 남성의 연령별 경제활동 참가율 추이(%)

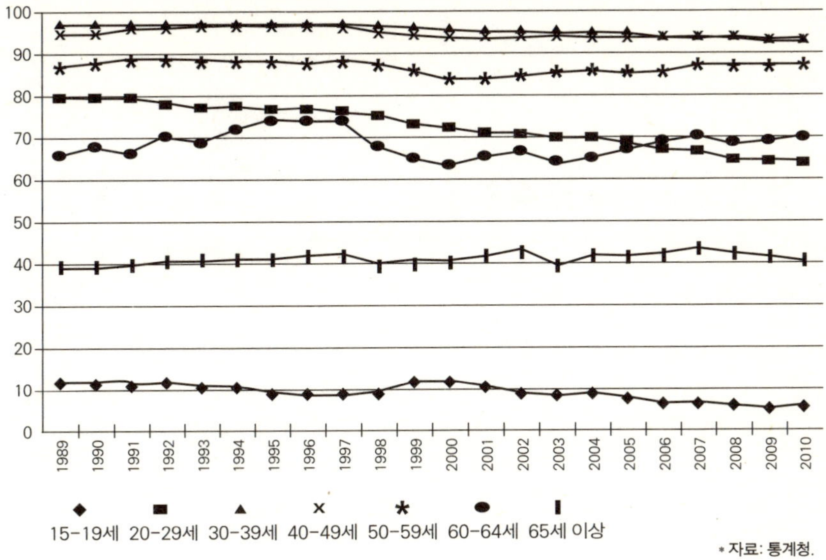


* 자료: 통계청.

남성들 중 가장 큰 변화를 보였다. 50대 남성들도 97년까지 80% 후반의 경제활동 참가율로 안정적인 모습을 보였으나 1998년 하락한 이후 2001년 83.4%로 낮아졌다 다시 증가하기 시작했다.

〈그림 2〉에서 나타나듯이 여성은 전 연령층에서 남성에 비해 낮은 경제활동 참가율을 보이고 있다. 그러나 20대 여성의 경제활동 참가율은 1989년 52.7%였으나 2010년 62%로 증가하여 63.7%인 20대 남성의 경제활동 참가율과 1.7%포인트 차이만 보여 낮아지는 20대 남성의 경제활동 참가율 추세와 대조되는 모습을 보였다. 이런 남성들과 대조적인 모습은 60대에서도 나타난다. 1998년에서 2003년 기간은 60대 남성과 50대 남성들이 비교적 낮은 경제활동 참가율을 보였으나 60대 여성들은 오히려 가장 높은 경제활동 참가율을 보이는 시기였다. 장기적으로 60대 여성고령자들의 경제활동 참가율도 남성고령자와 같이 안정적인 모습을 보이고 있다.

〈그림 2〉 1989-2010년 한국 여성의 연령별 경제활동 참가율 추이(%)

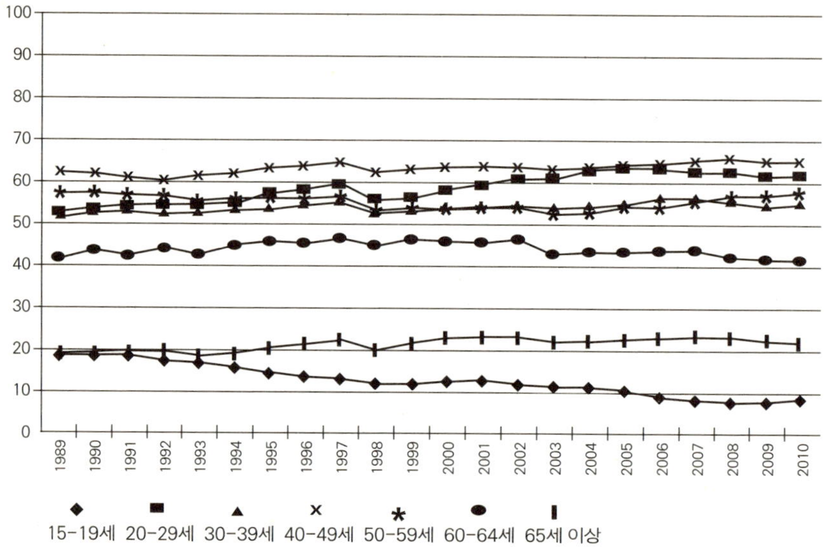


* 자료: 통계청

다른 OECD 국가와 비교하면 한국의 65세 이상 노령층의 경제활동 참가율은 매우 높은 수준으로 나타난다. 〈표 1〉을 보면 2009년 남성은 15-24세 연령에서 경제활동 참가율이 20.42%로 비교 대상인 OECD 국가들 중 가장 낮았고 24-54세 연령에서는 89.99%로 헝가리, 터키, 폴란드, 미국 그리고 이탈리아 다음으로 낮게 나타났다. 그러나 55-64세 남성의 경제활동 참가율은 76.61%로 아이슬란드, 일본, 뉴질랜드, 칠레, 스위스, 스웨덴, 멕시코 다음으로 높았고 65세 이상 남성은 41.54%로 멕시코와 아이슬란드 다음으로 높은 경제활동 참가율을 보였다.

특히 한국의 65세 이상 남성의 경제활동 참가율은 다음 순위에 있는 일본보다 10%포인트 이상 높게 나타났다. 대부분의 유럽 국가들과 북미 국가들은 23%포인트 이하였다. 유럽 국가들과 북미 국가들의 55-64세 남성의 경제활동 참가율도 25-54세 남성의 경제활동 참가율보다 20%포인

<표 1> 2009년 남성 연령별 경제활동 참가율 순위(%)

| 15-24세 국가별 순위 | | 25-54세 국가별 순위 | | 55-64세 국가별 순위 | | 65세 이상 국가별 순위 | |
|---|---|---|---|---|---|---|---|
| Netherlands | 73.04 | Japan | 96.08 | Iceland | 89.30 | Mexico | 43.24 |
| Denmark | 72.57 | Switzerland | 96.05 | Japan | 84.35 | Iceland | 42.82 |
| Iceland | 70.75 | Czech Republic | 95.07 | New Zealand | 82.65 | Korea | 41.54 |
| Australia | 70.24 | Mexico | 94.51 | Chile | 81.46 | Japan | 29.36 |
| United Kingdom | 67.41 | Greece | 94.41 | Switzerland | 79.59 | Chile | 27.39 |
| Switzerland | 66.30 | France | 94.37 | Sweden | 77.89 | Portugal | 22.18 |
| Canada | 65.39 | Luxembourg | 94.10 | Mexico | 77.75 | United States | 21.92 |
| New Zealand | 64.20 | Iceland | 93.69 | Korea | 76.61 | Norway | 21.47 |
| Austria | 64.05 | Chile | 93.62 | Norway | 73.88 | New Zealand | 21.09 |
| Mexico | 59.65 | Slovak Republic | 93.55 | United Kingdom | 70.28 | Turkey | 19.58 |
| United States | 58.46 | Netherlands | 93.54 | United States | 70.26 | Sweden | 16.45 |
| Norway | 57.94 | Germany | 93.20 | Australia | 69.28 | Canada | 15.13 |
| Germany | 55.25 | Sweden | 92.81 | Germany | 69.26 | Australia | 15.06 |
| Spain | 53.14 | Austria | 92.61 | Canada | 67.69 | Ireland | 14.92 |
| Turkey | 52.22 | Denmark | 92.44 | Denmark | 67.67 | Switzerland | 14.50 |
| Sweden | 50.56 | Portugal | 92.40 | Ireland | 67.50 | Slovenia | 10.72 |
| Ireland | 50.48 | Spain | 92.32 | Netherlands | 64.19 | United Kingdom | 10.50 |
| Finland | 47.18 | Belgium | 91.80 | Spain | 63.96 | Finland | 10.00 |
| Slovenia | 45.37 | United Kingdom | 91.55 | Czech Republic | 63.15 | Denmark | 9.71 |
| France | 43.51 | New Zealand | 91.51 | Portugal | 62.72 | Netherlands | 8.83 |
| Japan | 42.99 | Slovenia | 91.25 | Greece | 60.14 | Austria | 8.18 |
| Portugal | 40.77 | Norway | 90.90 | Finland | 58.85 | Czech Republic | 7.49 |
| Chile | 39.69 | Finland | 90.85 | Slovak Republic | 58.79 | Poland | 7.47 |
| Poland | 38.06 | Ireland | 90.76 | Austria | 52.28 | Greece | 6.69 |
| Czech Republic | 37.25 | Canada | 90.71 | Italy | 48.53 | Luxembourg | 6.66 |
| Slovak Republic | 37.02 | Australia | 90.34 | Slovenia | 48.20 | Germany | 5.88 |
| Luxembourg | 34.93 | Korea | 89.99 | Luxembourg | 47.66 | Italy | 5.79 |
| Belgium | 34.90 | Italy | 89.97 | Poland | 47.49 | Hungary | 5.02 |
| Greece | 34.35 | United States | 89.75 | Belgium | 45.16 | Belgium | 3.07 |
| Italy | 34.05 | Poland | 89.37 | Turkey | 44.81 | Spain | 2.93 |
| Hungary | 27.69 | Turkey | 88.83 | France | 44.29 | Slovak Republic | 2.51 |
| Korea | 20.42 | Hungary | 86.86 | Hungary | 42.62 | France | 2.15 |

* 자료 : OECD.

〈표 2〉 2009년 여성 연령별 경제활동 참가율 순위(%)

| 15-24세 국가별 순위 | | 25-54세 국가별 순위 | | 55-64세 국가별 순위 | | 65세 이상 국가별 순위 | |
|---|---|---|---|---|---|---|---|
| Iceland | 76.18 | Slovenia | 87.95 | Iceland | 78.10 | Iceland | 27.65 |
| Netherlands | 73.24 | Sweden | 87.11 | Sweden | 70.03 | Korea | 22.25 |
| Denmark | 70.70 | Denmark | 86.97 | New Zealand | 66.61 | Mexico | 14.48 |
| Switzerland | 68.63 | Finland | 85.56 | Norway | 65.01 | United States | 13.61 |
| Australia | 67.58 | Norway | 85.25 | Switzerland | 61.19 | Norway | 13.59 |
| Canada | 65.14 | Iceland | 84.73 | United States | 59.96 | Portugal | 13.27 |
| United Kingdom | 60.88 | Switzerland | 84.08 | Finland | 59.80 | Japan | 13.13 |
| New Zealand | 59.43 | France | 83.50 | Canada | 56.34 | New Zealand | 11.49 |
| Norway | 59.18 | Portugal | 83.36 | Japan | 53.50 | Sweden | 9.20 |
| Austria | 57.00 | Austria | 82.80 | Denmark | 52.96 | Chile | 7.58 |
| United States | 55.23 | Netherlands | 82.33 | Australia | 52.88 | Switzerland | 6.73 |
| Finland | 51.24 | Canada | 82.17 | Germany | 52.86 | Canada | 6.64 |
| Sweden | 50.81 | Germany | 81.00 | United Kingdom | 50.75 | Australia | 5.90 |
| Germany | 49.18 | Slovak Republic | 80.76 | Korea | 47.46 | Turkey | 5.89 |
| Ireland | 47.51 | Czech Republic | 79.90 | Portugal | 45.93 | Slovenia | 5.61 |
| Spain | 45.74 | Belgium | 79.24 | Netherlands | 45.17 | United Kingdom | 5.61 |
| Japan | 44.81 | United Kingdom | 78.50 | Ireland | 42.73 | Finland | 4.67 |
| Portugal | 37.47 | New Zealand | 77.54 | France | 38.91 | Ireland | 4.33 |
| France | 37.10 | Poland | 77.46 | Spain | 37.22 | Austria | 3.39 |
| Slovenia | 35.80 | Spain | 76.71 | Czech Republic | 37.17 | Czech Republic | 3.19 |
| Mexico | 32.15 | United States | 75.65 | Chile | 36.57 | Denmark | 3.11 |
| Korea | 29.95 | Australia | 75.57 | Mexico | 33.30 | Poland | 3.01 |
| Belgium | 29.93 | Luxembourg | 75.29 | Austria | 32.41 | Netherlands | 2.98 |
| Luxembourg | 29.47 | Hungary | 73.58 | Luxembourg | 30.61 | Germany | 2.70 |
| Poland | 29.40 | Ireland | 71.88 | Greece | 29.33 | Hungary | 2.27 |
| Greece | 27.44 | Japan | 71.11 | Belgium | 29.28 | Greece | 2.24 |
| Chile | 26.26 | Greece | 71.01 | Slovak Republic | 29.09 | Luxembourg | 1.44 |
| Czech Republic | 26.10 | Italy | 64.51 | Hungary | 28.76 | Spain | 1.44 |
| Turkey | 25.77 | Korea | 61.50 | Italy | 26.09 | Italy | 1.27 |
| Slovak Republic | 25.35 | Chile | 58.36 | Slovenia | 25.59 | France | 0.99 |
| Italy | 23.90 | Mexico | 53.17 | Poland | 23.16 | Slovak Republic | 0.92 |
| Hungary | 21.47 | Turkey | 31.57 | Turkey | 16.25 | Belgium | 0.71 |

* 자료 : OECD.

트 이상 차이로 낮아졌다. 이는 유럽 및 북미 국가들의 자발적인 조기퇴직 경향 때문으로 보인다. 정년 이전의 조기퇴직 경향은 고령화와 함께 서구 선진국들이 공통적으로 직면한 노동시장 문제로 지적된다(방하남·신동균·김동헌·신현구, 2004). 이에 따라 서구 유럽의 인구고령화는 더 복잡한 양상으로 전개된다(방하남 외, 2005). 조기퇴직으로 노령연금의 수급자는 증가하는 반면 노령연금 보험료 납부자는 감소하여 노령연금제도가 재정적 위기를 맞이하고 있다. 그러나 한국은 유럽과 달리 고령자의 경제활동 참여율이 높아 이런 노동시장의 문제가 비교적 크지 않다.

한편 〈표 2〉를 보면 여성의 경우 65세 이상 연령만 22.25%로 아이슬란드 다음 순위로 높은 경제활동 참가율을 보이는 반면 15-24세 연령은 29.95%, 25-54세 연령은 61.50% 그리고 55-64세는 47.46%으로 OECD 국가들 중 하위 순위이거나 중위 순위를 보이고 있다. 이런 낮은 여성의 경제활동 참가율은 아직 연금제도가 본격화되지 않은 한국에서 연금재정에 악영향을 미치지도 않을 뿐만 아니라 잠재적으로 노동공급을 늘릴 수 있는 요소로 볼 수 있다.

## 2. 사회·제도적 요인들

이렇게 한국이 비교적 높은 고령자들의 경제활동 참가율을 보이는 이유는 우선 이들의 소득보장이 대부분 개인소득, 저축, 가족으로부터 사적이전을 통해 이루어지기 때문이다(OECD, 2005). OECD 국가들을 대상으로 보면 연금의 소득대체율은 경제활동 참가율에 부정적인 영향을 미친다(Bl ndal and Scarpetta, 1999; OECD, 2005). 그러나 일본의 경우 노령연금제도가 유럽국가들 수준은 아니지만 어느 정도 갖추어진 국가로 비교적 높은 고령인구의 경제활동 참가율을 보이고 있다. 따라서 단순히 소득

보장과 관련된 측면만 볼 것이 아니라 각 국가들이 처한 사회·제도적 환경들을 고려해야 한다.

방하남 외(2004; 2005)는 첫째, 한국 노동시장의 구조 특성상 높은 자영업 취업비율과, 둘째, 경제행위적 측면에서 조기퇴직이 가지고 있는 경제적인 리스크, 그리고 셋째, 문화적 측면에서 아시아 국가의 일의 문화 때문에 한국 고령자들의 경제활동 참가율이 높다고 본다. 자영업에 종사하는 경우 임금노동자보다 더 오래 노동시장에 머물 수 있기 때문에 자영업 비율이 높은 한국에서 고령층은 높은 경제활동 참가율을 보일 수밖에 없다. OECD(2004)에 따르면 2003년 50세 이상 고령자가 자영업에 종사하는 비율이 남성은 44.1% 여성은 43.0%였다.

두 번째, 경제행위적 측면에서 OECD(2004)에 따르면 한국은 평균 근속기간이 45-54세에서 최고점을 보이고 이후 급격하게 떨어진다. 다른 OECD 국가는 이보다 늦은 시기인 55-59세 또는 60-64세에 근속기간이 최고에 도달하고 있다. 그리고 한국의 50-54세 남성이 현 사용자와 일하는 기간이 평균 11년인 반면 일본, 프랑스 독일의 50-54세 남성은 평균 18-22년간 현 사용자와 일하고 있다. 이런 측면에서 한국은 일본, 프랑스, 독일과 달리 평생직장 제도가 없다고 볼 수 있다. 정착률을 비교해도 1995년 40-44세 남성 노동자 중 2000년에도 같은 사업장에 근무하는 비율이 한국은 60%인 반면[5] 프랑스와 일본은 80%를 보이고 미국과 영국도 70% 이상을 보인다.[6] 이런 현상은 한국 중고령 노동자들이 50대 초반에 비자발적 퇴직을 하는 현실과 연관이 있다(방하남 외, 2004). 한국의 50대 이

5 이 시기 한국의 낮은 정착률은 1998년 경제위기로 기업 구조조정 과정에서 대규모 실직이 발생했기 때문으로 볼 수 있다.

6 영국과 미국의 55-59세 정착률은 프랑스, 독일 일본에 비해 더 높게 나타나 고령노동자의 직업 안전성이 더 높은 것으로 나타난다.

상 남성은 노후생활을 준비하는데 필요한 자금이 부족하기 때문에 다른 OECD 국가보다 더 오랫동안 노동시장에 남을 수밖에 없다. 따라서 60세 이상 고령노동자는 평균 이상의 취업률을 보인다(OECD, 2005). 그러나 〈표 3〉에서 보이듯이 50세 이상의 저임금 발생비율이 높아져, 퇴직 이전 직장보다 더 낮은 노동조건으로 재취업이 이루어짐으로써 노후생활에 필요한 자금을 충분히 확보하기 어렵다.

세 번째 문화적인 측면에서 일본과 한국 등 아시아 국가들의 고령자들은 자신의 건강이 허락하는 한 계속 일을 하는 것을 당연한 것으로 받아들이는 문화를 가지고 있다. 이런 문화의 역사적 기원은 온 가족이 일을 분담하는 농경사회에서 가족분업(family division of labour)의 전통 및 가족 단위의 경제행위와, 자녀가 혼인하여 독립할 때까지 부모가 경제적 책임을 지거나 도움을 주는 가구주 중심의 확대가족경제에서 기인한 것으로 보인다(방하남 외, 2005).

**〈표 3〉 2002년 한국 노동자의 저임금 발생비율***

| 연령 | 남성 | 여성 | 전체 |
|---|---|---|---|
| 24세 이하 | 55.5 | 54.5 | 54.8 |
| 25-49세 | 9.9 | 39.4 | 17.4 |
| 50세 이상 | 29.1 | 64.6 | 37.6 |
| 50-54 | 13.2 | 55.7 | 24.3 |
| 55-59 | 31.3 | 71.3 | 40.9 |
| 60세 이상 | 55.4 | 78.6 | 59.8 |
| 전체 | 15.1 | 45.9 | 24.5 |

* 전체 상용 노동자의 임금 중위값의 2/3 미만을 받는 상용 노동자의 비중.

* 자료 : 임금구조조사, OECD(2004)에서 재인용.

따라서 가구주는 이런 확대가족경제를 유지하는 데 필요한 경제력을 갖추기 위해 늦은 나이까지 노동시장에 남아 있을 수밖에 없다.

### 3. 기업의 고령자에 대한 고용관행(노동수요 측면)

앞에서 살펴본 바와 같이 한국 고령자들의 노동시장 참가율은 상당히 높은 반면 고용안전성과 임금은 낮은 수준이다. 이런 낮은 고용안정성과 임금은 기업의 고령자에 대한 고용관행과 밀접한 관계가 있다. 한국 기업은 정년퇴직 제도를 일반적인 관행으로 운영하고 있지만 300인 이상 사업장 중 약 13%만 60세 이상으로 정년퇴직 연령을 정하고 있으며 대체로 55세나 58세로 정년퇴직 연령을 정하고 있다. 이는 30인 이상 사업장 중 92%에서 60세 이상을 정년퇴직 연령으로 정한 일본과 차이가 있다(OECD, 2004). 한국은 〈표 4〉를 보면 100인 이상을 고용한 기업에서는 70%가 정년퇴직을 실시하지만 99명 이하 기업의 경우 거의 절반 수준만 정년퇴직 제도를 실시하고 정년연령도 보통 56.7세 정도로 나타난다. 이 연령은 실질적으로 노동시장에서 나가는 연령보다 10년 이상의 차이로 나타난다. 그리고 정년퇴직 제도를 시행하지 않는 기업까지 고려하면 실제 퇴직연령은 이보다 더 낮을 수 있다.

**〈표 4〉 2002년 한국 기업의 정년퇴직 빈도와 평균연령***

| | 기업규모(종업원 수) | | | | 산업 | | | | | |
|---|---|---|---|---|---|---|---|---|---|---|
| | 〈30 | 30-99 | 100-299 | 300+ | 제조업 | 건설/기술 | 교통/통신 | 공공서비스 | 기타 | 전체 |
| 의무퇴직 제도가 있는 기업 비율(%) | 50.3 | 56.5 | 71.0 | 69.6 | 65.5 | 53.7 | 70.5 | 73.6 | 65.4 | 64.4 |
| **직종별 의무퇴직연령** | | | | | | | | | | |
| 전체 | 56.6 | 56.7 | 56.6 | 56.4 | 56.0 | 56.6 | 57.4 | 57.1 | 57.4 | 56.5 |
| 관리직 | 56.2 | 58.3 | 57.8 | 58.1 | 56.2 | 57.3 | 58.6 | 59.6 | 58.8 | 57.9 |
| 연구개발/엔지니어 | 58.0 | 56.6 | 56.8 | 57.8 | 55.7 | 57.0 | 56.8 | 60.4 | 58.6 | 57.4 |
| 행정/사무보조 | 55.8 | 56.6 | 56.3 | 56.9 | 55.5 | 56.9 | 57.2 | 57.4 | 56.9 | 56.6 |
| 서비스및판매 | 53.5 | 56.5 | 54.8 | 56.9 | 54.9 | 56.0 | 57.4 | 56.3 | 58.2 | 55.9 |
| 단순노무직 | 60.0 | 57.0 | 56.1 | 56.4 | 56.4 | 55.0 | 57.1 | 57.2 | 50.0 | 56.4 |

*무응답 기업 제외.

* 자료 : 한국노동연구원, 사업체패널조사, OECD(2004)에서 재인용.

이렇게 한국기업이 고령자들의 고용을 꺼리는 이유를 OECD(2004)는 세 가지로 정리한다. 첫째, 한국기업이 채택한 연공임금 체계에서 고령노동자는 생산성에 비해 높은 임금을 받기 때문이다. 특히 40대 중후반 연령에서 임금이 정점에 이르며 그 이후 급격한 임금 하락이 진행된다. 한편 독일, 일본, 영국, 미국과 같은 주요 OECD 국가들은 50대 초반 연령에서 임금이 정점에 이르며 그 이후 임금이 감소한다. 둘째, 기업은 정년퇴직 연령을 상대적으로 낮게 정해 고령노동자의 퇴직을 이용하여 필요한 노동력 수급을 조정하기 때문이다. 셋째, 연장자에 대한 공경을 강조하는 전통적인 유교사상이 아직 한국에서 지배적이기 때문에 고령노동자가 직장 내에서 낮은 연공서열에 있는 것을 불편하게 여긴다. 특히 연공서열이 승진에서 최우선으로 고려되는 행정기관과 같은 곳에서는 젊은 사람들에게 나이 든 사람들이 자리를 양보해야 한다는 식의 압력도 존재한다.

## III. ICT 부문의 노동시장의 특징

### 1. OECD 국가에서 ICT산업의 비중

OECD 국가에서 ICT가 경제에서 차지하는 비중은 부가가치 생산을 기준으로 보면 1995년 7.9%에서 2006년 8.4%로 10년 동안 약 0.5% 정도 증가했다. 〈그림 3〉을 보면 2006년에는 핀란드, 스웨덴, 노르웨이와 같은 북유럽국가와 아일랜드, 영국과 미국 그리고 한국, 헝가리에서 평균보다 높은 ICT 비중을 보여 주고 있으며 대체로 7.9% 정도의 비중을 나타내고 있다.

좀더 구체적으로 제조업과 서비스업에서 ICT가 차지하는 비중은 〈표 5〉와 〈표 6〉에서 살펴볼 수 있다. 2006년 제조업 부가가치 생산에서 ICT 비

〈그림 3〉 1995년과 2006년 부가가치 생산에서 ICT가 차지하는 비중

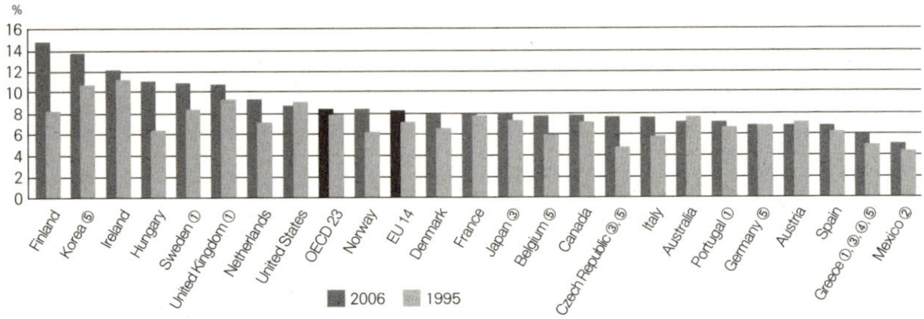


① 2006년 자료 대신 2005년 자료 이용.
② 2006년 자료 대신 2004년 자료 이용.
③ ICT 도매는 포함되지 않음.
④ 통신 서비스에 우편 서비스가 포함.
⑤ ICT 재화 임대는 포함되지 않음.

* 자료 : OECD(2008).

중이 가장 높은 국가는 한국으로 21.1%를 차지했으며 핀란드도 20.1%로 높은 비중을 보이고 있다. 그 다음 순위는 일본과 헝가리 그리고 아일랜드로 각각 12.8%, 12.6% 11.5%의 비중을 보여 주고 있다. 따라서 이들 국가에서 제조업 측면으로 보면 ICT산업은 주력 업종으로 보아도 손색이 없다. 한편 스페인, 포르투갈, 호주, 벨기에, 네덜란드, 캐나다, 프랑스, 오스트리아, 미국, 영국, 아일랜드는 1995년부터 2006년 사이에 ICT가 제조업 부가가치 생산에서 차지하는 비중이 오히려 감소했다.

2006년 서비스 부문에서 ICT가 차지하는 비중은 아일랜드, 핀란드, 영국, 스웨덴, 네덜란드, 헝가리 순으로 높았으며 한국과 일본은 각각 8.3%와 5.7%로 비중이 높지 않았다. 그러나 통신 부문만 한정해서 보면 그리스, 헝가리, 한국, 포르투갈, 체코 순으로 각각 6.0%, 5.8%, 5.6%, 5.5%, 5.3%의 비중으로 부가가치를 생산한다. 한편 제조업 부가가치 생산에서 ICT산업이 차지하는 비중이 11개 국가에서 감소한 반면 서비스 부가가치 생산에서는 독일과 호주 2개 국가에서만 ICT산업의 비중이 감소했다. 이

〈표 5〉 2006년 총 제조업 부가가치 생산에서 ICT가 차지하는 비중

| | Computer & Office | Radio, TV, Communi-cations | Rest ICT manu-facturing | ICT manu-facturing | 1995- 2006 |
|---|---|---|---|---|---|
| Spain | 0.6 | 0.8 | 0.8 | 2.3 | -1.5 |
| Portugal ① | 0.2 | 1.8 | 0.8 | 2.8 | -1.0 |
| Australia | 0.2 | 1.7 | 0.9 | 2.8 | -0.3 |
| Greece ① | 0.0 | 1.5 | 1.4 | 3.0 | 1.2 |
| Belgium | 0.2 | 2.3 | 1.0 | 3.5 | -0.6 |
| Netherlands | 0.3 | 2.3 | 1.1 | 3.8 | -2.4 |
| Italy | 0.3 | 2.5 | 1.4 | 4.2 | 0.0 |
| Norway | 0.1 | 1.7 | 2.8 | 4.6 | 0.2 |
| Canada | 0.4 | 3.1 | 1.2 | 4.6 | -1.6 |
| Denmark | 0.4 | 1.9 | 2.6 | 4.8 | 0.4 |
| Czech Republic | 0.6 | 3.0 | 1.5 | 5.0 | 2.2 |
| France | 0.3 | 2.4 | 2.5 | 5.2 | -1.1 |
| Germany | 0.8 | 2.5 | 2.3 | 5.6 | 1.0 |
| Mexico ② | 1.4 | 3.2 | 1.1 | 5.6 | 0.4 |
| Austria | 0.1 | 4.4 | 1.1 | 5.6 | -1.6 |
| United Kingdom ② | 1.3 | 1.8 | 2.9 | 6.0 | -2.3 |
| United States | 1.2 | 4.2 | 2.2 | 7.7 | -2.6 |
| Sweden ① | 0.5 | 6.5 | 2.4 | 9.3 | 1.7 |
| Ireland | 5.9 | 4.8 | 0.8 | 11.5 | -2.7 |
| Hungary | 2.4 | 8.8 | 1.4 | 12.6 | 7.8 |
| Japan | 1.7 | 9.8 | 1.3 | 12.8 | 0.2 |
| Finland | 0.1 | 18.3 | 1.8 | 20.1 | 11.4 |
| Korea | 1.0 | 18.9 | 1.2 | 21.1 | 5.1 |

① 2006년 자료 대신 2005년 자료 이용.
② 2006년 자료 대신 2004년 자료 이용.

＊자료 : OECD(2008)

〈표 6〉 2006년 총 서비스 부가가치 생산에서 ICT가 차지하는 비중

| | Computer & related services | Tele-communi-cations | Rest ICT services | ICT services | 1995-2006 |
|---|---|---|---|---|---|
| Mexico ② | 0.2 | 3.6 | 1.0 | 4.8 | 0.7 |
| Japan ③ | 2.1 | 3.3 | 0.3 | 5.7 | 1.1 |
| Greece ①,③,④,⑤ | 0.6 | 6.0 | 0.0 | 6.6 | 0.8 |
| Austria | 3.0 | 2.9 | 1.5 | 7.3 | 0.4 |
| Germany ⑤ | 3.3 | 3.0 | 1.2 | 7.5 | -0.6 |
| Australia | 2.6 | 4.1 | 1.3 | 8.0 | -1.0 |
| Korea ⑤ | 2.2 | 5.6 | 0.5 | 8.3 | 1.6 |
| Spain | 2.9 | 4.3 | 1.0 | 8.3 | 1.1 |
| Portugal ①,⑤ | 2.0 | 5.5 | 1.0 | 8.5 | 0.7 |
| France | 5.0 | 2.8 | 0.8 | 8.6 | 0.3 |
| Italy | 4.3 | 3.5 | 0.9 | 8.7 | 2.2 |
| Canada | 3.0 | 4.1 | 1.7 | 8.7 | 1.3 |
| Denmark | 3.7 | 2.9 | 2.3 | 8.9 | 1.5 |
| United States | 3.0 | 4.7 | 1.2 | 8.9 | 0.3 |
| Belgium ⑤ | 2.9 | 4.0 | 2.1 | 9.0 | 2.3 |
| Czech Republic ③,⑤ | 3.8 | 5.3 | 0.0 | 9.1 | 3.2 |
| Norway | 4.7 | 3.5 | 1.3 | 9.4 | 2.5 |
| Hungary | 3.4 | 5.8 | 0.9 | 10.1 | 2.8 |
| Netherlands | 4.1 | 3.7 | 2.8 | 10.7 | 3.2 |
| Sweden ① | 6.8 | 2.7 | 2.0 | 11.4 | 2.7 |
| United Kingdom ① | 5.3 | 3.9 | 2.6 | 11.8 | 2.1 |
| Finland | 4.6 | 5.0 | 2.2 | 11.9 | 4.1 |
| Ireland | 7.0 | 2.6 | 2.9 | 12.5 | 4.1 |

① 2006년 자료 대신 2005년 자료 이용.
② 2006년 자료 대신 2004년 자료 이용.
③ ICT 도매는 포함되지 않음.
④ 통신 서비스에 우편 서비스가 포함.
⑤ ICT 재화 임대는 포함되지 않음.

* 자료 : OECD(2008)

는 OECD 국가들 내에서 ICT산업의 중심이 제조업 부문에서 서비스 부문으로 전환하는 것으로 볼 수 있다.

## 2. ICT산업이 고용에서 차지하는 위치

〈그림 4〉에서 나타나듯이 고용에서 ICT산업이 차지하는 비중을 보면 OECD 국가 평균으로 1995년에는 5.56%에서 2006년 5.54%로 0.02% 포인트 감소하여 큰 변화가 없었다. 그러나 일본과 미국, 영국에서 두 기간 동안 고용에서 ICT산업이 차지하는 비중이 오히려 감소했고 캐나다는 거의 변화가 없었다. 한국은 1995년 5.45%에서 2006년 6.18%로 증가했다. 핀란드, 스웨덴, 아일랜드는 2006년에 각각 9.80%, 8.73%, 8.33%로 8% 이상의 고용 비중을 보였다.

〈표 7〉을 보면 2006년 제조업 고용에서 ICT산업이 차지하는 비중은 한국이 15.9%로 가장 높았으며 1995년에 비해 4.2% 포인트가 증가했다. 주요 부문으로 보면 주로 라디오, TV, 통신장비 제조업이 13.4%로 가장 큰 비중을 차지했다. 그 다음 순위로 일본, 아일랜드, 핀란드, 멕시코, 헝가리

**〈그림 4〉 1995년과 2006년 고용에서 ICT가 차지하는 비중**

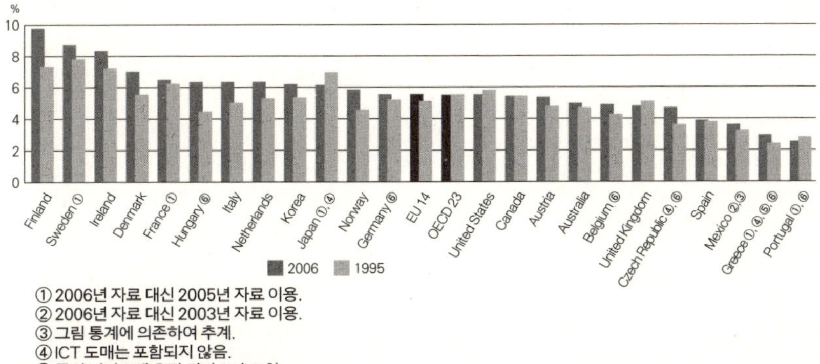


① 2006년 자료 대신 2005년 자료 이용.
② 2006년 자료 대신 2003년 자료 이용.
③ 그림 통계에 의존하여 추계.
④ ICT 도매는 포함되지 않음.
⑤ 통신 서비스에 우편 서비스가 포함.
⑥ ICT 재화 임대는 포함되지 않음.

* 자료 : OECD(2008).

〈표 7〉 2006년 총 제조업 고용에서 ICT가 차지하는 비중

| | Computer & Office | Radio, TV, Communi-cations | Rest ICT manu-facturing | ICT manu-facturing | 1995-2006 |
|---|---|---|---|---|---|
| Greece ①,④,⑤,⑥ | 0.1 | 0.4 | 0.0 | 0.5 | 0.0 |
| Portugal ①,⑥ | 0.1 | 1.5 | 0.9 | 2.5 | 0.0 |
| Spain | 0.6 | 1.2 | 0.9 | 2.7 | -0.7 |
| Australia | 0.4 | 1.7 | 0.9 | 3.0 | -0.1 |
| Belgium ⑥ | 0.2 | 2.0 | 0.9 | 3.1 | -0.5 |
| Italy | 0.4 | 2.0 | 1.3 | 3.7 | 0.0 |
| Denmark | 0.3 | 1.8 | 2.1 | 4.2 | -0.1 |
| Germany ⑥ | 0.6 | 1.9 | 2.0 | 4.5 | -0.8 |
| Norway | 0.1 | 1.9 | 3.0 | 4.9 | 1.0 |
| Czech Republic ④,⑥ | 0.7 | 2.6 | 1.8 | 5.1 | 1.8 |
| Austria | 0.2 | 4.2 | 1.2 | 5.5 | -0.4 |
| Canada | 0.5 | 3.7 | 1.3 | 5.5 | -1.0 |
| United Kingdom | 0.9 | 2.5 | 2.1 | 5.5 | -0.7 |
| France ① | 1.3 | 2.5 | 2.3 | 6.0 | 0.4 |
| Netherlands | 0.7 | 3.4 | 1.9 | 6.1 | -0.9 |
| Sweden ① | 0.5 | 3.9 | 2.2 | 6.7 | -1.7 |
| United States | 0.8 | 4.3 | 2.9 | 8.0 | -1.1 |
| Hungary ⑥ | 1.0 | 6.7 | 1.5 | 9.2 | 4.6 |
| Mexico ②,③ | 1.1 | 6.5 | 2.1 | 9.8 | 1.5 |
| Finland | 0.1 | 8.2 | 2.0 | 10.3 | 2.5 |
| Ireland | 5.7 | 3.5 | 1.6 | 10.8 | -0.1 |
| Japan ①,④ | 1.5 | 8.1 | 1.3 | 10.9 | -0.3 |
| Korea | 1.0 | 13.4 | 1.5 | 15.9 | 4.2 |

① 2006년 자료 대신 2005년 자료 이용.
② 2006년 자료 대신 2003년 자료 이용.
③ 그림 통계에 의존하여 추계.
④ ICT 도매는 포함되지 않음.
⑤ 통신 서비스에 우편 서비스가 포함.
⑥ ICT 재화 임대는 포함되지 않음.

* 자료 : OECD(2008).

가 각각 10.9%, 10.8%, 10.3%, 9.8%, 9.3%로 10% 정도의 고용비중을 보였다. 특히 일본은 1995년과 비교하여 0.03% 감소했다. 1995년과 비교하여

고용비중이 감소한 국가는 일본을 비롯해 스페인, 호주, 벨기에, 덴마크, 독일, 오스트리아, 캐나다, 영국, 네덜란드, 스웨덴, 미국, 아일랜드로 13개 국가였다.

2006년 서비스에서 ICT 부문의 고용이 차지하는 비중은 〈표 8〉를 통해 살펴볼 수 있다. 스웨덴, 핀란드, 덴마크가 2006년에 각각 9.7%, 9.6%, 8.0%로 가장 높은 고용비중을 보였으며 한국과 일본은 각각 2.2%와 4.0%로 OECD 국가 내에서 상당히 낮은 비중을 보였다. 제조업과 다르게 멕시코, 포르투갈, 일본을 제외하면 1995-2000년 사이 대부분의 국가에서 ICT 서비스 부문의 고용비중이 증가했다. 고용 부문에서도 부가가치와 마찬가지로 OECD 국가들 내에서 ICT산업의 중심이 제조업 부문에서 서비스 부문으로 전환하는 것으로 볼 수 있다. 고용비중으로 보면 제조업 부문이 서비스 부문보다 더 높지만, 고용 규모로 보면 제조업보다 서비스업이 2배 정도 더 크다.

ICT 관련 고용은 ICT산업의 직접고용과 ICT기술이 낳은 고용으로 구분해서 살펴보아야 한다. OECD(2006)에 따르면 ICT 직능(skill) 일자리는 3가지 범주로 구분된다. 우선 ICT 전문가(ICT specialist)는 ICT 시스템을 개발, 운영 그리고 유지하는 능력을 갖춘 일자리로 ICT산업의 주된 일자리를 구성한다. 다음으로 ICT산업은 아니지만 ICT기술을 활용하는 고급 사용자가 있다. CAD나 통계분석 프로그램 같은 전문 영역에 특화된 소프트웨어를 활용하는 고급 이용자(advanced user)가 여기에 해당된다. 고급 이용자 일자리는 ICT산업은 아니지만 ICT기술과 깊은 관련을 가진다. 마지막으로 기초 이용자(basic user)는 MS Office와 같은 일반적인 범용 프로그램을 업무에 활용하는 사용자로 정의된다. 첫 번째 범주는 ICT 도구를 공급하며 두  번째와 세 번째 범주는 이용자로 구분할 수 있다. 이

〈표 8〉 2006년 서비스 고용에서 ICT가 차지하는 비중

| | Computer & related services+ | Tele-communi-cations | Rest ICT services | ICT services | 1995-2006 |
|---|---|---|---|---|---|
| Mexico ②,③ | 0.4 | 0.6 | 0.3 | 1.3 | -0.1 |
| Korea | 0.9 | 0.9 | 0.4 | 2.2 | 0.4 |
| Portugal ①,⑥ | 0.6 | 1.1 | 1.0 | 2.7 | -0.5 |
| Greece ①,④,⑤,⑥ | 0.6 | 3.2 | 0.0 | 3.8 | 0.4 |
| Japan ①,④ | 2.6 | 1.4 | 0.0 | 4.0 | -0.4 |
| Czech Republic ④,⑥ | 3.2 | 1.2 | 0.0 | 4.4 | 0.5 |
| Spain | 2.2 | 1.1 | 1.1 | 4.4 | 0.4 |
| Hungary ⑥ | 2.4 | 1.5 | 0.6 | 4.6 | 0.1 |
| United Kingdom | 2.2 | 1.5 | 1.0 | 4.7 | 0.0 |
| United States | 2.6 | 1.9 | 0.4 | 4.9 | 0.1 |
| Austria | 3.2 | 1.1 | 1.0 | 5.3 | 1.0 |
| Canada | 2.5 | 1.9 | 1.1 | 5.4 | 0.3 |
| Australia | 2.6 | 1.6 | 1.2 | 5.4 | 0.2 |
| Belgium ⑥ | 2.5 | 1.7 | 1.3 | 5.5 | 0.9 |
| Germany ⑥ | 3.4 | 1.6 | 1.1 | 6.1 | 0.8 |
| Norway | 4.2 | 0.8 | 1.2 | 6.2 | 1.2 |
| Netherlands | 3.5 | 1.0 | 1.8 | 6.4 | 1.6 |
| France ① | 4.1 | 1.8 | 0.8 | 6.7 | 0.1 |
| Ireland | 3.5 | 2.8 | 1.2 | 7.5 | 2.3 |
| Italy | 5.8 | 1.0 | 0.9 | 7.7 | 1.7 |
| Denmark | 4.2 | 1.6 | 2.3 | 8.0 | 1.7 |
| Finland | 5.4 | 2.1 | 2.0 | 9.6 | 2.3 |
| Sweden ① | 6.0 | 1.7 | 2.0 | 9.7 | 2.1 |

① 2006년 자료 대신 2005년 자료 이용.
② 2006년 자료 대신 2003년 자료 이용.
③ 그림 통계에 의존하여 추계.
④ ICT 도매는 포함되지 않음.
⑤ 통신 서비스에 우편 서비스가 포함.
⑥ ICT 재화 임대는 포함되지 않음.

* 자료 : OECD(2008).

중 첫 번째 범주를 좁은 의미에서 ICT 관련 일자리로 정의하며 두 번째와 세 번째까지 포함하면 넓은 의미에서 ICT 관련 일자리로 정의한다.

〈그림 5〉는 좁은 의미에서 ICT 관련 일자리인 ICT 전문가 직종이 총 고용에서 차지하는 비중을 보여 준다. 1995년과 비교하여 2007년에는 포르투갈, 프랑스, 아일랜드를 제외한 대부분 국가에서 ICT 전문가 직종의 비중이 증가하여 약 3-4%를 차지했다. 스웨덴, 핀란드, 스위스, 캐나다, 노

**〈그림 5〉 1995년①과 2007년의 총고용에서 ICT 전문가 직종②이 차지하는 비중**

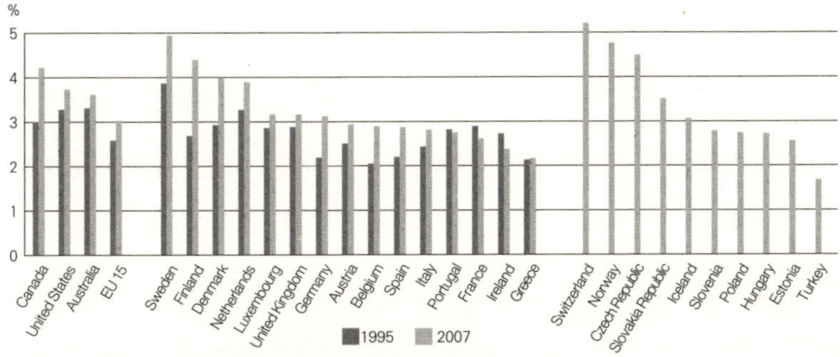


① 호주, 핀란드, 스웨덴은 1995년 자료 대신 1997년 자료를 이용.
② 좁은 의미로 ICT 전문가은 ICT시스템을 개발, 운영 그리고 유지할 능력을 가진 인력으로 정의되며 ICT가 주업종.

* 자료 : EULFS, 미국 인구총조사, 캐나다 통계청, 호주 통계위원회, OECD(2006).

**〈그림 6〉 1995년①과 2007년의 총고용에서 ICT를 이용하는 직종②이 차지하는 비중**

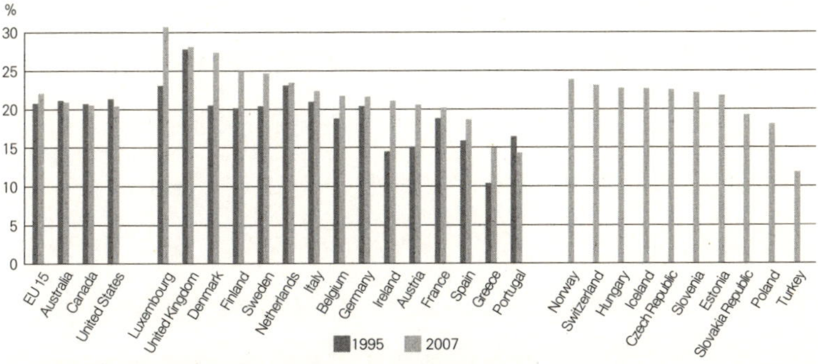


① 호주, 핀란드, 스웨덴은 1995년 자료 대신 1997년 자료를 이용.
② 넓은 의미로 ICT를 이용하는 직종은 특정 부문에 특화된 소프트웨어(예를 들어 CAD)나 범용 소프트웨어(예를 들어 MS Office)를 이용하는 업무에 종사하는 인력으로 정의되며 ICT를 주업종이 아닌 수단으로 이용.

* 자료 : EULFS, 미국 인구총조사, 캐나다 통계청, 호주 통계위원회, OECD(2004).

르웨이, 체코는 4% 이상을 차지한다. 이런 ICT 전문가 직종 비중은 앞에서 살펴본 ICT산업의 부가가치 비중과 고용 비중의 추세와 유사하다. 특히 한국, 핀란드, 일본, 헝가리, 아일랜드 그리고 스웨덴은 제조업 부문에서 높은 부가가치 비중을 차지하고 있으며 상대적으로 수출 성과도 높은 편이다(OECD 2008). 그러나 혁신적이고 자본집약적인 ICT기술 특성상 부가가치 비중이 높더라도 고용에서 차지하는 비중은 낮은 편이다.

그러나 ICT기술을 이용한 직종으로 범위를 확장한 〈그림 6〉을 보면 ICT기술의 발달로 인한 고용효과를 살펴볼 수 있다. 과학자, 엔지니어, 사무직 노동자 등을 포함하고 업무상 ICT기술이 필수적이지 않은 교사, 의료 부문 종사자는 제외하였다. 미국, 영국, 캐나다, 호주와 같은 영어를 모국어로 삼는 국가와 포르투갈 등 일부 국가를 제외하면 ICT기술을 이용한 직종의 비중은 1995년에 비해 2007년에 크게 증가했다. 2007년에 한정해서 보면 스페인, 그리스, 포르투갈, 슬로바키아, 폴란드, 터키를 제외하면 대부분 20% 이상의 고용비중을 보이고 있다. 〈그림 5〉와 〈그림 6〉을 비교하면 ICT 전문가 직종은 정체된 비중을 보이지만 ICT를 활용한 직종은 비중 증가가 크게 나타나며 이는 ICT기술이 발전될수록 더 높아질 것으로 보인다(OECD, 2008)

한편 한국만을 대상으로 보면 ICT 전문가의 인력이 부족한 것으로 나타난다. 〈표 9〉를 보면 대부분 ICT 직종에서 인력부족이 발생하는 것으로 나타난다. 고상원·이경남(2006)에 따르면, IT 분야에서 특정 요구기술을 갖춘 인력부족을 유발하는 원인은 다음 세 가지가 있을 수 있다. 첫째는 특정 요구기술을 갖춘 인력에 대한 수요는 많은데 이들에 대한 공급이 원활하지 못한 경우로, 이 경우 인력에 대한 초과수요가 발생하여 특정 요구기술을 갖춘 인력의 임금수준은 올라가게 된다. 둘째는 특정 요구기술을

〈표 9〉 ICT 전문가의 직종별 부족 인원 및 졸업자의 첫 임금수준(단위 : 명, %)

| 직종별 분류 | | 부족인원 및 부족률 | 졸업자의 평균 초봉(만 원) |
|---|---|---|---|
| SW/SI 개발 · 설계 | 컨설턴트/PM | 371 (4.2) | - |
| | 시스템 엔지니어 | 2,381 (10.0) | 2,206 |
| | DB 설계 | 347 (4.9) | 1,835 |
| | Network 설계 | 3,151 (38.0) | 2,332 |
| | S/W개발 프로그래머 | 6,440 (6.1) | 2,131 |
| | Web 엔지니어 | 981 (14.2) | 1,933 |
| | 정보보안 엔지니어 | 415 (16.1) | 2,135 |
| | 소계 | 14,086 (8.6) | 2,130 |
| 디지털 컨텐츠 | 게임 · 그래픽 개발자 | 343 (7.8) | 1,542 |
| | Web 기획디자이너 | 686 (9.5) | 1,407 |
| | 가상현실 · 애니메이션 | 1,769 (54.6) | 1,320 |
| | 소계 | 2,798 (18.8) | 1,446 |
| 시스템 운영관리 | 시스템 운영관리자 | 2,576 (4.6) | 2,072 |
| | Web Master | 1,091 (6.0) | 1,528 |
| | 컴퓨터 기술 지원 | 1,567 (13.3) | 1,587 |
| | 소계 | 5,234 (6.1) | 1,773 |
| 통신방송 서비스 | 통신망 개발 · 설계 | 104 (1.1) | 2,502 |
| | 통신망 운용 엔지니어 | 167 (0.9) | 2,057 |
| | 방송 엔지니어 | 119 (1.2) | 2,280 |
| | 통신망 구축 기술자 | 953 (6.7) | 1,860 |
| | 방송 기술자 | 53 (1.7) | 1,804 |
| | 소계 | 1,396 (2.6) | 2,105 |
| H/W 개발 · 설계 | 통신장비 엔지니어 | 1,121 (3.9) | 2,357 |
| | 컴퓨터 H/W 엔지니어 | 551 (4.2) | 2,137 |
| | 전자부품 설계엔지니어 | 2,721 (7.7) | 2,276 |
| | 전자부품 소자/공정 | 494 (9.4) | 2,066 |
| | 기타 엔지니어 | 241 (3.4) | 1,966 |
| | 소계 | 5,128 (5.6) | 2,187 |
| H/W 유지 | 통신장비 기술자 | 678 (3.6) | 1,835 |
| | H/W 기술자 | 441 (11.7) | 1,826 |
| | 전자부품 기술자 | 718 (7.0) | 1,997 |
| | 기타 기술자 | 248 (3.6) | 1,681 |
| | 소계 | 2,085 (5.3) | 1,831 |
| IT 교육 | | 1,467 (6.9) | 1,450 |
| IT 기술영업 | | 779 (12.0) | 2,045 |
| 총계 | | 32,973 (6.9) | 1,948 |

* 자료 : 고상원 · 이경남(2003), 고상원 · 이경남(2006)에서 재인용.

갖춘 인력은 많지만 이런 기술을 요구하는 직업의 임금수준이 너무 낮기 때문에 고용을 하기 힘든 경우로, 이 경우에는 특정기술을 갖춘 인력에 대한 부족률이 높음에도 불구하고 임금, 취업률이 동시에 낮게 나타난다. 셋째는 특정 요구기술을 갖춘 인력의 공급도 충분하고 이런 기술을 갖춘 인력을 요구로 하는 직업의 임금수준도 높지만 노동시장에 대한 정보가 부족하여 구직 및 구인기간이 길어지는 경우가 있을 수 있다.

첫 번째 경우는 초과수요가 고임금을 유도하게 되고, 두 번째 경우는 저임금이 인력부족을 야기하게 된다. 두 경우를 비교해 보면 양적불일치와 임금 간의 인과관계가 상반됨을 알 수 있다. 고상원 · 이경남(2003)은 IT 인력의 부족과 관련하여 위에서 언급한 세 가지 경우가 모두 나타나고 있음을 실증하였다. 〈표 9〉를 보면 부족률이 가장 높은 직군은 디지털 컨텐츠 직군이고 부족률이 가장 높은 세부 직종은 가상현실 · 애니메이션 직종이다. 그런데 이 두 부문은 평균 초봉이 각각 1,446만 원과 1,320만 원으로, 각 직군과 전체 세부 직종에서 가장 낮은 임금수준을 보여 준다. 이 부문에서 인력의 부족률이 높은 이유는 요구기술을 만족하는 인력이 없어서가 아니라 임금수준이 낮을 가능성이 크다. 인력이 부족하며 임금이 높은 경우는 초과수요 상태로 관련 기술을 갖춘 인력공급을 늘리는 정책이 필요하지만 인력부족률이 높으면서 임금이 낮은 경우에 초과공급 상태로 인력공급을 늘리는 정책을 시행하면 오히려 상황을 악화시킬 수 있다(고상원 · 이경남, 2006).

한국과 달리 많은 OECD 국가에서 ICT 직종의 인력부족 현상은 많이 해소되었다. OECD(2004)에 따르면 2002년 말 영국은 IT 직업을 부족이 예상되는 직종 리스트에서 제외시켰고, 덴마크는 2003년 7월에 ICT 전문가를 특별이민프로그램에서 제외시켰으며, 호주도 2003년 11월에 수요가 많은 이민자 직업 리스트에서 ICT 전문가를 제외시켰다. 또한 미국은 IT 전문가에게 주로 발급되는 H-1B 비자의 상한을 2003년의 19만 5천 명에서 2004년 6만 5천 명으로 감소시켰다. 이런 이민 정책의 변화로 많은 OECD 국가에서 ICT 인력부족은 심각한 수준에서 벗어났음을 확인할 수 있다. 선진국의 사례를 보면 한국에서의 ICT 인력부족 현상 역시 일시적인 것일 수 있다.

### 3. 고령자의 ICT 관련 산업 고용 현황

아직까지 ICT산업에서 고령자가 차지하는 비중은 체계적으로 조사된 바가 없다. 다만 인구센서스 자료를 활용하여 각 산업별로 고령노동자가 차지한 비중을 조사한 자료는 있다. 여기서는 그 자료를 토대로 고령자가 취업한 주요 산업과 ICT 관련 산업에서 고용 현황을 살펴볼 것이다. 〈표 10〉은 1985년 산업 분류에 기초하여 각 산업의 고용인구에서 50세 이상 남성이 차지하는 비중을 추계한 자료이다. 전기 및 전자기기 제조업, 통신업, 조사 및 정보서비스업을 ICT 전문산업으로 보았고 광고업 및 기타사업서비스업과 학술연구기관은 ICT기술을 활용하는 산업으로 취급하였다. 제

**〈표 10〉 1995년과 2000년의 ICT 관련 산업별 50세 이상 남성고용인구의 상대적 비중**

| 산업 | 50세 이상 | | 55-59세 | | 60-69세 | | 70세 이상 | |
|---|---|---|---|---|---|---|---|---|
| | 1995 | 2000 | 1995 | 2000 | 1995 | 2000 | 1995 | 2000 |
| 전기 및 전자기기 제조업 | 8.22 | 10.15 | 7.00 | 8.62 | 1.04 | 1.46 | 0.18 | 0.07 |
| 통신업 | 13.16 | 8.49 | 11.94 | 7.82 | 1.17 | 0.16 | 0.05 | 0.06 |
| 조사 및 정보서비스업 | 0.84 | 2.25 | 0.84 | 1.78 | 0 | 0.47 | 0 | 0 |
| 광고업 및 기타 사업서비스업 | 20.24 | 27.07 | 13.79 | 17.01 | 5.93 | 9.65 | 0.52 | 0.41 |
| 학술연구기관 | 9.69 | 10.99 | 6.96 | 8.48 | 2.18 | 1.45 | 0.55 | 1.06 |

* 자료 : 각 연도 인구주택센서스 2% 마이크로 표본자료, 이철희(2006)에서 재인용.

조업의 경우 50대 이상의 비중은 2000년에 1995년과 비교하여 증가했지만 증가폭은 크지 않았다. 오히려 통신업은 1995년과 비교하여 2000년에 감소하는 추세를 보여 준다. 그러나 통신업을 제외한 나머지 분야에서 50세 이상 남성을 고용한 비중은 1995년에서 2000년 사이에 증가했다. 특히 광고업 및 기타사업서비스업 부문에서 두드러진 증가세를 보였다. 이후 자료까지 살펴봐야겠지만 한국의 ICT산업 기반이 형성된 1990년대 후반에 ICT 관련 산업에서도 고령노동인구 비중이 작지만 증가한 것으로 볼 수 있다. 그리고 증가세는 ICT전문산업보다 ICT기술을 활용한 부문에서 뚜렷하게 나타났다.

## IV. 결론

본 연구는 OECD 국가를 대상으로 고령화와 ICT산업 변화에 따른 노동시장의 변화를 살펴보았다. 이런 변화에 따른 노동시장의 변화를 요약하면 다음과 같이 정리할 수 있다.

첫째, 대부분 OECD 국가에서 고령층의 경제활동 참가율이 감소하여 노동력 성장이 둔화되고 이에 따라 고령층의 노동시장 참여를 높이는 것이 주요 OECD 국가들의 정책 방향이 되었다. 한국은 이와 달리 고령층의 높은 경제활동 참가율로 다른 OECD 국가들보다 노동력 성장에 대한 문제가 비교적 적다. 그러나 고령층의 높은 경제활동 참가율의 원인이 부족한 노후소득 보장이라는 점에서 삶의 질을 고려하면 바람직한 현상이 될 수 없다. 따라서 고령층의 노동시장 참여를 유지할 적절한 노후소득을 보장할 제도적 장치를 마련할 필요가 있다.

둘째, 전체 고용 중 ICT산업의 고용 비중은 4-5%로 비교적 적고 ICT산업이 어느 정도 발전을 이룬 국가들에서 인력부족 현상은 어느 정도 해소되었다. 한국도 인력부족 현상과 불일치 현상이 존재하지만 이는 노동공급 부족이기보다 저임금으로 인한 유인 체계 때문에 발생하는 경향이 있다. 따라서 고령화가 ICT산업에 미칠 영향은 비교적 크지 않다고 볼 수 있다. 한편 ICT기술이 다른 산업 부문에 활용되는 경우가 커지면서 ICT기술의 발전이 다른 산업 부문의 노동생산성을 증대시킨다. 이런 점에서 노동시장에서 고령자의 비중이 커지면서 발생할 노동생산성 감소를 어느 정도 상쇄시킬 가능성도 존재한다.

본 연구는 고령화와 ICT산업 변화에 따른 노동시장의 변화를 살펴보는 기초 연구로 체계적인 이론과 엄밀한 자료로 분석한 연구까지 진행되지 못했다. 부족한 점은 이 기초연구를 바탕으로 채워 나갈 것이다.

## 참고문헌


고상원·이경남, 〈IT산업 근로자 실태분석〉, 《IT산업시장환경 연구 시리즈》 03-06, 정보통신정책연구원, 2003.

____________, 〈IT노동시장의 분석과 정책방향〉, 《정보통신정책연구》 제13권, 제3호, 2006, pp.69-90.

김승택·황준욱·전병유·김용현·정종원·유정아·조혜영, 《2003 IT전문인력 수급 현황 분석과 전망》, 정책자료 2005-01, 한국노동연구원, 2005.

방하남·신동균·김동헌·신현구, 《인구고령화와 노동시장》, 한국노동연구원, 2004.

______________________, 《인구고령화와 노동시장 변화 및 노동 정책과제》, 한국노동연구원, 2005.

이철희, 《한국의 고령노동》, 서울대학교출판부, 2006.

전광희, 〈출산력〉, 김두섭·박상태·은기수 편, 《한국의 인구》, 통계청, 2002.

최경수, 〈인구구조 고령화의 전망과 분석〉, 최경수 · 문형표 · 신인석 · 한진희 편, 《인구구조 고령화의 경제적 영향과 대응과제(I)》, 한국개발연구원, 2003.

Blöndal, Sveinbjorn and Stefano Scarpetta, "The Retirement Decision in OECD Countries", *Economics Department Working Paper* No 202, ECO/WKP(98)15, OECD, 1999.

Costa, D. L., *The Evolution of Retirement*, Uiversity of Chicago Press, 1998.

Cutler, D. M., J. M. Poterba, L. M. Scheiner, and L. H. Summers(1990), "An aging Society: Opportunity or Challenge?", *Brooking Papers on Economic Activity*, 1, 1990, pp.1-73.

Denton, Fank T. and Byron G. Spencer, Population Aging and Its Economic Cost : A Survey of the Issue and Evidence, *SEDAP Research Paper*, 1, McMaster University, 1999

Emery, J. C. Herbert and Ian Rongve, "Much Ado About Nothing? Demographic Bulges, The Productivity Puzzle, and CPP Reform", *Comtemporary Economic Policy*, 17(1), 1999, pp.68-78.

Gruber, Jonathan and D. Wise, *Social Security and Retirement around the World*, University of Chicago Press, 1999.

Merette, Marcel, "The Bright Side : A Positive View on the Economics of Aging", *Choices*, 8(1), 2002, pp.1-28.

OECD, *Ageing and Employment Policies : Korea*, 2004.

______, *OECD Information technology Outlook*, 2006.

______, *OECD Information technology Outlook*, 2008.

UN, *World Population Ageing 2009*, 2010.

World Bank, *Averting the Old Age Crisis : Polices to Protect the Old and Promote Growth*, Oxford University, 1994.

# 대안적 공적연금제도
## — 경제학적 분석

박만섭
고려대 경제학과 교수

## I. 서론

지난 30여 년 동안 선진국과 개발도상국을 막론하고 세계 각국에서 공적연금의 재정방식에 관한 논란이 가열되어 왔다. 논란은 주로, 부과방식(pay-as-you-go system)으로 운용되어 오던 공적연금 재정방식을 적립방식(funded system)으로 전환하는 '연금개혁'(pension reform)의 시행 여부를 둘러싸고 각 재정방식을 지지하는 측에서 자신이 지지하는 재정방식의 장점을 강조하고 다른 재정방식의 단점을 공격하는 형태를 띠었다.

연금재정방식을 부과방식에서 적립방식으로 전환할 것을 촉구하는 전 세계적인 움직임은 1994년 세계은행의 보고서(World Bank, 1994) 발간에서 정점을 이룬다. '고령화 위기 극복'(Averting the Old Age Crisis)이라는 제하에 발간된 이 보고서에서 세계은행은 전 세계적으로 진행되고 있는 인구고령화의 결과로 발생할 여러 문제들 중 하나로 대부분의 국가에서 당시 부과방식으로 운용되고 있는 공적연금제도의 지속 가능성을 지적하고, 문제를 해결하기 위한 방법으로 적립방식을 주된 요소로 갖는 형태로 연금 재정방식을 전환할 것을 촉구하였다. 실상 세계은행 보고서는 이미 1980년대와 1990년대에 걸쳐 세계 각국에서 진행되고 있던 연금개혁을 총정리한 것이다. 1981년에 칠레에서 시행된 연금개혁은 부과방식을 적립방식으로 전환하는 연금개혁의 고전적 예로서, 이후 라틴아메리카의 다른 여러 나라와 동구의 이행기 경제에서 시행된 연금개혁의 기준이 되었다. 서구 선진국에서의 연금개혁은 이보다 좀더 복잡한 형태를 띠었는데, 1990년대에 이탈리아와 스웨덴을 비롯한 서구의 몇몇 국가에서 채택된 명목확정기여(notional defined-contribution) 연금제도가 대표적인 예다. 이 제도는 인구 고령화와 관련하여 부과방식의 큰 틀 속에서 공적연금의 지속 가능성을 보장하는 제도로 제안되었다.

물론 이렇게 제안되고 실현된 연금개혁의 배후에는 개혁을 뒷받침하는 경제학자들의 논리가 자리잡고 있다. 펠드스타인(Feldstein, 1974)은 이미 1974년에 공적연금을 완전 민영화하여 완전적립방식으로 운용할 것을 주장하였다. 세계은행 보고서 이후 적립방식을 주장하는 경제학자들의 연구는 더욱 활기를 띠고 진행되었다. 그러나 이에 대하여 적립방식의 경제학적 논리를 비판하면서 적립방식이 인구고령화에 따른 문제를 해결하지 못할 것이라 주장하고, 현실의 경제적 상황에서 부과방식이 지속가능한 제도가 될 수 있게 할 조건들을 찾는 경제학자들의 논의도 펼쳐졌다. 이런 경제학적 논쟁에서 주목할 점은, 적립방식을 주장하는 측이 주류 경제학, 더 구체적으로 말하면 신고전학파 경제학자들임에 반하여, 부과방식을 주장하는 측은 대부분 비주류 경제학자들이라는 사실이다. 전자의 대표적인 예로는 발데스 프리에토(Valdés-Prieto, 1997), 아우어바흐와 코틀리코프(Auerbach and Kotlikoff, 1998), 펠드스타인과 샘위크(Feldstein and Samwick, 1998), 펠드스타인과 리브먼(Feldstein and Liebman, 2002) 등을 들 수 있다. 후자의 대표적인 예는 레이(Wray, 1990-

91), 팰리(Palley, 1998), 체자라토(Cesaratto, 2002, 2005, 2006) 등이다. 일반적으로 신고전파 경제학자로 분류되는 학자들 가운데에서도 적립 방식의 연금 재정방식이 제대로 작동하지 않을 것임을 지적하는 이들이 있다는 사실도 특기할 만하다(Geanakoplos, Mitchell and Zeldes, 1998; Orszag and Stiglitz, 1999; Barr and Diamond, 2006).[1]

이미 시행되고 있는 유형의 연금제도하에서 나타날 결과와, 한 유형의 연금제도에서 다른 유형의 연금제도로 전환(연금개혁)할 때 발생하는 결과는 명확하게 구분되어야 한다. 이 장은 연금제도의 여러 대안적 유형을 분류하고 그 특징들을 분석하는 데 중점을 둔다. 연금제도의 대표적 유형들을 분류하고 그것들의 특징을 분석할 수 있는 간단하지만 일관적인 경제학적 분석틀을 제시하는 것이 이 장의 주된 목적이다[2](그러나 이 분석틀은 연금제도 유형의 전환을 다루는 연금개혁을 분석하는 데에도 유용하게 쓰일 것이다. 이 연구는 차후로 미룬다). 이 목적과 관련하여, 린드벡과 페르손(Lindbeck and Persson, 2003)의 서베이 논문은 훌륭한 길잡이 역할을 하였다. 그런데 이들의 연구는 '신고전학파'적인 주류 경제학의 입장을 견지하고 있다. 대안적인 연금제도의 장단점과 연금개혁에 관한 비주류 경제학의 입장을 체계적으로 표명하는 연구는 체자라토(Cesaratto, 2002, 2005, 2006)가 대표적이다. 체자라토의 연구도 이 장의 내용을 구성

---

1 물론 인구고령화 그리고 그에 따른 연금 문제를 다루는 저서와 논문은 헤아릴 수 없을 정도로 많다. 《저널 오브 이코노믹 리터러처》는 약 12-13년 간격으로 인구고령화와 연금의 문제를 다룬 서베이를 출간하였다(Clark, Kreps and Spengler, 1978; Hurd, 1990; Lindbeck and Persson, 2003). 《옥스퍼드 리뷰 오브 이코노믹 폴리시》도 2006년에 연금문제를 다루는 특집호를 발간하였다(Barr and Diamond, 2006).

2 대안적 연금제도와 연금개혁을 경제학적 틀에서 분석하는 연구들이 해외에서 활발히 벌어지고 있는 반면, 국내에서 이와 관련한 연구는 그리 많지 않은 편이다. 국내에서의 연구는 김상호(1998), 김상호 · 유지성(1999), 김진영(2004), 고민창(2009a, 2009b) 정도를 예로 들 수 있다.

하는 데 많은 도움을 주었다.

II절은 린드벡과 페르손(Lindbeck and Persoon, 2003)에 기반하여 연금제도의 기본적인 유형을 8개로 분류한다. III절은 새뮤얼슨(Samuelson, 1958)이 제공한 두 세대 중첩세대모형을 기초로 하여, II절에서 분류한 연금제도의 여러 유형들에 대한 정의를 경제학적 수식으로 표현한다. IV절은 III절의 연속선상에서 각 유형의 연금제도들의 특성을 좀더 상세히 분석할 일반균형 모형을 구성하는 데 할애된다. V절에서는 연금개혁의 대표적인 종류를 소개하는 정도에서 연금개혁에 관한 간략한 논의를 제공한 후, 인구고령화에 직면하여 부과방식이 지속적으로 유지되기 힘들다는 널리 퍼져 있는 회의를 비판적으로 살펴본다. VI절은 간단한 결론이다.

## II. 연금제도의 유형 분류

린드벡과 페르손(Lindbeck and Persson, 2003)은 연금제도의 가능한 유형들을 분류하기 위해 3개의 기준을 제시한다. 첫 번째 기준은 연금기여와 급여에 따른 위험(risk) 부담의 주체다. 확정기여(defined contribution) 체계는 연금기여 수준이 외생적으로 주어지고 경제 전체 차원에서 연금의 수지를 맞추기 위해 연금급여가 내생적으로 결정되는 체계다. 이 경우 경제적 · 인구학적 변화에 따른 결과가 연금급여의 수준에서 반영되므로, 변화에 따른 위험을 부담하는 측은 연금을 지급받는 연금수급자다. 반면 확정급여(defined benefit) 체계에서는 연금급여가 연금기여로부터 일정 정도 독립적으로(예를 들어, 1인당 동일한 연금급여액 혹은 각 연금수급자가 생산활동 시기의 일정 기간 동안 획득한 소득의 평균수준에 기준하여)

먼저 주어지기 때문에, 연금기여의 내생적 결정을 통해 경제 전체의 연금 수지가 맞춰진다. 따라서 연금제도에 따른 위험 부담은 연금납부자 측에 부과된다.

두 번째 기준은 기금적립의 정도로서, 연금제도의 재정방식에 관한 것이다. 무적립(unfunded) 체계는 보통 부과방식(pay-as-you-go)이라 불린다. 이 체계는 현재 시기에 경제 전체에서 지급되는 연금급여가 현재 생산 활동에 참여하고 있는 현 세대에 의한 연금기여를 통해 조달되는 체계다. 반면 완전적립(fully funded) 체계에서는 연금수급자들 개개인에 대하여 자신이 이전의 생산활동 시기 동안 적립해 놓은 기금과 그 기금의 운용에 따르는 수익으로부터 연금급여가 이루어진다.

세 번째 기준은 연금의 위험정산(actuarial)과 관련된 것이다. 여기서 린드벡과 페르손은 두 가지 의미의 위험정산을 구분한다. 첫째 의미는 거시적 차원에서, 즉 경제 전체적으로 (적어도 장기에 걸쳐) 연금급여와 연금기여가 일치해야 한다는 것이다. 이때 연금제도는 '안정적'(stable)이고 '위험정산 균형'(actuarial balance)을 이룬다고 말해진다. 위험정산의 다른 의미는 미시적인 차원과 관련된다. 즉, 개인 차원에서 연금기여와 연금급여가 일치해야 한다는 것이다. 이때 연금기여와 '일치'해야 하는 것으로 제안되는 연금급여의 수준에 따라 서로 다른 정도의 '위험정산 형평'(actuarial fairness)을 이야기할 수 있다. 위험정산 형평을 '완전'한 수준에서 요구하는 경우와 전혀 요구하지 않는 경우가 위험정산과 관련한 두 가지 극단적인 경우다.[3]

급여 혹은 기여의 확정성 기준이 연금제도에 따른 위험부담 측면을 반

3 위험정산 형평의 '완전'한 수준에 대한 정의는 이 절의 후반부와 III절의 논의를 참조하라.

영한다면, 기금 적립도 기준은 연금제도가 총 저축과 자본 축적에 끼치는 영향의 측면을 반영한다. 그리고 위험정산 기준의 미시적 차원은 노동시장의 효율성 측면과, 거시적 차원은 연금제도의 전체적인 수지균형 측면과 연결된다.

위에서 논의한 세 가지 기준과 각 기준에서 확인할 수 있는 두 가지의 극단적인 경우를 적용하면 가능한 8개의 기본적인 연금제도 유형을 구분할 수 있다. 다음 〈표 1〉은 그러한 가능한 8개의 기본적 연금제도 유형을 정리한 것이고, 이 기본적 연금제도 유형들은 〈그림 2〉에서 육면체의 각 꼭짓점으로 표현된다. 현실에서는 기금적립의 정도를 무적립과 완전적립의 사이에서, 그리고 위험정산 형평의 정도를 완전한 수준과 전무한 수준 사이에서 채택할 수 있다. 따라서 현실에서는 8개의 기본적 유형 이외에, 다양한 기금적립도와 다양한 위험정산 형평성 수준에 따라 수많은 제도가 가능하다. 이 제도들은 〈그림 2〉에서 육면체의 앞면과 뒷면에 위치한 점들로 표현될 것이다.[4]

**〈표 1〉 기본적 연금제도 유형**

| | 전무한 위험정산 형평성 | 완전한 위험정산 형평성 |
|---|---|---|
| 완전적립 | III(DB) / III(DC) | IV(DB) / IV(DC) |
| 무적립 | I(DB) / I(DC) | II(DB) / II(DC) |

4 〈그림 2〉는 린드벡과 페르손의 〈Figure 1〉(Lindbeck and Persson, 2003, p.76)에 기초하였지만, 그들의 그림이 기여와 급여의 확정성을 (명시적으로) 고려하지 않기 때문에 2차원으로 표현된 반면, 〈그림 2〉는 본문에 언급된 3개의 기준을 모두 반영하여 3차원으로 표현되었다. 위험정산 형평성이 높은 수준에서 요구되는 유형 II와 IV의 경우 보통 확정기여 방식이 채택되므로, 현실에서 체계 II(DB)와 IV(DB)는 (불가능하지는 않지만) 찾아보기 힘들다. 반면 위험정산 형평성이 높은 수준에서 요구되지 않는 유형 I과 III의 경우, 확정기여와 확정급여 방식이 모두 가능하다(Lindbeck and Persson, 2003, p.76).

〈그림 2〉 연금제도 유형

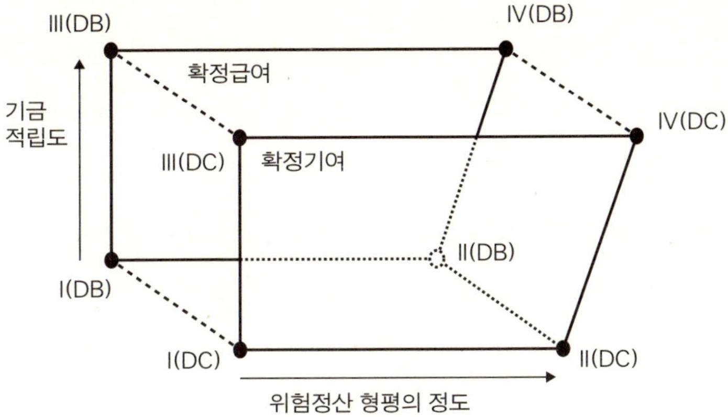


〈그림 2〉에서 육면체의 앞면과 뒷면이 정사각형이 아니고 사다리꼴인 점에 유의하라. 모든 연금이 기금적립의 형태를 띠고 각 기금에 대해 완전한 수준의 위험정산 형평이 이루어지는 경우(즉 유형 IV의 경우) 개인들의 연금기여의 한계수익률은 시장이자율($r$)과 같다. 반면 개인별 기금을 적립하지 않고 부과방식으로 연금급여 재원을 조달하는 경우, 연금기여의 평균수익률은 세원(간단한 경우, 총임금액)의 성장률($g$)과 일치한다.[5] 유형 II의 경우 개인별 연금기여의 한계수익률이 부과방식에서 획득되는 연금 평균수익률과 같게 설정된다. 경제적으로 유의미하고 정상적인 경우 총임금액의 성장률이 시장이자율을 초과하지 않으므로($g \leq r$), 이를 반영하기 위해 유형 II에 상응하는 모서리 길이가 완전적립의 모서리 길이보다 짧게 표현된 것이다.

5 적립방식과 부과방식에서 연금의 수익률 계산에 대한 논의는 III절을 보라.

## III. 대안적 연금제도에 대한 경제학적 정의

새뮤얼슨(Samuelson, 1958)이 부과방식 연금제도를 분석하기 위해 제시한 두 세대 중첩세대 모형은 부과방식 제도뿐만 아니라 연금제도 일반에 대한 경제적 분석의 기본 틀을 제공한다. 이 절에서는 새뮤얼슨의 두 세대 중첩세대 모형을 기반으로 하고 린드벡과 페르손(Lindbeck and Persson, 2003) 및 체자라토(Cesaratto, 2005)의 모형들에서 사용된 주요 요소들을 종합하여, 상기 II절에서 소개된 여러 연금제도의 특성들을 살피고자 한다.

경제에 존재하는 개인들의 생애가 청년기와 노년기의 두 기간으로 구성된다고 가정한다. 어느 기간 $t$에 청년기를 지내는 세대를 $t$세대라 지칭한다. $t$세대는 $n_t$명의 개인들로 구성된다. $t$세대에 속하는 각 개인은 청년기 동안 임금 $w_t$를 지급받으면서 $l_t$만큼의 노동을 공급하여 $w_tl_t$만큼의 소득(임금)을 획득한다(노동은 청년세대가 지닌 유일한 소득원이다). $t$세대 개인은 청년기에 $\alpha_t$의 비율로 소득의 일부를 연금으로 납부한다. 따라서 $t$세대 각 개인이 지급하는 연금액은 $\alpha_tw_tl_t$이다. 기간 $t$+1에 이제 노년기에 들어선 $t$세대 개인은 $b_t$만큼의 연금을 지급받는다.

부과방식은 $t$세대 전체가 지급받는 연금을 $t$+1세대 전체가 납부하는 연금으로 조달하는 체계다. 즉, 부과방식은 다음 식 (1)로 정의된다.

(1) $b_tn_t = \alpha_{t+1}n_{t+1}w_{t+1}l_{t+1}$

경제 전체에서 연금급여(좌변)와 연금기여(우변)가 매 기간 일치한다. 따라서 부과방식하에서 (거시적 차원의) 위험정산 균형은 매 기간 성립한다. 그러나 식 (1)이 경제 전체 차원에서 정의되므로, 부과방식 연금제도는 (각 개인에 대해 정의되는) 위험정산 형평을 보장하지 않는다.

부과방식이 거시적 차원에서 세대 간(inter-generational) 관계를 통해 정의되는 반면, 적립방식은 미시적 차원에서 각 개인별로 정의된다. 따라서 적립방식은 개인별로 적용되는 위험정산 형평과 밀접하게 연결된다. 적립방식 연금제도하에서는 각 개인이 납부하는 연금이 그 개인 소유의 기금($k_t^f \equiv \alpha_t w_t l_t$)으로 기록되고,[6] 이 개인이 노년기에 지급받는 연금급여액은 전적으로 이 개인별 적립기금에 의거하여 결정된다. 각 개인이 적립하는 기금은 자본시장에서 운용을 통해 수익을 창출하므로, 적립방식 연금제도에 대한 정의는 다음의 식 (2)로 표현될 수 있다.

(2) $b_t = k_t^f(1+\rho_t) \equiv \alpha_t w_t l_t (1+\rho_t)$

여기서 $\rho_t \equiv (b_t/k_t^f)-1$은 적립기금의 수익률이다. 적립방식하에서 적립기금은 납부한 연금총액과 동일하므로, 적립방식하에서 $\rho_t$는 연금기여의 수익률[$(b_t/\alpha_t w_t l_t)-1$)]과 동일하다.

공적연금은 개인에게 강제된다. 만일 각 개인에게 공적연금이 강제로 부과되지 않았다면, 그 개인은 납부했어야 할 연금액을 자본시장에서 운용할 수(혹은 그냥 저축의 형태로 은행에 적립해 놓을 수) 있었을 것이고, 그 금액에 대해 시장이자율에 해당하는 수익을 획득할 수 있었을 것이다. 따라서 (강제로 납부한) 연금이 시장이자율과 같은 수익률을 보장한다면, 이 연금은 개인적인 차원에서 '형평성'을 달성한다고 이해된다. 시장이

6 좀더 일반적인 논의(IV절 참조)를 위해 자발적 저축을 통해 형성된 자본($k_t^v$)과 강제저축을 통해 형성된 자본($k_t^f$)를 구분할 필요가 있다. 연금납부를 통한 기금 적립은 강제저축에 해당한다.

자율이 $r$로 일정하다는 가정하에서 완전한 수준의 위험정산 형평 조건은 다음 식으로 표현된다.

$$(3)\ b_t = \alpha_t w_t l_t (1+r)$$

적립방식을 정의하는 식 (2)와 위험정산 형평을 정의하는 식 (3)을 비교하면 두 개념 사이의 긴밀한 관계를 쉽게 인지할 수 있다. 확정기여와 적립방식하에서 완전한 수준의 위험정산 형평을 보장하는 연금제도가 바로 완전적립식(fully-funded) 연금제도[II절에서 분류한 유형 IV(DC)]다.

이제, 부과방식 제도하에서 (경제 전체 수준에서) 달성되는 연금기여의 수익률을 구해 이것을 시장이자율과 비교해 보면 이 제도하에서는 위험정산 형평이 완전한 수준에서 달성되지 않는다는 사실을 쉽게 확인할 수 있다. 부과방식의 경우 거시적 차원에서(즉, 평균적으로) 달성되는 연금기여의 수익률은 식 (1)을 이용하여 다음과 같이 계산할 수 있다.

$$(4)\ \frac{b_t}{\alpha_t w_t l_t} = \left(\frac{\alpha_{t+1}}{\alpha_t}\right)\left(\frac{n_{t+1} w_{t+1} l_{t+1}}{n_t w_t l_t}\right) \equiv \left(\frac{\alpha_{t+1}}{\alpha_t}\right)(1+g_{t+1})$$

매 세대의 연금기여율이 일정하다($\alpha_{t+1} = \alpha_t \equiv \alpha$)고 가정하면, 부과방식하에서 연금기여 평균수익률은 총임금액의 성장률($g_{t+1}$)과 같다. (이제부터는 매 세대의 연금납부율과 총임금액 성장률이 각각 $\alpha$와 $g$로 일정하다고 가정한다.) 통상적으로 총임금의 성장률은 시장이자율보다 낮으므로 ($g < r$), (평균적으로) 부과방식은 완전한 수준의 위험정산 형평성을 달성하지 못한다.[7]

II절에서 유형 II로 분류된 연금제도는 적립방식처럼 개인의 연금기여액

7 애런(Aaron, 1966)은 연금수익률의 크기를 연금제도 유형의 선택기준으로 제시한다. 따라서 그의 기준에 따르면 적립방식은 부과방식에 비해 우월한 연금제도다.

을 해당 개인의 적립기금으로 '기록'한다. 그러나 여기서 기금의 수익률은 기금에 대한 시장이자율이 아니라 경제 전체의 세원(현재 모형에서는 총임금액, $n_t w_t l_t$)의 성장률로 계산된다. 즉,

$$(5)\ b_t = \alpha w_t l_t (1+g)$$

1990년대에 이탈리아와 스웨덴에서 채택된 '명목확정기여'(notional defined-contribution) 제도는 식 (5)에서 연금기여율($\alpha$)이 정책적으로 우선 결정되고 연금급여액이 내생적으로 결정되는 제도〔유형 II(DC)〕다. 이 연금제도는 개인의 연금기여를 그 개인의 적립기금으로 '기록'한다는 점에서 적립방식의 요소를, 그리고 기금에 대한 수익률을 부과방식에서 연금기여의 평균수익률로 계산한다는 점에서 부과방식 요소를 지닌다. 그러나 이런 개인별 기금에 대한 기록과 기금에 대한 수익률 계산은 모두 '명목적'이다. 적립방식을 따라 실질적으로 연금이 기금으로 적립되고 자본시장에서 운용되어 수익을 창출한 후 기금의 원금과 수익에서 연금이 지급되는 것이 아니라, 부과방식을 따라 $t$세대 전체에 대한 연금급여가 $t+1$ 세대 전체의 연금기여에서 지급되기 때문이다.[8] 부과방식이지만 다른 유형으로 분류되는 유형 I과 다른 점은 경제 전체에 평균적으로가 아니라 각 개인에게 그가 납부한 연금액에 대해 $g$의 '수익률'이 보장된다는 것이다.[9]

반면, 유형 I의 부과방식 연금제도에서는 개인별로 적용되는 위험정

8 식 (5)의 양변에 $n_t$를 곱한 후 $g$가 총임금액의 성장률임을 상기하면, 식 (5)가 부과방식을 정의하는 식 (1)을 다른 형태로 표현한 것에 불과함을 알 수 있다.

9 기금의 수익률이 시장이자율보다 낮으므로 위험정산의 형평성이 완전한 수준에서 달성되지는 않지만, 세원의 성장률에 해당하는 수익이 보장되고, 개인별로 자신이 납부한 연금에 비례하여 연금이 지급된다는 의미에서 린드벡과 페르손은 명목확정기여 제도가 '유사적인 위험정산 형평'(quasi-actuarial fairness)을 달성한다고 말한다.

산 형평은 전혀 고려의 대상이 되지 않는다(non-actuarial). 경제 전체에서 평균적으로는 연금기여가 $g$의 '수익률'을 달성하지만, 각 개인은 자신이 납부한 기여액에 대해 $g$의 수익률로 증가한 급여액를 보장받지 못한다. 연금을 수급하는 동일한 세대 내에서 연금의 분배는 정책적으로 결정된 다른 기준에 따라 이루어진다. 확정기여(defined-contribution) 부과방식〔유형 I(DC)〕에서는 차세대의 연금기여율($\alpha_{t+1}$)이 외생적으로 (즉, 정책에 의해) 결정되고, 연금급여는 식 (1)에서 차세대의 인구학적 · 경제적 변수($n_{t+1}, w_{t+1}, l_{t+1}$)의 변화에 따라 내생적으로 결정된다. 확정급여(defined-benefit) 부과방식(유형 I(DB))에서는, 예를 들어 개인별 연금급여액($b_t$) 혹은 연금의 소득대체율(replacement rate, $b_t/w_tl_t$)이 외생적으로 결정된 후, 식 (1)을 성립시키기 위해 차세대의 연금급여율이 인구학적 · 경제적 변수의 변화에 따라 내생적으로 결정된다.

미국과 캐나나 등에서 시도하고 있는 제도는 유형 III(DB) 혹은 III(DC)에 기준한 제도다. 연금급여는 부과방식에처럼 청년세대의 연금기여에서 지급된다. 그러나 청년세대가 납부하는 연금은 노년세대에게 지급하는 연금급여를 초과하도록 설계된다. 이렇게 발생한 연금흑자는 기금('신용기금', trust fund)으로 적립되어, 이 기금을 적립할 수 있게 한 세대가 노년기에 이르렀을 때 그 세대에게 지급된다. $t$기에 $t$세대는 $\alpha n_tw_tl_t$의 연금을 납부하고 $t-1$세대가 $n_{t-1}b_{t-1}$의 연금을 지급받는다. 이때 발생하는 연금흑자는 $F_t \equiv \alpha n_tw_tl_t - n_{t-1}b_{t-1}$이다. 이 연금흑자는 $t$세대가 적립하는 '신용기금'이고 자본시장에서 운용을 통해 $r$의 비율로 수익을 획득한다. 이제 $t+1$기에 노년기에 접어든 $t$세대는 $n_tb_t$의 연금을 지급받는데, 이 연금의 수준은 그들이 납부한 연금 중 이전 세대의 연금으로 사용된 금액에 대해 부과방식의 평균수익률인 $g$로 계산된 원금과 수익, 그리고 자신이 이

전 기에 적립한 기금의 원금과 수익으로 구성된다. 따라서 이 유형을 표현하는 수식은 다음처럼 표현될 수 있다.

$$(6)\ n_t b_t = n_{t-1} b_{t-1}(1+g) + (\alpha n_t w_t l_t - n_{t-1} b_{t-1})(1+r)$$

확정급여식의 유형 III(DB)에서는 이렇게 지급되는 연금이 유형 I(DB)의 부과방식에서 지급받는 연금의 수준과 같도록 연금기여율이 내생적으로 결정된다.[10] 이 유형은 그 자체로 지속될 제도라기보다는 궁극적으로 IV(DC) 유형의 제도로 전환하는 중간 단계에서 실행될 제도로 이해된다.

## IV. 대안적 연금제도 분석을 위한 일반균형 모형

이 절에서는 각 유형의 연금제도하에서 나타날 경제적 결과를 비교 · 분석할 것이다.[11] 이를 위해서는 상기 절에서 각 유형의 연금제도를 정의하는 식들 이외에 경제 내의 여러 관계를 표현하는 식들을 도입하여 일반균형 모형을 구성해야 한다. 먼저 개인의 예산제약식을 고려한다.

논의를 간단히 하기 위해 경제에서 연금 이외의 조세는 없으며, 각 개인은 유산을 남기지 않는다고 가정한다. $t$세대의 각 개인은 $w_t l_t$의 소득 중에

10 유형 I(DB)에서 결정되는 연금기여율을 $\bar{\alpha}$라 하면, 유형 III(DB)에서 $t$세대에게 I(DB)에서와 동일한 연금급여를 보장하는 연금기여율은 $\alpha_t = \bar{\alpha}\left(\frac{1+g}{1+r}\right) + \left(\frac{n_{t-1}b_{t-1}}{n_t w_t l_t}\right)\left(\frac{r-g}{1+r}\right)$이다.

11 이 절의 분석은 비교정태분석에 속하고, 연금개혁 분석은 '이행과정 분석'(traverse analysis)에 속한다. 비교정태분석에 다루어질 유형은 대표적인 유형인 I(DB), II(DC), III(DB), IV(DC)이다. 연금개혁 분석은 I(DB)에서 다른 대표적 유형 각각으로 전환할 때(V절의 〈그림 3〉 참조)의 결과를 다룬다.

서 $\alpha$의 납부율로 연금을 납부한 후 남는 가처분소득 중 일부를 청년기에 소비한다($c_t^1$). 소비되지 않고 남는 (즉, 저축되는) 가처분소득을 통해 형성되는 자본은 자발적으로 형성된 자본이다. 자발적으로 형성된 자본은 $r$의 이자율로 수익을 획득한다. 기금의 원금과 이자는 노년기의 소비($c_t^2$)를 위한 재원을 구성한다. 물론 노년세대는 연금을 지급받고 이 연금도 소비에 사용한다. 연금은 강제된 저축이다.[12] 이런 사항들을 고려하여 개인 예산 제약 조건을 식 (6)으로 표현할 수 있다.

$$(7)\ c_t^2 = [w_t l_t (1-\alpha) - c_t^1](1+r) + b_t \equiv k_t^v (1+r) + b_t$$

여기서 $k_t^v$은 자발적 저축($s_t^v \equiv w_t l_t (1-\alpha) - c_t^1$)을 통해 형성된 자본의 가치다.[13]

식 (7)에서 $\alpha$는 명목적인 한계연금기여율이다. 그러나 연금은 연금납부자에게 노년기에 연금을 지급받을 권리를 부여하므로, 유효 한계연금

---

12 그러나 연금을 통한 강제저축은 적립방식에서만 자본형성에 기여한다. 아래 논의를 참조하라.

13 식 (7)에서 자본소유자에게 발생하는 단위기간 소득은 $(1+r)k_t^v$ 로 계산된다. 이 계산은 경제의 모든 자본이 단위기간에 완전 소모되는 순환자본(circulating capital)이라는 가정을 반영한다(혹은 '단위기간'을 현실에서 약 30-40년으로 잡는다면 이 가정은 현실에서도 큰 문제없이 적용될 것이다). 자본이 모두 순환자본이라는 가정은 개인의 생애가 청년기와 노년기의 두 기간으로 이루어져 있고 노년세대가 유산을 남기지 않는다는 모형의 구성에 필수적으로 동반되어야 할 가정이다. 왜냐하면 이 모형에서 자본의 원금 전체는 단 하나의 단위기간(노년기) 안에 그 소유자에게 소득으로 귀속되고 소비되어야 하기 때문이다. 보통, 경제학에서는 자본이 매 기간 $\delta(\leq 1)$의 일정한 비율로 감가상각된다고 가정한다. 이때 생산가격으로 계산된 가치가 $k$인 ($k$의 저축을 바탕으로 형성된, $k$의 공급가격에 구매한) 자본의 소유자에게 발생하는 단위기간 소득은 $(\delta+r)k$ 로 계산된다. 좀더 이론적으로 엄밀하게 말한다면, 자본이 $T$의 단위기간 동안 매 기간 일정한 효율성으로 사용된다면 그 자본의 각 단위기간 가치(연간 감채기금, annual amortisation fund)는 $a \equiv \left| \frac{r(1+r)^T}{(1+r)^T - 1} \right| k$ 로 계산된다(여기서 $r$은 시장이자율이다). 고정자본의 감채기금을 계산하는 가장 일반적인 이론으로 스라파가 제시한 결합생산 모형(Sraffa, 1960, 제10장)을 보라.

기여율은 $\alpha$와 다를 수 있다. 연금급여의 수준을 $\overline{b_t}$로 고정시켜 개인별 위험정산의 형평성을 전혀 고려하지 않는 부과방식의 경우, 명목적으로나 유효적으로나 한계연금기여율은 $\alpha$다. 좀더 현실적으로 연금의 소득대체율$(b_t/w_tl_t)$을 $\beta$로 고정한 확정기여 부과방식〔유형 I(DB)〕의 경우 한계연금기여율은 $\alpha-[\beta/(1+r)]$로, 그리고 연금급여가 연금기여에 대해 성장률에 비례하여 보장되는 명목확정기여〔유형 II(DC)〕 제도의 경우 유효 한계연금기여율은 $\alpha(r-g)/(1+r)$로서, 모두 $\alpha$보다 작은 값을 갖는다. 이것이 이해되면, 유형 IV(완전적립 · 완전 위험정산 형평)의 경우, 유효 한계연금기여율이 0이 되는 이유도 쉽게 이해될 수 있다. 연금을 통한 강제저축의 수익률이 자율적 저축의 수익률과 같도록 설정되기 때문에, 이 두 가지 종류의 자본축적이 구분되지 않기 때문이다.[14] 다시 말하면, 유형 IV의 연금제도를 실시할 때의 결과는 아무런 연금제도도 실시하지 않을 때 나타날 결과와 완전히 동일하다.[15]

이제 국민계정을 고려하자. $t$세대가 연급을 지급받고 있는 기간($t+1$기)에 다음과 같은 국민계정식들이 성립한다.[16]

(8-1) $Y=C+I+G$

(8-2) $Y=Y_{t+1}+Y_t$

(8-3) $Y_{t+1}=W_{t+1}$

14 식 (3)을 식 (7)에 대입하면 $c_t^2=(k_t^v+k_t^f)(1+r)\equiv k(1+r)=[w_tl_t-c_t^1](1+r)$.

15 여기서 유형 IV를 제안하는 경제학자들이 주로 신고전학파 경제학자들이 이유를 (일부나마) 찾아볼 수 있다.

16 하첨자가 없는 경우는 두 세대에 해당하는 양의 합을 뜻한다. 상첨자 1과 2는 각각 각 세대의 청년기와 노년기를 뜻하고, 상첨자 $v$와 $f$는 각각 자발적 양과 강제된 양을 뜻한다. 각 기호는 경제학에서 일반적으로 사용되는 의미로 사용된다.

$$(8\text{-}4)\ Y_t = (1+r)K_t^v$$

$$(8\text{-}5)\ K_t^v = S_t^v = W_t(1-\alpha) - C_t^1$$

$$(8\text{-}6)\ C = C_{t+1}^1 + C_t^2$$

$$(8\text{-}7)\ C_{t+1}^1 = W_{t+1}(1-\alpha) - S_{t+1}^v$$

$$(8\text{-}8)\ C_t^2 = Y_t + B_t$$

$$(8\text{-}9)\ S_{t+1} = S_{t+1}^v + S_{t+1}^f$$

$$(8\text{-}10)\ S_{t+1}^v = W_{t+1}(1-\alpha) - C_{t+1}^1$$

모형이 고려하는 경제는 정부가 존재하는 폐쇄경제다(식 8-1). 총소득은 청년세대 소득과 노년세대의 소득으로 구성된다(식 8-2). 청년세대의 유일한 소득원은 임금노동이다(식 8-3). 반면, 노년세대는 생산 활동에 참여하지 않으므로 노년세대의 소득원에 임금노동은 포함되지 않는다. 노년세대의 소득은 (순환자본의 가정하에서) 자신이 소유한 자본의 원금과 그에 대한 이자로 구성된다(식 8-4). 노년세대는 청년기에 노동을 통해 임금을 소득으로 획득하고, 소득의 일부는 연금으로, 일부는 소비로 사용한 후, 나머지 소득을 저축했다. 이 저축이 투자로 전환되어 노년세대가 노년기에 소유하는 자본을 형성한다(식 8-5). 총소비는 청년세대의 소비와 노년세대의 소비로 구성된다(식 8-6). 청년세대가 획득하는 노동임금 중에서 연금을 납부하고 난 나머지 금액은 자발적 저축과 소비에 사용된다(식 8-7). 노년세대는 연금과 자신 소유의 자본으로부터 발생하는 소득을 모두 소비한다(식 8-8). (물론, 연금이 어떻게 결정되는가는 어떤 유형의 연금제도인가에 달려 있다. 식 8-12를 참조하라). 노년세대는 저축을 하지 않으므로 경제의 총저축은 청년세대의 저축과 일치하고, 청년세대의 저축은 자발적 저축과 강제저축으로 구성된다(식 8-9). 청년세대의 자발적 저축은 노년세대가 청년기에 했던 방식과 동일하게 이루어진다(식 8-10).

이 식들은 경제구조와 경제 주체들의 행위를 정의하는 식들이다. 경제에 대한 모형을 완성하기 위해서는 다른 관계들을 추가적으로 고려해야 한다. 우선 자본시장의 균형을 고려해야 한다.

(8-11) $K_t^v + K_t^f = S_{t+1}^v + S_{t+1}^f$

노년세대가 소유한 자본은 자발적 저축이나 강제저축을 통해 형성되었다. 현재기에 노년세대는 이 자본을 처분하는데, 자본을 수요하는 주체는 청년세대다. 청년세대는 (노년세대가 그들의 청년기에 했듯이) 자발적 혹은 강제적으로 형성한 저축을 사용하여 노년세대가 공급하는 자본을 구매한다.[17]

강제저축은 연금납부를 통해서 이루어진다. 바로 여기가 대안적인 연금제도가 서로 다른 효과를 끼치는 지점이다. 다음 식들은 III절에서 고려한 각 유형의 연금제도를 총량으로 표현한 것이다.[18]

(8-12: I(DB)) $B_t = \bar{\beta} W_t = \alpha W_{t+1}$

(8-12: II(DC)) $B_t = \bar{\alpha} W_t (1+g)$

17 좀더 정확히 표현하면 식 (8-11)의 좌변은 총자본가치가 아니라 총투자여야 한다. 그러나 모든 자본이 순환자본이라는 가정에서, 단위기간에 형성된 투자는 그대로 그 단위기간에 존재하는 자본스톡의 가치와 일치한다. 일반적으로 식 (8-11)의 좌변에 나타나야 할 양은 연간 감채기금($\alpha$)이어야 한다.

18 이하에서 외생적으로 주어진 비율은 기호에 윗줄을 첨가하여 표시하였다. 확정급여의 경우 확정된 급여수준은 확정된 연금의 소득대체율($\bar{\beta}$)으로 표현되었다. 물론 이 대신에, 예를 들어,확정된 일인당 연금지급액($\bar{b_t}$)으로 표현할 수도 있을 것이다: $B_t = \bar{b_b} n_t$.

(8-12: Ⅲ(DB)) $B_t = \bar{\beta} W_t = B_{t-1}(1+g) + (\alpha W_t - B_{t-1})(1+r)$

(8-12: Ⅳ(DC)) $B_t = \bar{\alpha} W_t (1+r)$

연금을 통해 기금이 적립되는 유형에서만 강제저축이 형성되어 그에 상응하는 투자가 이루어지고 자본이 형성된다. 다음 식들은 각 유형에 대해 기금적립과 자본형성을 표현한다.

(8-13: Ⅰ(DB)) $S^f_{t+1} = 0$

(8-13: Ⅱ(DC)) $S^f_{t+1} = 0$

(8-13: Ⅲ(DB)) $S^f_{t+1} = \alpha W_{t+1} - B_t \quad (\equiv F_{t+1})$

(8-13: Ⅳ(DC)) $S^f_{t+1} = \bar{\alpha} W_{t+1}$

모형에서 고려하는 경제는 정부 부문을 포함한다(식 8-1). 위의 국민계정식들은 논의를 간단하기 위해 연금 이외에 다른 조세가 존재하지 않는다는 가정하에 도출되었다. 따라서 양의 정부지출($G > 0$)은 곧 일반정부재정 적자를 의미한다. 이제 (8-1)에서 (8-9)까지의 식들을 이용하여 다음 식을 도출할 수 있다.

(9) $S^v_{t+1} - I = (B_t - \alpha W_{t+1}) + G$

우변의 괄호 안의 항은 연금적자의 크기를 나타낸다. 따라서 식 (9)는 민간 부문의 자발적 순저축과 정부 부문의 총적자(연금재정과 일반정부재정을 종합하여 구한 적자)가 일치함을 표현한다. 유형 Ⅰ(DB)와 Ⅱ(DC)의 경우 연금재정이 항상 균형('위험정산 균형')을 이루도록 설계되므로,

일반정부재정 적자는 민간 부문에서 그 양만큼의 자발적 저축의 초과가 존재함을 뜻한다. 다시 말하면, 정부가 재정적자를 보전하기 위해 국채를 발행하면, 민간 부문에서 이 국채를 수용한다. 만일 민간 부문에서 자발적 저축과 투자가 일치하면 정부의 일반재정도 균형을 이룬다 (연금 이외에 조세가 존재하지 않는다고 했으므로 이것은 정부지출이 0임을 뜻한다).

반면, 유형 Ⅲ(DB)와 Ⅳ(DC)하에서 연금재정은 균형을 이루지 않는다. 유형 Ⅲ(DB)의 경우, $B_t - \alpha W_{t+1} = -F_{t+1} < 0$ 이므로 연금흑자가 존재하고 이 연금흑자는 '신용기금'으로 자본축적을 위해 사용된다. 이때 만일 민간 부문에서 자발적 저축과 투자가 일치한다면(그래서 정부 전체의 재정도 균형을 이룬다면), 연금흑자는 정부의 일반재정 적자($G > 0$)를 뜻한다. 따라서 연금흑자를 통해 형성하는 신용기금은 실질적으로 정부가 일반재정 적자를 보전하기 위해 발행하는 정부채무와 동일하다. '신용기금'은 결국은 정부채무를 민간 부문이 수용하는 것에 다르지 않다.

유형 Ⅳ(DC)의 경우는 반대로 일반적으로 연금재정이 적자인 경우다. 즉, $B_t - \alpha W_{t+1} = \alpha W_t(r-g)$이므로 $r > g$인 한 연금재정은 적자를 기록한다. 따라서 정부가 정부 전체의 재정을 균형 상태에 맞추려면 일반재정이 흑자여야 한다. 그러나 현재의 모형에서는 연금 이외의 조세가 존재하지 않는다고 가정했으므로 일반재정 흑자는 불가능하다. 그 결과는 민간 부문에서의 자발적 저축이 투자를 초과하는 것이다. 즉, 적자 연금재정을 유지하는 것은 민간 부문의 초과저축이다. 정부재정 전체의 관점에서 볼 때 연금적자는 정부재정의 적자다. 유형 Ⅲ(DB)의 경우와 마찬가지로, 정부재정의 적자가 관련된다. 다른 점이 있다면, 정부재정 적자가 민간 부문의 '자발적' 저축으로 수용된다는 점이다. 〔연금 이외의 조세가 존재하는 경우, 일반정부재정의 흑자를 통해 전체 정부재정의 균형, 따라서 민간 부문의 자발적 저축과 투자의 일치가 이루어질 수 있다. 그러나 일반정부재정의 흑자를 위해서는 (정부 지출이 일정하다면) 연금 이외의 조세를 높여야 하고 이렇게 증가한 조세의 크기는 앞의 경우에서 본 자발적 순저축의 크기와 같다. 즉, 연금 이외의 조세가 없다는 가정하의 결과와 마찬가지로, 궁극적으로 민간 부문이 부담을 질 수밖에 없다.〕

## V. 연금개혁과 부과방식 연금제도

IV절에서 논의한 내용은 각 유형의 연금제도가 이미 시행되고 있을 때 나타날 결과에 관한 것이다. 그러나 연금개혁은 연금제도를 현재 실행되고 있는 유형에서 다른 유형으로 전환하는 것이다. 이미 시행되고 있는 유형을 다른 유형으로 전환할 때는 전환 과정에서 좀더 복잡한 문제들이 발생한다. 이 문제들은 연금개혁을 제안하는 측에 의해서도 인지되었고, 연금개혁의 과정은 이런 문제들을 최소화시키는 방향으로 제안되었다. 그러나 체자라토(2002, 2005, 2006)의 연구는, 연금개혁 과정에 연금개혁을 제안하는 측이 인지하는 문제들보다 더 심각한 문제들이 존재하며, 이 후자의 문제들은 연금개혁을 제안하는 측의 신고전학파 경제학적 관점 때문에 드러나지 않는다고 주장한다. 이런 문제제기에 대한 상세한 논의는 추후 다른 연구에서 하기로 하고, 이 장에서는 최근에 현실에서 제안되는 연금개혁의 종류를 개관하고, 연금개혁의 근거로 제시되는 확정기여 부과방식의 단점을 지적하는 주장들을 비판적으로 평가하고자 한다.

최근의 연금개혁이 논의되기 이전에 대부분의 국가에서 시행하고 있던 연금제도는 유형 I(DB)의 가장 순전한 형태의 부과방식 제도였다. 1980

년대에 영향력 있는 국제기구들의 권고에 따라 특히 칠레, 아르헨티나, 멕시코 같은 국가들은 유형 IV(DC)(완전적립 제도)로 전환하는 연금개혁을 시행했다. 1990년대에 이탈리아와 스웨덴 등에서 '혁신적'이라 평가되고 시행된 연금개혁은 유형 II(DC)(명목확정기여 제도)로 전환하는 것이었다. 미국과 캐나다에서 추진한 연금개혁은 유형 III(DB)으로 전환하는 것을 목표로 한 것으로, '신용기금'의 형성을 지향한다. 세 번째 종류의 연금개혁이 지향하는 것은 기금적립도의 증가고, 두 번째 종류의 연금개혁이 지향하는 바는 위험정산 형평성의 상승이다. 첫 번째 종류의 연금개혁은 기금적립도의 증가와 위험정산 형평성의 상승 양자를 모두 지향하는 연금개혁이다. 이런 대표적 연금개혁의 형태는 〈그림 3〉에서 화살표로 표시되었다.

연금개혁에 대한 주장과 시행은 순수한 형태의 부과방식 제도가 특히 인구학적 변화(인구고령화)에 직면하여 지속가능할 것인가에 대한 회의에서 촉발되었다. 인구고령화에 직면하여 부과방식의 연금제도가 확정기

**〈그림 3〉 대표적인 연금개혁 형태**

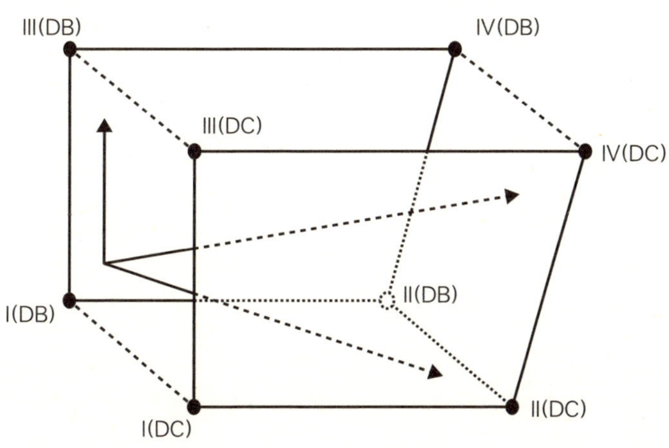

여 방식을 그대로 유지하면서 지속된다면, 경제의 국민소득에서 총연금액이 차지하는 비율이 점차로 증가할 것이라는 것이다. $\pi$를 평균노동생산성이라 하면, 그리고 노년세대가 연금수급자 세대이고 청년세대가 생산활동에 참여하는 세대라는 점이 이해되면, 국민소득에서 연금이 차지하는 비율은 식 (10)의 우변처럼 분해될 수 있을 것이다.

(10) $$\frac{B}{Y} \equiv \left(\frac{b}{\pi}\right)\left(\frac{n_t}{n_{t+1}}\right)$$

인구고령화는 $(n_t/n_{t+1})$의 증가로 이해된다. 이제, 노동생산성이 향상되지 않는 상태에서 일인당 연금급여액이 일정하게 유지된다면, 그 결과는 $B/Y$의 상승이다. 인구고령화가 계속 진행되는 동안 $B/Y$도 계속 상승할 것이다.[19] 이와 관련하여 연금개혁을 주장하는 측의 논리는 연금개혁이

19 사실 본문에서의 논리 전개는 부정확하게 제시되었다. 좀더 정확한 논리전개는 다음과 같다. 총인구가 일정한 정체경제에서 인구고령화는 청년세대 구성원 수의 감소를 뜻한다. 완전고용의 가정하에서 노동고용량이 감소할 것이고, 자본량이 일정한 상태에서 이것은 생산기술의 자본집약도가 상승함을 뜻한다. 이에 따라 노동생산성도 증가할 것이다. 그러나 이 노동생산성 증가는 인구고령화에 따른 연금비율의 증가를 상쇄할 정도로 크지 않다. 그 결과 $B/Y$가 증가한다. 인구고령화에 따른 부과방식의 지속가능성 위기에 대한 주장을 식 (1)에서 도출하는 다음 식을 이용하여 제시할 수도 있다.

$$\frac{b_t}{w_t l_t} = \alpha_{t+1}\left(\frac{n_{t+1}}{n_t}\right)\left(\frac{w_{t+1}}{w_t}\right)\left(\frac{l_{t+1}}{l_t}\right)$$

인구고령화는 $n_{t+1}/n_t$의 감소로 나타난다. 연금의 소득대체율이 일정하게 유지된다면 우변의 괄호 안에 있는 다른 비율들이 전체적으로 증가하여야 한다. 개인당 노동공급이 인구학적 변화에 영향을 받지 않는다고($l_{t-1} = l_t$) 가정하면, 청년세대 구성원 수의 감소는 노동공급의 감소로 이어진다. 노동이 완전고용 된다고 가정되므로, 노동고용량이 하락하고 그에 따라 임금률이 상승한다(자본량이 일정한 상태에서 노동고용량의 하락은 노동집약도의 하락을 뜻하고 그에 따라 노동의 한계생산물이 상승한다). 그러나 연금기여율($\alpha_{t+1}$)이 상승하지 않고 소득대체율이 유지되기 위해서는, 임금률이 $n_{t+1}/n_t$의 감소를 상쇄할 정도로 높게 상승하여야 한다. 그러나 앞의 과정을 통해(즉, 자본량이 일정한 상태에서 노동고용량의 하락으로 자본집약도가 상승함으로써) 발생하는 임금률 상승은 그렇게 하기에는 충분하지 않다. 외생적인 노동생산성의 증가가 필요하다.

평균노동생산성을 상승시키는 효과를 지닐 가능성에 전적으로 의거한다.[20] 연금의 위험정산 형평의 개선을 목표로 하는 연금개혁은, 연금납부자 개인들이 자신이 납부하는 연금에 대한 회계를 명확하게 인지하게 함으로써 노동자들이 더 높은 노동의욕을 갖고 생산에 임하게 할 것이라는 논리에 기반한다. 기금적립도 향상을 지향하는 개혁은 기금적립을 통해 자본이 증가하면 이 자본의 증가가 평균노동생산성을 상승시키는 효과를 지닌다고 주장한다.

그러나 식 (10)의 방식으로 확정급여 부과방식의 단점을 지적하는 논의는 적어도 '인구고령화'에 대한 불완전한 이해에 근거한다. 식 (10)에서 $n_t$와 $n_{t+1}$은 각각 연금수급자와 연금기여자(즉 고용되어 임금을 지급받는 노동자)의 수를 뜻해야만 한다. 그런데 인구학적으로 이해되는 인구고령화는 청년세대에 비한 노년세대의 비율이 증가하는 것이다. 따라서 식 (10)에 기반하여 인구고령화의 효과를 이해하는 데에는 경제에 존재하는 노년세대의 구성원들 모두가 연금수급자이며, 청년세대의 구성원들 모두가 연금기여자라는(즉, 노동이 완전고용 된다는) 암묵적인 가정에 근거한다. 그러나 노동시장이 완전고용 수준에 있지 않다고 한다면, 청년세대의 구성원 수와 노동고용 수준은 동일하지 않다. 그리고 노동시장에서 고용조건이 유연하다면 (예를 들어, 은퇴 시기의 연장) 노년세대의 구성원들 중 일부가 생산 활동에 참여할 수 있다. 식 (10)을 다음과 같은 방식으로 더 상세히 분해해 보자.

$$(10)' \quad \frac{B}{Y} \equiv \left(\frac{b}{\pi}\right)\left(\frac{n}{N^o}\right)\left(\frac{N^o}{N^y}\right)\left(\frac{N^y}{L}\right)$$

---

20 $B/Y$의 증가를 방지하는 다른 방법은 연금급여율($b$)를 낮추는 것이다. 그러나 이런 '개혁'은 연금제도 유형의 변화를 요구하지 않는 '모수적 변화'(parametric change)에 불과하다. 좀더 급진적인 연금개혁은 연금제도의 유형을 바꾸는 '구조적 변화'(structural change)를 수반한다.

여기서 $N^o$는 노년세대의 구성원 수를, $N^y$는 청년세대의 구성원 수를 나타낸다. 이제 인구구조를 표현하는 비율은 $N^o/N^y$이고 인구고령화는 이 비율의 증가로 이해되어야 한다. 식 (10)'은 연금급여율과 평균노동생산성이 일정하다 하더라도, 인구고령화가 항상 $B/Y$를 증가시키지 않을 수 있음을 보여준다. $N^y/L$은 청년세대 고용률의 역수다. 만일 현재 청년세대의 일부가 실업에 처해 있다면, 좀더 높은 고용수준을 달성함으로써 인구고령화의 효과를 상쇄할 수 있다. 또 $n/N^o$은 노년세대 중에서 연금을 지급받는 구성원의 비율이다. 연금수급 시기의 연장 등을 통해 노년세대의 노동시장 참여조건을 변경하면 이 비율이 하락할 것이고 이를 통해 $N^o/N^y$의 상승이 상쇄될 수 있다(Wray, 1990-1991; Palley, 1998; Geanakoplos, Mitchell and Zeldes, 1998; Orszag and Stiglitz, 2001; Barr and Diamond, 2006 참조).

따라서 부과방식의 연금제도하에서 인구고령화가 진행된다고 하더라도 반드시 국민소득에 대한 연금의 비율이 상승하는 것은 아니다. 정부가 적극적인 유효수요 창출 정책과 노동시장에서의 고용조건 변화를 통해 고용수준을 상승시킬 수 있다면 연금제도의 위기는 존재하지 않을 수 있다. 또한, 부과방식하에서의 연금 지속가능성 위기에 대한 해법으로 다른 유형의 연금제도로 전환하는 연금개혁이 반드시 정답인 것은 아니다. 오히려 체자라토(Cesaratto, 2002, 2005, 2006) 같은 이들은, 대안으로 제시되는 유형의 연금제도들이 노동생산성 향상이라는 목적을 달성하지 못할 수 있으며 오히려 부과방식하에서보다 더 큰 문제들을 발생시킬 수 있음을 주장한다. 특히 적립방식을 지향하는 연금개혁은 결정적으로 신고전학파의 자본이론에 근거해 있는데, 이 자본이론은 논리적 문제점을 지니고 있다(Sraffa, 1960).

여러 학자들이 이미 지적했듯이 부과방식에 대한 논란의 일부는 부과방식에 대한 서로 다른 이해에 기인한다. 새뮤얼슨(Samuelson, 1958)은 부과방식의 정의에서 도출되는 식 (4)를 통해, 연금이란 개인이 자신의 노년시대에 대비하여 미리 준비하는 보험이라고 해석하였다. 식 (4)는 부과방식하에서 연금의 평균수익률이 총임금의 성장률과 같음을 보인다.[21] 따라서, 새뮤얼슨에 따르면, 개인의 연금은 총임금의 성장률로 수익을 보장하는 노령보험과 동일하다. 이것은 부과방식 제도를 적립방식 제도와 다르지 않은 것으로 해석하는 것이다. 이런 해석에서 연금의 수익률은 대안적인 연금제도를 비교하는 가장 중요한 기준이 된다(Aaron, 1966).

그러나 새뮤얼슨의 논문이 발간된 즉시 다른 학자들이 제시했듯이(예를 들어, Lerner, 1959) 부과방식은 자신의 미래소득을 확보하기 위한 개인적인 보험이 아니라 어느 한 시기에 사회에 존재하는 서로 다른 세대들 간에 도덕적으로 맺어지는 사회협약으로 해석될 수도 있다. 이 사회협약은 더 이상 노동소득을 획득하지 못하는 노년세대의 최소생활 기준을 청년세대가 부담하는 세대간 소득분배에 관한 협약이다. 이런 내용은 부과방식을 정의하는 식 (1)에서 논리적으로 도출될 수 있다. 식 (1)과 그것에서 도출되는 식 (4)를 이용하면, 다음 식을 구할 수 있다(Lindbeck and Persson, 2003, p. 80).

$$(11)\ n_t b_t = \sum_{s=t+1}^{\infty} \alpha\left(\frac{r-g}{1+r}\right) n_s w_s l_s \left(\frac{1}{(1+r)^{s-(t+1)}}\right)$$

21 완전고용의 가정하에서 총임금의 성장률은 인구증가율과 기술진보율의 합으로 결정된다(솔로의 신고전학파 성장모형을 상기하라). 이를 반영하여 새뮤얼슨은 총임금의 성장률을 '생물학적 성장률'(biological rate)로 불렀다. 이런 명칭의 배후에는 이 성장률이 경제 정책을 통해 변화될 수 없다는 생각이 자리 잡고 있다.

부과방식 제도하에서 연금기여의 평균수익률이 $g$이므로, 평균연금기여율은 위험정산의 형평성 정도에 상관없이 $\alpha(r-g)/(1+r)$이다. 따라서 식 (11)의 우변은 $t$세대 후의 모든 세대가 평균조세율로 납부하는 연금들의 현재가치를 표현한다. 따라서 부과방식의 연금제도가 도입된 후 최초로 연금급여를 지급받는 세대($t=0$)에게는 연금제도를 통해 순이득이 발생하는 반면 그 이후의 모든 세대에게는 순손실이 발생한다. 그리고 모든 후세대 순손실의 현재가치(우변)와 최초 세대의 순이득(좌변)이 일치하므로 장기(무한대)에 걸쳐 경제 전체의 총소득은 (연금제도를 도입하기 이전과 비교하여) 변화하지 않는다. 부과방식은 순수한 형태의 세대간 소득분배를 지향한다.

부과방식의 연금제도를 이렇게 이해하면 순전히 연금기여의 수익률을 비교하여 대안적인 유형의 연금제도의 우열을 가리는 일은 무의미한 혹은 적어도 불완전한 일이다. 그러나 최근에 부과방식 연금제도를 다른 유형의 연금제도로 개혁하자고 주장하는 이들의 궁극적인 기준이 바로 연금기여의 수익률이라는 것이 사실이다.

## VI. 결론

이 장은 대안적인 연금제도의 유형이 경제 전체에 가져오는 결과를 비교 · 분석하기 위한 경제학적 틀을 제공하는 것을 주목적으로 하였다. 대안적인 유형의 연금제도들을 간단한 수식으로 정의하고, 이 수식을 경제 전체에서 거시적인 총량들의 관계를 묘사하는 일반균형 모형 속에 도입하여 서로 다른 유형의 연금제도가 경제에 어떤 서로 다른 결과를 가져오는지 살펴보았다. 제시된 경제학적 모형은 간단하지만 일관적인 것으로서, 대안적인 유형의 연금제도가 작동하는 방식과 결과를 좀더 명확하게 이해하게 하는 효과를 지닌다.

현실에서 실제로 논의되고 실행되고 있는 연금개혁은 확정급여 부과방식의 제도를 다른 제도(완전적립방식, 명목확정기여, 신용기금)로 전환하는 것이다. 부과방식을 개혁할 이유는 인구고령화에서 찾아진다. 그런 이유가 성립하지 않을 가능성이 널리 지적되어 왔는데, 이런 가능성에 대한 분석도 이 장에서 주어진 경제학적 틀 속에서 진행될 수 있음을 보였다.

연금개혁에 대한 분석은 이 장에서 상세히 제공되지 않았지만, 제시된 모형은 그런 분석도 가능하게 한다. 또, 연금개혁을 주장하는 학자들의 배경은 신고전학파 경제학이다. 본문에서 논의되지는 않았지만, 적립방식이 저축을 증가시키고 그 결과 자본을 확대시켜 좀더 자본집약적인 기술을 통해 노동생산성이 향상될 것이라는 논리, 그리고 위험정산 형평성의 제고가 개인의 노동의욕을 상승시켜 노동생산성 향상에 기여할 것이라는 논리에 대해 비주류 경제학적인 관점에서 논리적 비판이 가능하다(이와 관련하여 특히 체자라토의 여러 연구들을 참조하라). 그러나 이것은 추후의 연구과제다.

## 참고문헌


고민창, 〈공적연금제도 재정방식 비교 분석: 경제성장과 소득재분배 논의를 중심으로〉, 《질서경제저널》 제12권, 1호, 2009a, pp.1-18.

고민창, 〈공적연금제도개혁의 경제이론적 논쟁 고찰〉, 《경제발전연구》 제15권, 2호, 2009b, pp.109-140.

김상호, 〈적립방식과 부과방식의 비교와 정책적 시사점〉, 《사회보장연구》 제14권 1호, 1998, pp.1-20.

김상호 · 유지성, 〈공적연금제도 재정방식의 경제 정책적 시사점: 적립방식과 부과방식의 효율성을 중심으로〉, 《경제학연구》 제47권, 3호, 1999, pp.165-185.

김진영, 〈공적연금제도의 이론적 논쟁에 대한 고찰〉, 《한국사회와 행정연구》 제15권, 1호, 2004, pp.51-69.

Aaron, H. J. "The Social Insurance Paradox", *Canadian Journal of Economics*, Vol.32, 1966, pp.371-374.

Aurerbach, A. J. & L. J. Kotlikoff, *Dynamic Fiscal Policy*, Cambridge, Cambridge University Press, 1987.

Barr, N. and P. Diamond, "Economics of Pensions", *Oxford Review of Economic Policy*, Vol.22, 2006, pp.15-39.

Cesaratto, S., "The Economics of Pensions: A Non-Conventional Approach", *Review of Political Economy*, Vol.14, 2002, pp.149-77.

Cesaratto, S., *Pension Reform and Economic Theory: A Non-Orthodox Analysis*, Cheltenham, Edward Elgar, 2005.

Cesaratto, S., "Transition to Fully Funded Pension Schemes: A Non-Orthodox Criticism", *Cambridge Journal of Economics*, Vol.30, 2006, pp.33-48.

Clark R., J. Kreps and J. Spengler, "Economics of Aging: A Survey", *Journal of Economic Literature*, Vol.16, 1978, pp.919-962.

Feldstein, M. S., 1974. "Social Security, Induced Retirement and Aggregate Capital Accumulation", *Journal of Political Economy*, Vol.82, pp.905-26.

Feldstein, M. S. and J. Liebman. "Social Security", in A. J. Auerbach and M. S. Feldstein (Eds.) *Handbook of Public Economics*, Vol.4. Amsterdam and New York, North-Holland, 2002.

Feldstein, M. S. and A. Samwick, "The Transition Path in Privatizing Social Security", in M. Feldstein (Ed.) *Privatizing Social Security*, Chicago, NBER and University of Chicago Press, 1998, pp.215-64.

Geanakoplos, J., O. Mitchell and S. P. Zeldes, "Social Security Money's Worth", in O. Mitchell,

R. Myers and H. Young (Eds.) *Prospects for Social Security Reform*, Philadelphia, University of Pennsylvania Press, 1999, pp.79-151.

Hurd, M. D., "Research on the Elderly: Economic Status, Retirement, and Consumption and Saving", *Journal of Economic Literature*, Vol.28, 1990, pp.565-637.

Lerner, A. P., "Consumption-Loan Interest and Money", *Journal of Political Economy*, Vol.57, pp.512-518.

Lindbeck, A. and M. Persson, "The Gains from Pension Reform", *Journal of Economic Literature*, Vol.41, 2003, pp.74-112.

Orszag, P. R. and J. E. Stiglitz. "Re-thinking Pension Reform: Ten Myths About Social Security Systems", in R. Holtzman and J. E. Stiglitz(Eds.) *New Ideas about Old Age Security*, Washington, DC, World Bank, 2001, pp.18-56.

Palley, T. I., "The Economics of Social Security: An Old Keynesian Perspective", *Journal of Post Keynesian Economics*, Vol.21, 1998, pp.93-110.

Samuelson, P. A., "An Exact Consumption-Loan Model of Interest With or Without the Social Contrivance of Money", *Journal of Political Economy*, Vol.66, 1958, pp.468-82.

Sraffa, P. *Production of Commodities by Means of Commodities: Prelude to a Critique of Economic Theory*, Cambridge, Cambridge University Press, 1960

Valdés-Prieto, S., "Financing a Pension Reform toward Private Funded Pensions", in S. Valdés-Prieto (Ed.) *The Economics of Pensions*, Cambridge, Cambridge University Press, 1997.

World Bank, *Averting the Old-Age Crisis. Policies to Protect the Old and Promote Growth*, Oxford and New York, Oxford University Press, 1994.

Wray, L. R., "Can the Social Security Trust Fund Contribute to Savings?", *Journal of Post Keynesian Economics*, Vol.13, 1990-91, pp.155-70.

# 고령층과 청장년층의 세대 간 이념격차와 투표 행태

## —2006년과 2010년 두 개의 지방선거를 중심으로

이우진 고려대 경제학과 교수
이원석 고려대 경제학과 박사과정

## Ⅰ. 서론

우리나라의 유권자들은 얼마나 이념적으로 투표할까? 그리고 투표 행태에 있어 세대 간 격차는 얼마나 클까?

이우진(2010)은 2010년 지방선거에 대한 여론조사 자료를 이용하여 유권자들이 얼마나 자신들의 이념에 충실하게 투표하였는지, 그리고 이념과 투표에 영향을 미치는 주요 변수는 무엇인지를 분석한 바 있다. 그 결과에 의하면 2010년 지방선거의 경우 전체적으로 약 70%의 유권자들이 자신의 이념 위치와 가장 가까운 이념 위치에 있는 정당의 후보에 투표하였다. 또한 고령층(60대 이상)의 경우 이념적으로 가장 보수적인 성향을 보였으며 전체 연령대 중 이념에 충실하게 투표하는 비율이 가장 높은 것으로 나타났다. 본 논문은 이우진(2010)의 분석 방법을 2006년, 2010년 두 개의 지방선거에 적용하여 고령층과 청장년층 간에 있어 이념 위치와 투표 행태의 차이를 살펴보는 데 그 목적이 있다.[1]

1 여론조사 방법론에 대한 개설서로는 Erikson and Tedin(1995)를 참조하라.

우리는 이념투표를 설명하는 요인을 찾기 위해 전체 자료를 성별, 학력별, 소득별, 그리고 연령별로 나누어서 살펴보았는데 두 번의 지방선거 모두에 있어 성별, 교육수준, 소득은 이념투표를 설명하는 중요한 요인이 아닌 반면 연령은 이념투표를 설명하는 매우 중요한 요소로 나타났다. 두 지방선거 모두에서 고령층은 가장 보수적인 성향을 나타냈고, 이념에 충실하게 투표한 비율도 다른 연령층에 비해 높은 편이었다.

본 장의 구성은 다음과 같다. 먼저 II절에서는 각 선거에서 나타난 유권자들의 이념분포를 살펴본다. 이 절에서 4년 사이에 정당들의 이념적 분화가 심해지고 있다고 유권자들이 인식하고 있음을 보일 것이다. 그리고 고령층의 유권자들이 다른 연령층에 비해 더 보수적인 성향을 갖는다는 것을 확인한다. III절에서는 이념형성과 투표 행태에 미치는 영향을 성별, 교육수준별, 소득별, 그리고 연령별로 나누어 살펴본다. IV절에서는 이념적 대립의 주요 쟁점이 되는 몇 가지 정책 사안에 대한 지지 여부가 유권자의 이념 성향에 따라 어떻게 다른지를 간략히 검토해 본다. V절은 결론 부분이다.

## II. 선거에서 유권자들의 이념분포는 어떻게 나타나는가?

2006년과 2010년 두 개의 지방선거에서 유권자들이 자신의 이념에 얼마나 충실하게 투표하였고 세대 간의 투표 행태는 어떻게 다른지를 파악하기 위해 우리는 동아시아 연구원 · SBS · 중앙일보 · 한국리서치가 공동으로 조사한 전국패널 자료를 이용하였다. 두 지방선거의 경우 총 두 차례에 걸쳐 설문조사가 시행되었다. 이 중 1차 조사는 선거 전에 이루어졌고 2차

조사는 선거 후에 이루어졌다.

우리는 먼저 전국패널조사에 있는 이념에 관한 설문[2]을 이용하여 유권자와 정당들의 이념 위치를 측정하였다. 이념에 관한 설문은 해당 선거의 주요 정당과 응답자 자신의 이념 위치를 0에서 10 사이의 숫자로 조사하고 있는데 0이면 매우 진보, 5는 중도, 그리고 10은 매우 보수를 의미한다.

응답자들이 응답자 자신과 각 정당의 이념 위치를 어떻게 평가하는지 알아보기 위해, 우선 응답자들이 평가한 응답자 자신 및 각 정당의 이념 위치에 대한 평균치를 계산해 보았다.[3] 응답자 자신의 이념 위치의 평균은 2006년에는 4.89, 2010년에는 5.15로 4년 사이 약간 보수적 방향으로 움직였지만 전반적으로 보아 국민들의 평균적 이념 위치는 중도에 가깝다고 하겠다.[4]

이념 위치의 전체 분포는 〈그림 1〉에 나타나 있다. 〈그림 1〉에서 확인할 수 있듯이 연도별로 약간의 편차가 있지만 응답자들은 대체로 5(중도)를 중심으로 대칭형의 모양을 취하고 있음을 알 수 있다.

〈그림 1-1〉에 나타난 2006년 지방선거의 응답자들의 이념 분포를 보면 5를 중심으로 대칭형을 이루지만 진보 성향의 응답자(0-4)가 보수 성향의 응답자(6-10)보다 약간 더 많은 것을 확인할 수 있다. 비율로 볼 때 진보 성향의 응답자가 40%, 보수 성향의 응답자는 34%로 진보 성향의 응답자가 6% 더 많다. 반면 〈그림 1-2〉에 나타난 2010년 지방선거의 응답자들의 이념분포를 보면 진보 성향의 응답자가 30%, 보수 성향의 응답자는 35%

---

2 2006년: 2차 문30-1,배문4-1 / 2010년:2차 문18

3 우리는 여기서 이 숫자들이 기수적(cardinal)인 의미를 갖는 것으로 해석한다. 그리고 이 숫자들의 크기는 응답자들 간에 비교가 가능(interpersonally comparable)하다고 가정한다.

4 당연하지만 이 평균들이 의미를 갖기 위해서는 이념 수치들의 응답자 간 비교가능성이 전제되어야 한다.

〈그림 1〉 응답자들의 이념 분포

1-1 : 2006년 지방선거의 응답자들의 이념분포(평균 : 4.89)

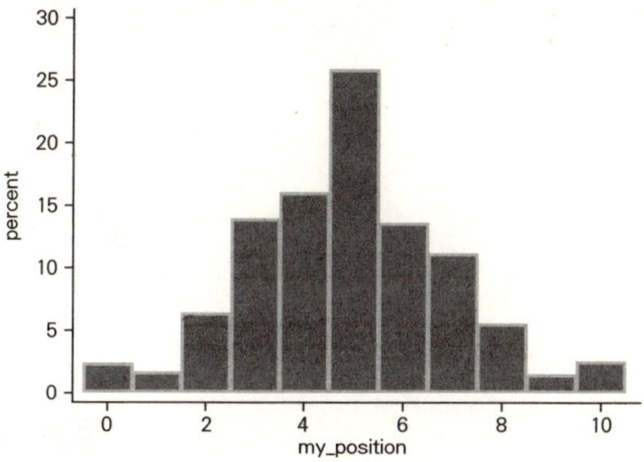


1-2 : 2010년 지방선거의 응답자들의 이념분포(평균 : 5.15)

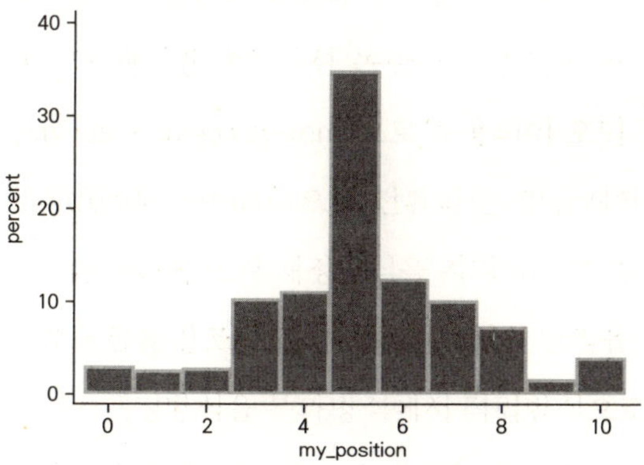


로 보수 성향의 응답자가 진보 성향의 응답자에 비해 5% 더 많아졌다.

이념 분포에 약간의 변화가 존재한 것에 대해서는 두 가지 이유를 생각해 볼 수 있다. 하나의 이유로는 유권자의 구성이 변했을 수 있다. 4년이 지난 후 유권자로 신규 유입된 20대 초반 유권자들과 4년 사이 사망하여 이탈한 유권자들이 유권자의 이념 분포에 차이를 가져왔을 수 있다. 다른 이유로는 정당들 간의 정치적 경쟁 구조가 바뀜에 따라서 유권자들이 정책을 자신의 이념으로 대응하는 방식이 바뀌었을 수 있다.

〈그림 2〉는 전체 응답자 중 고령층(60대 이상) 응답자들의 이념분포를 나타내고 있다. 각 선거에서 응답자의 이념 위치의 평균은 위에서 확인한 대로 4.89, 5.15이다. 하지만 고령층의 이념 위치는 5.61, 6.10으로 평균에서 각각 0.7과 1.0 정도 떨어져 있었다. 이는 고령층 유권자들이 전체 유권

**〈그림 2〉 고령층 응답자들의 이념 분포**

2-1 : 2006년 지방선거의 고령층 응답자들의 이념분포(평균 : 5.61)

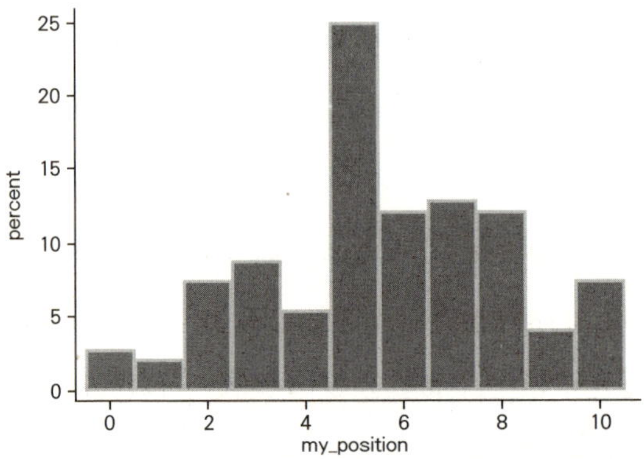


2-2 : 2010년 지방선거의 고령층 응답자들의 이념분포(평균 : 6.10)

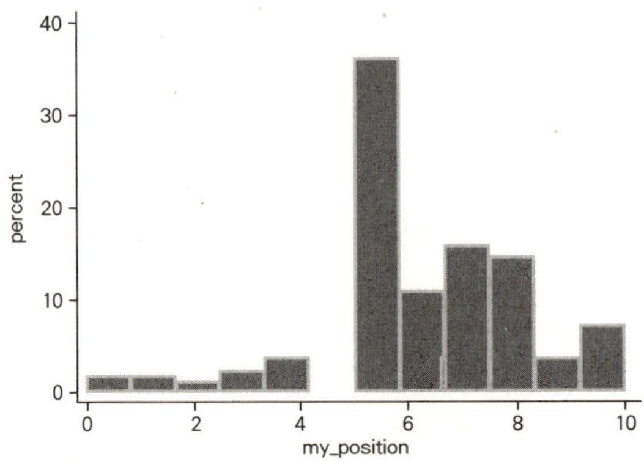

자들보다 평균적 이념 성향에 있어 더 보수적이라는 것을 알 수 있다. 더욱이 두 개의 지방선거 모두에 있어 이념 분포는 대칭형이 아니라 오른쪽으로 치우쳐 있음을 확인할 수 있다.

우리는 이념 성향을 진보(이념 위치가 0-4인 경우), 중도(이념 위치가 5인 경우), 보수(이념 위치가 6-10인 경우)의 세 가지 범주로 나눈 후 연령대별로 이념 성향의 분포를 살펴보았다. 〈표 1〉이 그 결과를 요약하고 있다.

〈표 1〉에 의하면 2006년과 2010년 공히 연령대가 낮을수록 진보의 비율이 높고 연령대가 높을수록 보수의 비율이 높음을 알 수 있다. 특히 20대의 경우는 진보의 비율이 보수의 비율보다 현저히 높지만 60대 이상의 고령층에서는 보수의 비율이 진보의 비율보다 현저히 높다. 예컨대 2006년의 경우 20대 중 진보의 비율은 54%인 반면 보수의 비율은 26%에 불과하지만 60대 이상 고령층에서는 진보의 비율이 26%이고 보수의 비율이 49%이다. 2010년의 경우에는 20대 중 진보의 비율은 45%인 반면 보수의 비율은 21%에 불과하지만 60대 이상 고령층에서는 진보의 비율이 11%이고 보수의 비율이 53%이다.

**〈표 1〉 연령대별 이념 성향의 분포**(단위: %)

| 2006년 | 20대 | 30대 | 40대 | 50대 | 60대 이상 |
|---|---|---|---|---|---|
| 진보 (0-4) | 53.69% | 46.61% | 39.35% | 29.51% | 26.35% |
| 중도 (5) | 20.69% | 28.51% | 26.39% | 28.42% | 25.00% |
| 보수 (6-10) | 25.62% | 24.89% | 34.26% | 42.08% | 48.65% |
| 합계 | 100% | 100% | 100% | 100% | 100% |

| 2010년 | 20대 | 30대 | 40대 | 50대 | 60대 이상 |
|---|---|---|---|---|---|
| 진보 (0-4) | 45.00% | 34.69% | 28.97% | 27.52% | 11.18% |
| 중도 (5) | 34.38% | 31.63% | 38.32% | 33.56% | 36.02% |
| 보수 (6-10) | 20.63% | 33.67% | 32.71% | 38.93% | 52.80% |
| 합계 | 100% | 100% | 100% | 100% | 100% |

〈표 1〉에 나타난 또 다른 특징은 다음과 같다. 60대 이하의 모든 연령층에서는 4년 사이 진보와 보수의 비율이 모두 줄고 중도가 늘어난 반면 60대 이상의 경우에만 진보는 줄고 중도와 보수가 늘어나는 현상을 보이고 있다. 다시 말해 4년 동안 청년층이 지나치게 좌경화된 것이라기보다는 60대 이상의 고령층이 지나치게 보수화 되었다고 보는 것이 좀더 타당한 설명으로 보여진다.

〈그림 3〉은 응답자들이 평가한 정당의 이념 위치의 평균을 일직선상에 표시하고 있다.

2006년 지방선거의 경우 유권자들은 민주노동당과 열린우리당을 중도좌파 정당, 민주당과 국민중심당을 중도우파 정당으로 인식하고 있고 한나라당을 보수 정당으로 보고 있다. 반면 2010년 지방선거에서는 민주노동당과 진보신당을 진보 정당, 국민참여당과 민주당을 중도좌파 정당, 자유선진당을 중도우파 정당, 한나라당을 보수 정당으로 인식하고 있는

**〈그림 3〉 선거에서 응답자들이 평가한 주요 정당의 이념 위치**

**3-1 : 2006 지방선거에서 응답자들이 평가한 5대 정당들의 이념 위치**

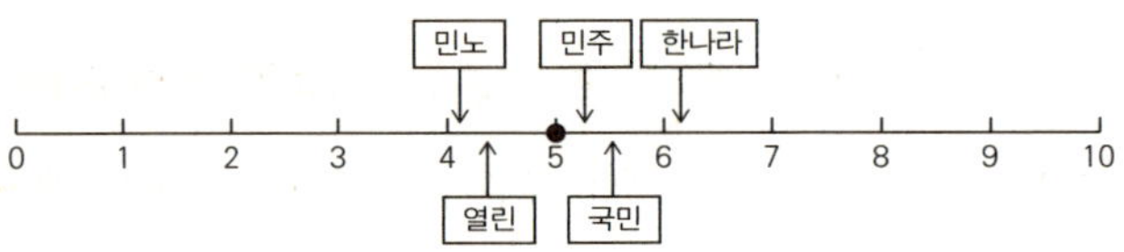


**(민주노동당:4.10, 열린우리당:4.28, 민주당:5.33, 국민중심당:5.55, 한나라당:6.03)**

**3-2 : 2010 지방선거에서 응답자들이 평가한 6대 정당들의 이념 위치**

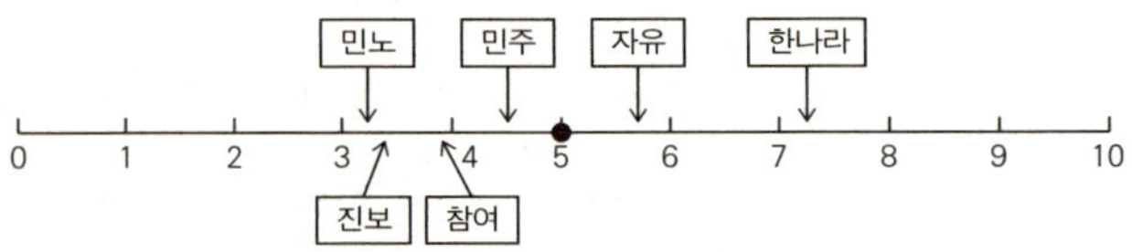


**(민주노동당:3.25, 진보신당:3.41, 국민참여당:3.94, 민주당:4.47, 자유선진당:5.72, 한나라당:7.22)**

것을 알 수 있다.

여기서 우리는 두 가지의 흥미로운 사실을 발견할 수 있다.

첫 번째는 시간이 지남에 따라 유권자들이 정당이나 후보들 간의 이념적 분화가 더 커진다고 인식한다는 것이다. 2006년 지방선거의 경우 한나라당을 제외한 나머지 4개의 정당은 4에서 6사이의 이념 위치에 분포하고 있다. 한나라당의 이념 위치 역시 6.03으로 6과 매우 가까운 위치에 있다. 반면 2010년 지방선거에서는 2006년 지방선거에 비해 분화가 더 커진 것을 알 수 있다. 가장 진보적인 정당으로 평가한 민주노동당은 3.25의 이념 위치를 보였고 가장 보수적인 정당으로 평가한 한나라당은 7.22의 이념 위치를 보였다. 2006년과 2010년의 두 개의 지방선거 사이에 가장 큰 이념의 변화를 보인 정당은 민주노동당과 한나라당이다. 이 두 정당의 이념 위치의 변화를 살펴보면 4년 사이 민주노동당은 0.85 정도 더 왼쪽으로 이동하였고 한나라당은 1.19 정도 더 오른쪽으로 이동하였다. 이로 인해 두 정당의 이념 위치의 차이는 2006년에는 1.93이던 것이 2010년에는 3.97이 되어 그 차이가 매우 커졌음을 알 수 있다.

두 번째는 두 선거 모두에서 보수 정당인 한나라당이 중간(5)에서 오른쪽으로 치우친 정도가 진보 정당이 중간에서 왼쪽으로 치우친 정도보다 더 크다고 보고 있다는 것이다. 즉 유권자들은 한나라당의 보수성의 정도가 진보 정당의 진보성보다 더 크다고 인식하고 있다는 것이다.

## III. 이념적 위치와 이념충실적 투표의 성별, 학력별, 소득별, 연령별 차이

앞에서 우리는 응답자들 전체를 대상으로 이념 위치를 살펴보았는데, 본 절에서는 응답자들의 이념 위치에 대한 인식이나 이념충실도 등이 유권자 그룹별로 어떻게 다른지를 살펴보겠다.

먼저 자신의 이념 위치나 정당들의 이념 위치에 대한 인식에 있어 서로

**〈표 2〉 응답자 자신과 정당/후보의 이념 위치: 성별, 학력별, 소득별, 연령별 차이**

**2-1: 2006 선거의 응답자 자신과 정당들의 이념 위치: 성별, 학력별, 소득별, 연령별 차이**

| 2006 | | 응답자자신 | 민주노동당 | 열린우리당 | 민주당 | 국민중심당 | 한나라당 |
|---|---|---|---|---|---|---|---|
| 전체 | 비율 | 4.89 | 4.10 | 4.28 | 5.33 | 5.55 | 6.03 |
| | 관측 개수 | 971 | 876 | 949 | 890 | 790 | 947 |
| 성별 | 남 | 4.80 | 3.96 | 4.15 | 5.37 | 5.69 | 6.24 |
| | 여 | 4.99 | 4.26 | 4.41 | 5.30 | 5.38 | 5.81 |
| | 관측 개수 | 971 | 876 | 949 | 890 | 790 | 947 |
| 학력별 | 중졸이하 | 4.93 | 4.43 | 4.48 | 5.05 | 5.60 | 5.86 |
| | 고졸 | 5.08 | 4.45 | 4.39 | 5.33 | 5.54 | 5.79 |
| | 대재 이상 | 4.76 | 3.81 | 4.14 | 5.42 | 5.54 | 6.23 |
| | 관측 개수 | 971 | 876 | 949 | 890 | 790 | 947 |
| 소득별 | 〈300 | 5.06 | 4.21 | 4.41 | 5.24 | 5.40 | 5.95 |
| | 300-600 | 4.78 | 3.99 | 4.16 | 5.46 | 5.65 | 6.13 |
| | 〉600 | 4.78 | 3.76 | 4.11 | 5.69 | 6.37 | 6.09 |
| | 관측 개수 | 928 | 839 | 908 | 853 | 760 | 906 |
| 연령별 | 20대 | 4.49 | 4.47 | 4.34 | 5.47 | 5.13 | 6.23 |
| | 30대 | 4.61 | 3.78 | 4.35 | 5.56 | 5.76 | 6.21 |
| | 40대 | 4.75 | 4.08 | 4.48 | 5.26 | 5.81 | 5.98 |
| | 50대 | 5.27 | 4.01 | 4.10 | 5.33 | 5.61 | 5.80 |
| | 60대+ | 5.61 | 4.25 | 3.98 | 4.88 | 5.39 | 5.81 |
| | 관측 개수 | 971 | 876 | 949 | 890 | 790 | 947 |

2-2: 2010 선거의 응답자 자신과 정당들의 이념 위치: 성별, 학력별, 소득별, 연령별 차이

| 2010 | | 응답자자신 | 민주노동당 | 진보신당 | 국민참여당 | 민주당 | 자유선진당 | 한나라당 |
|---|---|---|---|---|---|---|---|---|
| 전체 | 비율 | 5.15 | 3.23 | 3.40 | 3.93 | 4.47 | 5.72 | 7.23 |
| | 관측 개수 | 880 | 836 | 769 | 760 | 876 | 823 | 881 |
| 성별 | 남 | 5.25 | 2.94 | 3.18 | 3.88 | 4.36 | 6.11 | 7.42 |
| | 여 | 5.06 | 3.54 | 3.65 | 3.99 | 4.58 | 5.31 | 7.03 |
| | 관측 개수 | 880 | 836 | 769 | 760 | 876 | 823 | 881 |
| 학력별 | 중졸 이하 | 4.84 | 3.27 | 3.09 | 3.50 | 4.14 | 5.20 | 5.97 |
| | 고졸 | 5.42 | 3.43 | 3.64 | 3.97 | 4.53 | 5.34 | 6.89 |
| | 대재 이상 | 5.02 | 3.12 | 3.30 | 3.96 | 4.47 | 6.00 | 7.60 |
| | 관측 개수 | 877 | 834 | 767 | 758 | 873 | 821 | 878 |
| 소득별 | 〈300 | 5.23 | 3.44 | 3.47 | 4.01 | 4.37 | 5.51 | 6.88 |
| | 300-600 | 5.07 | 3.13 | 3.42 | 3.90 | 4.45 | 5.88 | 7.57 |
| | 〉600 | 5.28 | 2.89 | 3.04 | 3.95 | 4.85 | 5.94 | 7.06 |
| | 관측 개수 | 848 | 808 | 743 | 734 | 844 | 796 | 849 |
| 연령별 | 20대 | 4.42 | 3.47 | 3.59 | 4.23 | 4.70 | 5.56 | 7.75 |
| | 30대 | 5.04 | 3.48 | 3.66 | 4.30 | 4.77 | 6.19 | 7.46 |
| | 40대 | 5.05 | 3.30 | 3.61 | 3.86 | 4.51 | 5.70 | 7.23 |
| | 50대 | 5.21 | 3.21 | 3.30 | 4.07 | 4.22 | 6.13 | 6.88 |
| | 60대+ | 6.10 | 2.62 | 2.65 | 3.04 | 4.06 | 5.01 | 6.78 |
| | 관측 개수 | 880 | 836 | 769 | 760 | 876 | 823 | 881 |

다른 유권자 그룹들 간에 차이가 존재하는지를 성별, 학력별, 소득별, 그리고 연령별 네 가지로 나누어 살펴보았다. 〈표 2〉는 우리의 계산결과를 요약하고 있다.

먼저 남성과 여성 간에 이념 위치에 대한 인식의 차이가 있는지를 살펴보자. 〈표 2〉에 의하면 각 선거에서 남성과 여성 간에 이념 위치에 대한 인식의 차이가 거의 없음을 알 수 있다.

2006년 지방선거에서 응답자 자신의 이념 위치 평균은 4.89이다. 여성들의 평균적 이념 위치는 4.99, 남성들의 평균적 이념 위치는 4.80으로 둘

사이에 거의 차이가 없는 것을 확인할 수 있다. 정당들의 이념 위치에 대한 인식을 보면 남성이 진보 정당인 민주노동당/열린우리당을 여성에 비해 더 진보적이라고 보는 반면, 보수정당인 국민중심당/한나라당을 더 보수적이라고 인식하고 있는 것을 알 수 있다. 하지만 성별 차이는 0.5 미만으로 큰 차이를 보이지는 않는다.

2010년 지방선거에서 응답자 자신의 이념 위치의 전체 평균은 5.15이다. 남성들의 평균은 5.25, 여성들의 평균적 이념 위치는 5.06로 여성들이 남성들보다 약간 진보적이지만 그 차이는 통계적으로 거의 무시할 만하다. 정당들의 이념 위치에 대한 인식에 있어서도 남성과 여성 간에 큰 차이가 발견되지 않는다. 2006년 지방선거에서와 마찬가지로 남성이 여성보다 진보 정당에 대해서는 약간 더 진보적으로 평가하고 있고 보수 정당에 대해서는 약간 더 보수적으로 평가하고 있지만 그 차이는 미미하다. 결국 남성이든 여성이든 진보 정당은 진보정당으로 보수 정당은 보수 정당으로 인식하고 있으며 각 정당의 이념 위치에 대해서도 매우 비슷한 수치로 인식하고 있다.

다음으로 우리는 학력별로 이념 위치에 차이가 있는지 살펴보았는데 학력별로도 현저한 차이는 발견되지 않았다. 2006년 지방선거에서 중졸 이하와 고졸의 학력을 가진 응답자의 경우 민주노동당/열린우리당의 진보정당을 고학력의 응답자들보다 더 보수적으로 인식하는 경향이 있지만 그 차이가 크지는 않다. 2010년 지방선거의 경우 고학력자일수록 보수정당인 자유선진당/한나라당을 더 보수적으로 보는 경향이 있다. 하지만 전체적으로 학력과 이념의 뚜렷한 관계를 찾을 수는 없었고, 중졸 이하 응답자의 한나라당에 대한 인식이 평균에서 조금 떨어져 있는 것 외에는 나머지는 큰 차이를 보이지 않았다. 결국 성별의 경우처럼 학력별 차이의 경우에도 그 차이는 미미하다는 것을 알 수 있다.

이번에는 소득별로 차이가 있는지 살펴보자. 약간 자의적이긴 하지만 우리는 월 가구소득이 300만 원 미만인 경우, 300만 원 이상 600만 원 미만인 경우, 그리고 600만 원 이상인 경우의 세 가지 경우로 나누어 살펴보았다. 소득그룹을 이렇게 나누었을 때 〈표 2〉가 보여 주는 바는 응답자 본인의 이념 위치가 소득그룹별로도 현저한 차이를 보이지 않는다는 사실이다. 이러한 결과들은 두 개의 지방선거에서 소득은 이념 성향에 차이를 가져오는 주요 요인이 아니었음을 의미한다.

마지막으로 연령별 차이를 검토해 보았는데 이 경우는 앞의 세 가지 경우들과는 다른 양상을 보이고 있다. 2006년 지방선거의 경우 응답자 자신의 평균적 이념 위치를 보면 연령이 높아질수록 스스로를 보수적으로 평가하고 있음을 확인할 수 있다. 또한 2010년 지방선거의 경우에도 이념 위치를 살펴보면 명백한 세대균열이 관찰되고 있다. 60대 이상 응답자의 이념 평균은 6.10으로 20대의 이념 위치의 평균 4.42보다 무려 1.7 정도의 차이를 보이고 있다. 전체 평균에 가까운 연령세대는 40대와 50대이고 연령이 이보다 작은 경우에는 진보적, 연령이 이보다 큰 경우에는 보수적인 성향이 뚜렷하게 관찰되었다. 그런데 응답자 자신의 이념 위치가 명백한 세대균열을 보이는 것과는 대조적으로 6대 정당들의 이념 위치에 대한 인식에 있어서는 60대 이상의 경우를 제외하면 연령별로 큰 차이를 보이지 않고 있다. 60대 이상의 유권자들은 6대 정당 모두를 다른 연령대의 유권자들에 비해 더 진보적이라고 인식하고 있지만, 60대 이하의 다른 연령대의 응답자들은 6대 정당의 이념 위치에 대해 매우 유사하게 인식하고 있다.

우리나라의 경우 소득이나 교육수준보다는 연령이 이념을 나누는 중요한 기준이라는 점은 많은 사람들에 의해 종종 지적되어 왔는데 〈표 2〉

는 이러한 지적이 두 개의 지방선거에서 사실임을 보여 주고 있다. 즉 연령세대는 이념을 나누는 매우 중요한 기준이었던 것이다.

〈표 2〉는 한국 정치에서 60대 이상의 고령층이 왜 지나치게 보수적으로 행동하는지에 대해서도 잘 설명한다. 60대 이상의 유권자들은 다른 연령대의 유권자들에 비해 자신의 이념적 위치는 더 보수적으로 인식하고 있는 동시에 다른 연령대의 유권자들에 비해 한국의 주요 정당들 모두가 더 진보적이라고 인식하고 있다. 한국 정치가 이념적으로 진보로 가고 있다고(즉 좌경화되고 있다고) 강한 불만을 터트리는 연령층의 대다수가 60대 이상의 고령층이라는 사실이 어쩌면 놀라운 일이 아닐지도 모른다.

결론적으로 말해 두 개의 지방선거에서 응답자 본인의 이념 위치는 성별, 학력별, 소득별로 큰 차이가 없고 연령세대별로는 큰 차이를 보이고 있다.

지금까지는 이념 위치의 평균을 유권자 그룹별로 살펴보았는데 이번에는 〈표 3〉을 통해 이념에 충실하게 투표한 유권자의 비율이 성별, 학력별, 소득별, 연령별로 다른지 살펴보자.

우리가 볼 때 유권자들이 자신들의 이념에 충실하게 투표하였는가를 가장 정확하게 파악하는 방법은 응답자 자신의 이념 위치와 응답자가 평가한 정당의 이념 위치를 각각 계산한 후 이 둘을 비교하는 것이다. 즉 응답자들이 자신과 이념적으로 가장 가깝게 느끼는 정당을 파악하여야 한다는 것이다. 예를 들어 2010 지방선거에서 응답자가 자기 자신의 이념은 5라고 평가한 반면, 민주노동당을 2, 민주당, 진보신당, 국민참여당은 3, 자유선진당은 6, 한나라당은 8로 평가했다면 이 응답자는 이념적으로 자유선진당과 가장 가깝다. 따라서 만일 이 응답자가 자신의 이념에 충실하게 투표하는 사람이라면 자유선진당에 투표할 것이다.

우리는 이런 방법으로 각 응답자가 이념적으로 가장 가깝게 느끼는 정당을 찾은 후, 얼마나 많은 응답자들이 실제로 자신이 이념적으로 가깝게 느끼는 정당의 후보에 투표를 하였는지를 계산해 보았다. 만일 특정 지역에서 응답자의 이념에 가장 가까운 정당의 후보가 없을 경우에는 그 다음으로 가까운 정당에 투표하였는지를 살펴보았다. 예컨대 2010년 서울시장 선거에서 민주노동당과 국민참여당의 후보가 출마하지 않았다. 따라서 이념적으로 민주노동당과 국민참여당에 가장 가까운 응답자들의 경우 자신들이 가장 가깝게 느끼는 정당들에 투표할 수가 없다. 이 경우에는 해당 응답자들이 그 다음으로 가깝게 느끼는 정당을 찾은 후 그 정당의 후보에 투표를 하였는지 살펴보았다.

2006년 광역단체장 선거에서 성별 투표율을 살펴보면 남성의 경우 49%, 여성의 경우 57%로 여성이 남성보다 약간 더 이념에 충실하게 투표했다고 볼 수 있지만 그 차이가 현저하게 크다고 하기는 어려워 보인다. 학력별로 보면 중졸 이하는 51%, 고졸은 53%, 대재 이상은 53%로 평균인 53%에서 크게 벗어나지 않는 것을 알 수 있다. 소득별로 보면 300만 원 미만인 그룹과 이상인 그룹이 모두 53%로 거의 차이를 보이지 않는다. 결국 이념에 충실하게 투표한 사람들의 비율은 성별, 교육수준별, 소득별로 큰 차이를 보이지 않는다.

반면 연령별로 살펴보면 20대가 48%인 반면 60대 이상은 62%로 청년층과 고령층 사이에 큰 차이를 보이고 있다. 특히 20대에 비해 60대 이상의 고령층에서 이념에 충실하게 투표한 비율이 훨씬 더 높은 것을 알 수 있다.

이번에는 2010년 광역단체장 선거의 경우를 살펴보자. 먼저 성별로 살펴보면 남성은 71%가 여성은 69%가 이념에 충실하게 투표하고 있으며 이 수치들은 전체 평균 70%와 대동소이하여 성별로 인한 차이가 거의 없

〈표 3〉 이념에 충실하게 투표한 응답자의 비율

| | | 2006 광역단체장 선거 | 2010 광역단체장 선거 |
|---|---|---|---|
| 전체 | 비율 | 52.60% | 69.95% |
| | 관측개수 | 808 | 752 |
| 성별 비율 | 남 | 48.56% | 70.73% |
| | 여 | 56.92% | 69.19% |
| | 관측 개수 | 808 | 752 |
| 학력별 비율 | 중졸 이하 | 50.76% | 67.27% |
| | 고졸 | 53.33% | 68.52% |
| | 대재 이상 | 52.69% | 71.23% |
| | 관측 개수 | 808 | 749 |
| 소득별 비율 | 〈300 | 52.62% | 70.07% |
| | 300-600 | 53.40% | 69.54% |
| | 〉600 | 52.27% | 72.22% |
| | 관측 개수 | 777 | 724 |
| 연령별 비율 | 20대 | 47.73% | 67.27% |
| | 30대 | 51.98% | 65.84% |
| | 40대 | 51.79% | 66.67% |
| | 50대 | 50.59% | 73.33% |
| | 60대+ | 61.94% | 76.88% |
| | 관측 개수 | 808 | 752 |

음을 알 수 있다. 학력별로도 중졸 이하는 68%, 고졸은 69%, 대재 이상은 71%로 학력이 높을수록 비율이 약간씩 증가하지만 그 차이가 통계적으로 유의한 수준은 아니다. 소득별로도 차이가 거의 없다. 월 가구소득이 300만 원 이하인 응답자들은 약 71%가, 300만 원에서 600만 원 사이의 응답자들은 70%, 그리고 600만 원 이상의 응답자들은 약 72%가 이념에 충실하게 투표하고 있어 소득그룹별 차이는 거의 없다. 하지만 연령별로 살펴보면, 60대 이상의 고령층의 경우 이념에 충실하게 투표한 응답자의 비율이 가장 높다는 것을 알 수 있었다. 20대는 67%가 자신의 이념에 가장

가까운 정당에 투표한 반면 60대 이상은 77%가 자신의 이념에 가장 가까운 정당에 투표하여 약 10%의 차이를 보였다.

선거에 따라 약간의 차이는 존재하지만, 대체로 연령이 증가할수록 자신의 이념에 따라 투표하는 비율이 증가하는 것을 알 수 있다. 앞의 분석에서 연령이 이념을 설명하는 가장 중요한 변수였음을 상기해 보면 이러한 결과는 진보적 유권자보다 보수적 유권자가 자신의 이념에 더 충실하게 투표한다는 것을 나타낸다.

실제로 우리는 이념에 충실하게 투표한 사람들의 비율을 진보 성향의 유권자, 중도 성향의 유권자, 보수 성향의 유권자의 세 그룹으로 나누어 계산하여 보았다.

〈표 4〉는 각 선거에 대한 결과를 요약하고 있는데, 이 표에 따르면 보수 성향의 유권자들이 진보나 중도 성향의 유권자들보다 이념에 충실하게 투표하였음을 확인할 수 있었다. 진보 성향의 유권자의 경우 보수 성향의 유권자에 비해 이념에 충실하게 투표하는 비율이 11% 이상 적다.

우리는 이상에서 연령세대는 이념과 투표 행태를 설명하는 주요 요인임을 확인하였다. 연령이 높을수록 유권자들은 보수적인 성향을 나타냈고 보수 성향의 유권자들은 자신의 이념에 충실하게 투표한 비율이 높았다.

〈그림 4〉는 월소득과 연령에 따라 전체 표본을 16개의 그룹으로 나눈 뒤, 각각의 그룹이 보수 정당에 투표한 비율을 서로 다른 색으로 표시한

**〈표 4〉 이념에 충실하게 투표한 유권자의 이념 성향별 비율**

| | 2006 | 2010 |
|---|---|---|
| 진보 성향 유권자(0-4) | 44.90% | 64.15% |
| 중도 성향 유권자(5) | 56.25% | 67.72% |
| 보수 성향 유권자(6-10) | 58.39% | 75.18% |
| 관측 개수 | 808 | 740 |

〈그림 4〉 월소득과 연령에 따른 보수정당의 투표비율

그림 4-1 : 2006년 선거의 월소득과 연령에 따른 보수 정당 투표비율

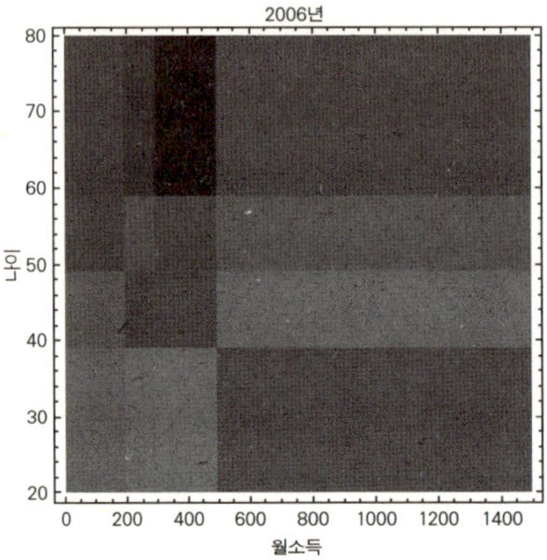


그림 4-2 : 2010년 선거의 월소득과 연령에 따른 보수 정당 투표비율

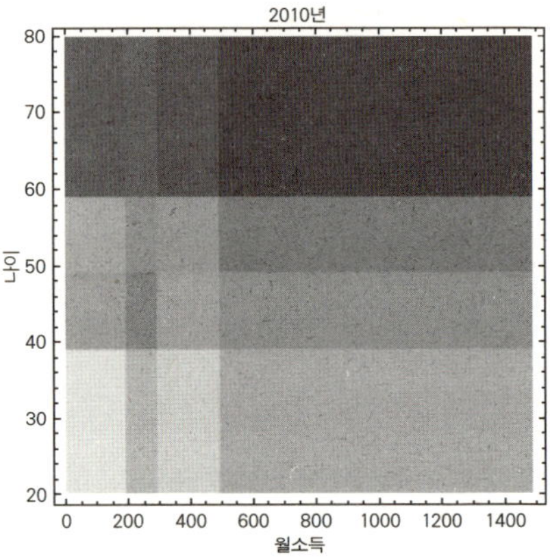


것이다. 보수정당에 투표한 비율이 100%이면 검은색이고 0%이면 흰색이며, 나머지의 경우는 색의 진하고 열은 정도로 보수정당에 투표한 비율의 높고 낮음을 표시하였다. 〈그림 4〉를 보면 색의 진하기의 차이가 소득축보다는 연령축에 따라 더 많이 변하고 있다는 것을 알 수 있다. 즉 정당 투표에 있어 소득보다는 연령차이가 더 중요하다는 것을 나타내는 것이다.

## IV. 이념을 설명하는 정책 차원들

이 절에서는 이념적 대립의 주요 쟁점이 되는 몇 가지 정책 사안에 대한 지지 여부가 유권자의 이념 성향에 따라 어떻게 다른지를 간략히 검토해 보고자 한다. 이우진은 다른 논문들과 책에서 다차원적 정치적 경쟁에 대한 분석을 검토한 바 있는데(Lee and Roemer, 2006; Roemer, Lee and Van

〈표 5〉 정치적 입장들에 대한 이념 성향별 지지 비율(%)

| | 분배보다 성장 | | 자유보다 질서 | | 한미동맹 강화 | | 대북지원 축소* | |
|---|---|---|---|---|---|---|---|---|
| | 2006 | 2010 | 2006 | 2010 | 2006 | 2010 | 2006 | 2010 |
| 진보 성향(0-4) | - | 28.92 | - | 17.32 | 20.68 | 42.80 | 72.94 | 21.71 |
| 중도 성향(5) | - | 46.82 | - | 32.11 | 27.54 | 60.47 | 78.75 | 33.77 |
| 보수 성향(6-10) | - | 60.91 | - | 55.12 | 32.74 | 77.92 | 84.95 | 50.65 |
| 관측 개수 | - | 855 | - | 856 | 812 | 854 | 936 | 866 |

* 2010년의 경우 대북대응 강경의 설문을 이용하였음.

der Straenten, 2007), 이 글에서는 다차원적 정치경쟁에 대한 분석이나 다차원적 정책 이슈들이 이념이라는 일차원적 변수로 어떤 과정을 거쳐 상응되는지는 논의하지 않겠다.[5]

〈표 5〉는 두 지방선거에서 주요 쟁점이 되었던 이슈에 대한 유권자의 성향별 지지비율을 나타내고 있다.

〈표 5〉를 보면 유권자의 이념 성향에 따라 각 이슈에 대한 찬반 입장이 확연히 다른 것을 확인할 수 있다. 분배와 성장, 자유와 질서에 관한 이슈는 2006년 지방선거 관련 자료에 설문이 존재하지 않아 2010년 자료와 비교할 수 없었다.

한미동맹에 관한 이슈에서는 2006년 지방선거에서 진보 성향의 유권자는 21%만이 한미동맹을 강화해야 한다고 응답했지만 보수 성향의 유권자는 33%가 한미동맹을 강화해야 한다고 응답하여 12%의 차이를 보였다. 반면 2010년 지방선거에서는 진보 성향의 유권자 중 43%가 한미동맹을 강화해야 한다고 응답한 반면, 보수 성향의 유권자는 78%가 한미동맹을 강화해야 한다고 응답하였다.

5 정치적 경쟁에 대한 개설서로는 Roemer(2001)를 참조하라.

대북지원에 관한 이슈에서는 2006년 지방선거에서 진보 성향의 유권자는 73%가 대북지원을 축소해야 한다고 응답했지만 보수 성향의 유권자는 85%가 대북지원을 축소해야 한다고 응답했다. 반면 2010년 지방선거에서는 진보 성향의 유권자 중 22%만이 대북지원을 축소해야 한다고 응답했지만 보수 성향의 유권자는 51%가 대북지원을 축소해야 한다고 응답했다. 2006년 지방선거와 비교해 볼 때 2010년 지방선거에서 모든 이념 성향의 응답자들이 대북지원 문제에 대해 관대해졌다는 것을 알 수 있다.

모든 선거에서 진보 성향과 보수 성향은 각 이슈에 대해 확연히 다른 입장을 보이고 있다. 여기서 주목할 만한 사실은 시간이 지남에 따라 이념 성향별 분화가 심해졌다는 것이다. 한미동맹 이슈의 경우 2006년에는 진보 성향의 유권자와 보수 성향의 유권자의 차이가 12%에 불과했지만 2010년에는 차이가 35%로 커졌다. 대북지원 이슈의 경우 2006년에는 차이가 12%였지만 2010년에는 그 차이가 29%로 커졌다.

앞서 이념을 설명하는 데 연령과 세대가 매우 중요함을 살펴보았다. 〈표 6〉은 위의 주요 이슈들에 대한 입장 차이에 있어서도 연령세대별로 차이가 존재함을 보여 주고 있다. 청장년층과 고령층을 비교해 보면, 고령층은 청장년층에 비해 모든 이슈에 대해 뚜렷하게 더 보수적인 성향을 갖고 있다는 것을 알 수 있다. 한미동맹 이슈의 경우 2006년 지방선거에서 20대는 23%만이 한미동맹을 강화해야 한다고 응답한 반면 60대 이상은 42%가 한미동맹을 강화해야 한다고 응답했다. 2010년 지방선거에서는 20대는 51%가 한미동맹 강화에 찬성했지만 60대 이상은 무려 85%가 한미동맹을 강화해야 한다고 응답했다. 대북지원 축소 이슈의 경우 2006년 지방선거에서 20대는 69%가 대북지원을 축소해야 한다고 응답한 반면 60대 이상은 86%가 대북지원을 축소해야 한다고 했다. 2010년 지방선거에서는 20대의 28%만이 대북지원 축소에 찬성했지만 60대 이상은 45%가 대북지원을 축소해야 한다고 응답해 세대 간의 큰 입장 차이를 보였다.

**〈표 6〉 정치적 입장들에 대한 연령별 지지 비율(%)**

| | 분배보다 성장 | | 자유보다 질서 | | 한미동맹 강화 | | 대북지원 축소 | |
|---|---|---|---|---|---|---|---|---|
| | 2006 | 2010 | 2006 | 2010 | 2006 | 2010 | 2006 | 2010 |
| 전체 | - | 46.67 | - | 35.86 | 26.85 | 61.59 | 78.76 | 36.14 |
| 20대 | - | 34.59 | - | 13.04 | 22.62 | 51.27 | 69.00 | 27.50 |
| 30대 | - | 40.21 | - | 26.70 | 19.34 | 51.30 | 75.81 | 37.17 |
| 40대 | - | 44.50 | - | 38.10 | 21.67 | 54.07 | 82.78 | 37.09 |
| 50대 | - | 54.73 | - | 44.14 | 32.91 | 71.91 | 82.86 | 32.67 |
| 60대+ | | 61.49 | | 58.39 | 41.91 | 85.00 | 85.53 | 44.85 |
| 관측 개수 | - | 866 | - | 868 | 823 | 866 | 951 | 879 |

## V. 결론

우리는 지난 두 지방선거에서 많은 유권자들이 자신의 이념에 충실하게 투표하였음을 살펴보았다. 또한 이념에 미치는 영향을 살펴보기 위해 성별, 학력별, 소득별, 연령별로 나누어 분석을 해 보았는데 연령이 이념에 매우 중요한 영향을 미치는 변수라는 것을 살펴보았다.

주요 정책 이슈에 대해서도 연령은 명백한 차이를 설명하고 있다. 청년층과 고령층 간에 복지의식이나 분배문제에서도 입장 차이가 존재하지만 그 외에 개인의 자유나 사회의 질서에 대한 문제에서도 세대 간에 커다란 격차가 나타나고 있다.

이상에서 두 개의 지방선거에서 세대균열이 이념균열과 매우 높은 상관관계를 보임을 확인하였는데 이에 대한 설명으로는 두 가지 가설을 생각해 볼 수 있다.

하나의 가설은 연령효과 가설이라 부를 수 있는데 이에 의하면 나이가 들수록 '변화'보다는 '현 상태를 유지하려는'(conserve) 경향이 강하기 때문에 청년층에 비해 고령층이 보수적인 성향을 갖는다고 본다.

또 다른 가설은 세대효과 가설이라 부를 수 있는데 이에 따르면 특정 시기의 역사적 사건이나 사회적 환경이 청년 시기의 가치관이나 정치적 성향에 결정적인 영향을 미침으로써 세대 간 차이를 초래한다고 본다(이내영, 2009). 우리는 종종 광복/전쟁세대, 6·3세대, 4·19세대, 386/5·18세대, 트위터 세대 등의 용어로 특정 연령층을 지칭하는 경우가 있는데 이것은 세대 간에 문화와 사회적 환경이 다름을 나타내기 위한 것이다.

이 두 가지 가설 중 우리는 두 번째 가설인 세대효과 가설이 더 타당하다고 본다. 즉, 고령층의 보수적 성향은 그들이 소년기나 청년기에 겪었던 전쟁이나 사회적 혼란 등에 대한 부정적 각인효과일 수 있다는 것이다. 대한민국은 지난 50년간 경제발전이나 정치발전에 있어 매우 급격한 변화를 겪어 왔다. 60대 이상의 응답자들이 겪은 정치 경제적 상황은 20대나 30대가 겪은 정치 경제적 상황과는 엄청나게 다르다. 이런 의미에서 우리나라에서 연령별로 이념 위치 즉 이념에 대한 자신의 정체성이 매우 다른 것은 놀라운 일이 아닐지도 모른다.

## 참고문헌


이내영, 〈6·2 지방선거와 세대균열의 부활〉, 이내영 · 임성학 공편, 《변화하는 한국유권자 4》, 동아시아 연구원, 2010.

이우진, 〈6·2 지방선거에서 유권자들은 이념에 얼마나 충실하게 투표하였나?〉, 이내영 · 임성학 공편, 《변화하는 한국유권자 4》, 동아시아 연구원, 2011.

Erikson, R. and K. Tedin, *American Public Opinion, Needham Heights*, MA: Allysn and Bacon, 1995.

Lee, W, "Political competition and democratic distributive politics", 《사회경제평론》 29권, 2호, 2008, pp.309-343.

Lee, W. and J. Roemer, "Racism and redistribution in the United States: A solution to the problem of American exceptionalism", *Journal of Public Economics*, Vol.90, Nos. 6-7, 2006, pp.1027-1052

Roemer, J., *Political Competition: Theory and Applications*, Cambridge, MA: Harvard University Press, 2001.

Roemer, J., W. Lee, and K. van der Straeten, *Racism, Xenophobia and Distribution: Multi-Issue Politics in Advanced Democracies*, Cambridge, MA: Harvard University Press, 2007.

# 행복경제학의 성과와 정책적 함의

김균
고려대 경제학과 교수

## Ⅰ. 행복과 행복경제학

흔히들 인간은 누구나 행복을 추구한다고 말한다. 이게 결코 틀린 말은 아닐 게다. 우리나라 헌법(제10조)에서도 모든 국민은 '행복을 추구할 권리'를 갖는다고 밝히고 있지 않는가. 의심할 바 없이 행복 추구는 살아 숨 쉬는 사람 누구에게나 삶의 최고 목적일 것이다. 사회 전체 차원에서 보더라도 행복은 그 사회가 지향해야 할 궁극적 목적이자 가치 중 하나이다. 절대권력을 움켜 쥔 독재자도 국민의 행복을 위해서라는 명분하에 자신의 철권지배를 정당화하고, 민주사회의 공직선거를 보아도 후보자들은 하나같이 유권자들의 행복 증대를 목표로 하는 이러저러한 공약을 내세운다. 이렇듯 행복이란 인간과 인간사회에 있어서 보편적 덕목이자 지향점이라고 하겠다.

그런데 이때의 '행복'이 구체적으로는 과연 무엇을 뜻할까. 당연히 사람마다 행복의 정의가 다를 것이다. 어떤 사람은 행복을 세속적 성공이나 물질적 풍요와 동일시하고 또 누군가에게는 행복이란 감각적 쾌락을 마음껏 누리는 것일 수 있다. 반대로 평안한 마음의 상태를 누리는 삶을 행복으로 여기는 사람도 있다. 아마도 사람마다 각기 다 다르게 행복을 정의하리라 싶다. 사실 잠시만 생각해 보아도 행복이 무엇이냐는 단순명쾌하게 답할 수 없는 문제임이 분명하고, 그래서인지 매우 오래된 철학적 물음이기도 하다.

이 물음에 대한 서양철학자들의 견해는 크게 두 갈래로 나뉜다.[1] 서양고대의 철학자들에게 있어서, 어떻게 하면 좋은 삶(good life)을 사는 좋은 인간(good person)이 될 수 있는가라는 물음은 중요한 철학적 과제였다. 이러한 고대철학의 대표적 예로 아리스토텔레스의 유다이모니아(eudaimonia)론을 들 수 있다. 영어권에서 일반적으로 행복(happiness)으로 번역되는 아리스토텔레스의 유다이모니아는 잘 사는 것(living well) 내지는 인간적 번창함(human flourishing)을 의미하는데, 이 유다이모니아는 덕목(aretê, virtue),[2] 우정과 사랑 등의 가치를 따라 살아갈 때 얻어진다. 달리 말해서 고대인에게 행복이란 인간 속에 내재해 있는 윤리적, 지적, 정치적 등의 덕목을 행하는 고양된 삶, 인간의 잠재력이 실현되는 삶을 뜻한다. 즉 가치 있는 삶이 곧 좋은 삶이자 행복한 삶이다. 그리고 다른 사람들과 좋은 관계를 유지하고 공동체 일원으로서의 의무를 충실히 행하는 것 역시 불가결의 덕목이었다. 행복에 대한 두 번째 견해는 공리주의이다. 벤담의 공리주의는 행복을 쾌락(pleasure) 또는 만족(satisfaction)과 동일시한다. 그래서 공리주의는 고대 철학의 전통 중 쾌

1 이 주제에 대한 소략한 소개로는 Nussbaum(2005), Brülde and Bykvist(2010), Ryan and Deci(2001) 등 참조.

2 아레테는 일반적으로 사람이나 사물이 가지고 있는 탁월성, 유능함, 기량, 뛰어남 등을 뜻하지만, 윤리적으로는 좋은 인간을 실현하게 만든다는 특성이라는 의미에서 덕목 또는 덕성으로도 번역된다. 참고로 eudaimonia의 어근인 eu와 daimon은 각각 '좋은'과, '인간의 진짜 본성' 또는 '인간 속의 신성' 정도로 해석할 수 있다.

락주의(hedonism)를 이어 받았다고 평가된다. 쾌락주의는 행복을 '나'라는 개체가 느끼는, 좁게는 육체적 쾌락, 넓게는 감각/감정적 즐거움이라는 심리적 상태로 정의한다.

일반적으로 전자의 유다이모니아론은 바람직한 개인의 삶, 즉 행복한 삶이 개인 차원뿐만 아니라 공동체 차원의 덕목을 함께 실천할 때 달성된다고 보는 반면, 쾌락주의 전통은 행복이란 개인이 주관적 차원에서 느끼는 감각/감정적 쾌락이라고 정의한다는 점에서 이기적, 좀더 정확히는 원자론적이다. 물론 이타적 행위의 쾌락 증대 효과를 부인할 수는 없겠지만 기본적으로 쾌락주의 전통은 이기적 개인을 상정한다고 해도 무방하다. 또 전자가 행복을 삶이나 행위 차원에서 정의한다면 후자는 심리적 상태로 행복을 정의한다.

잘 알려진 바와 같이 경제학은 공리주의 철학의 기반 위에 서 있다. 효용은 쾌락의 크기에서 고통의 크기를 뺀 나머지이고 이 효용이 곧 행복의 크기이다.[3] 공리주의의 이른바 '최대 다수의 최대 행복' 원리는 경제학의 효용극대화 원리와 정확하게 대응한다. 이 공리주의가 경제학의 기반으로 자리 잡게 되는 것은 19세기 후반 신고전학파가 성립되면서부터이다. 한계효용학파로 불리기도 하는 신고전학파가 등장하면서 경제학에 본격적으로 효용 개념이 도입되었고 이것이 경제이론의 수리화의 길을 열었

3 행복과 효용은 엄격히는 동일시할 수 없다. 경제학의 현시선호이론에 따르면 선호가 경제 주체의 합리적 선택의 결과로 드러나게(reveal) 된다는 점에서 효용은 합리성과 긴밀하게 연결되어 있는 개념이지만, '주관적' 만족도로 해석되는 행복 개념은 개인이 주관적으로 느끼는 감정 상태라는 점에서 당연히 합리성과는 무관하다. 좀더 자세한 논의는 Kimball and Willis(2006) 참조. 또 Bruni and Porta(2011)는 경험효용(experienced utility) 개념을 도입해서 경험효용과 서수적 효용을 구분하면서 전자의 경험효용이 주관적 만족도에 해당된다고 본다. 그러나 이 글에서는 이러한 차이에도 불구하고 행복경제학 연구자의 일반적 관행(Layard, 2005 등)에 따라 행복과 효용을 구분하지 않는다.

다. 이때 한 가지 이론적으로 불편한 문제가 있었는데 그것은 효용 측정 문제였다. 그러나 개인이 주관적으로 느끼는 효용의 크기를 직접 측정하려는 시도는 당시의 경제학의 수리화 과제와 잘 어울리지 않는 짝이었다. 개개인이 느끼는 주관적 효용을 비교하고 측정한다는 문제는 심리학의 영역에 속하는 과제이지 추상적인 수학적 탐구의 대상으로 삼기에는 적절치 않았다. 효용 측정과 수리화, 이 둘을 결합시키려는 노력은 에지워스에 이를 때까지 계속되지만 그 결과가 만족스러운 것은 아니었다. 그러다가 1930년대에 서수적 효용(ordinal utility) 개념이 파레토, 힉스 등에 의해 도입되면서 효용 측정 문제는 경제학의 뒤쪽으로 물러서게 되고 선택이론 기반의 미시경제학이 빠르게 확립된다.[4]

이러한 합리적 선택이론으로의 전환은 당연히 20세기 경제학의 발전경로를 바꾸었다. 그중에서 '행복'과 연관하여 이 변화의 의미를 살펴보자. 첫째, 선택이론 접근에 따르면 개인의 선택 결과인 재화 묶음의 크기에 따라 그 사람의 효용 즉 선호가 우회적으로 시현된다. 개인의 주관적 효용이 곧 행복이지만 개인의 선택행위의 결과를 관찰함으로써 주관적 효용의 직접 측정이라는 어려움을 피할 수 있는 것이다. 그런데 이 선택이론의 일반적 결론이 행복 또는 효용의 다양한 결정요인을 재화의 크기 하나로 단순화시킨다는 사실을 주목해야 한다. 잘 알다시피 효용은 재화라는 물질적 조건뿐만 아니라 개인의 삶이 전개되는 여타의 환경조건에 의해 영향받기 마련이다. 또 개인이 향유할 수 있는 재화의 크기는 당연히 소득에 좌

4 Bruni and Sudgen(2007)은 이를 파레토 전환(Paretian Turn)으로 부른다. 또 이들은 최근의 행동경제학이 19세기의 효용 측정 문제를 본격적으로 부활시키면서 경제학과 심리학을 결합시킬 수 있는 계기를 제공하고 있다고 평가한다. 특히 행동경제학의 창시자 중 한 사람으로 분류되는 카네만은 주관적 만족도(경험효용) 측정 문제에 크게 기여하였다. Kahneman, Diener and Schwarz(1999) 참조.

우된다. 그러므로 선택이론에 따르면 소득은 행복/효용에 영향을 끼치는 가장 결정적인 요인이 된다. 이는 소득 또는 부의 증대가 개인의 경제활동 및 국가의 경제 정책의 최종 목표라는 경제학의 통념과도 일치한다. 사실 이러한 통념은 애덤 스미스 이래 고전학파의 전통적 사고이기도 하다. 예컨대 한 나라의 부가 만들어지는 원리가 무엇이며 어떤 정책이 국부를 증대시키는가를 다루는 스미스의《국부론》은 국부의 증대가 그 나라 국민들을 행복하게 만든다는 기본 전제 위에서 출발하고 있는 것이다. 어쨌거나 이렇게 선택이론은 경제학의 전통적인 소득(재화/물질) 중심주의를 재확인한 계기가 되었고, 또 행복은 소득에 비례한다는 함의를 더욱 공고히 했다.

둘째로는 선택이론적 접근의 대가는 경제학이 심리학과 만날 기회를 잃었다는 점이었다. 주관적 효용을 직접 측정하는 문제는 심리학에서도 중요한 과제였다. 통상적으로 심리학은 이를 다양한 조사방식을 통해서 계측한다. 19세기 한계효용학파의 등장은 심리학적 연구방법이 경제학과 결합될 수 있는 좋은 기회였지만, 선택이론적 접근은 연역적 방법을 포기하고 심리학의 귀납적 방법을 택해야 하는 필요성을 없애 버린 계기였다. 오늘날 경제학이 서베이 자료 분석이나 실험방법을 기피하는 연구방법론 경향은 이와 무관하지 않다. 최근 행동경제학이 등장한 이후 경제학은 방법론 및 학제 간 연구 등의 차원에서 심리학과의 연관을 확대하기 시작한다.

어쨌거나 이처럼 1930년대에 등장한 선택이론적 접근 이후 오늘날까지 경제학 통념은 행복이 소득에 비례한다는 것이다. 이는 사람들에게 '돈을 더 많이 벌어라, 그러면 더 행복해질 것이다'라는 삶의 지침을 던져 주었으며, 공공 정책 차원에서는 사회 전체의 물질적 부와 소득을 증대시키는 정책들이 복지를 증대시키는 좋은 정책이라는 강력한 함의 내지는 가치 체계를 제공하였다. 그런데 행복경제학이 나타나면서 행복이 전적으로 소득에 의존한다는 전통적인 경제학 통념은 본격적 의심의 대상이 된다.

## II. 이스털린 역설

행복경제학 연구의 장을 본격적으로 연 학자는 이스털린(R. A. Easterlin)이다. 그는 심리학 등의 분야에서 1950년대부터 축적되어 온 사회 서베이 연구성과를 도입하여 이를 행복 연구와 접목시켰다. 일반적으로 행복 관련 서베이 문항은 '모든 상황을 고려할 때, 요즘 당신은 어떻습니까? — 아주 행복하다, 그저 그렇다, 그다지 행복하지 않다', 또는 '당신의 생활에 전반적으로 만족합니까? 만족 정도에 따라 5점-1점을 부여하시오' 등으로 되어 있는데,[5] 이스털린(Easterlin, 1974)은 30개국의 서베이 자료를 이용해서 주관적 웰빙(SWB)의 결정요인들을 실증분석하였다. 그 분석결과를 보면,

(1) 한 나라의 특정 시점에서 보면, 소득과 행복 간에는 높은 상관관계가 나타나는데, 평균적으로 부자가 가난한 사람보다 더 행복하다.

(2) 국제 횡단면 자료로 보면, 행복은 평균 국민소득 수준과 아주 약한 상관관계만을 가지며, 못사는 나라가 잘사는 나라보다 반드시 덜 행복한 것은 아니다.

(3) 반면 일국 내의 시계열 자료를 보면, 소득 증가가 반드시 행복수준

5 전자의 '행복'과 후자의 '삶의 만족도'는 엄격히는 상이한 개념일 수도 있다. 특히 유다이모니아론 관점의 행복이 단순한 서베이 조사를 통해 드러날 수 있는가에 대한 의문도 적지 않다. 그러나 사회 서베이 연구자들은 이 두 개념 모두 주관적 웰빙(subjective well-being, SWB)을 나타내는 지표로 간주해도 무방하다고 평가한다. Easterlim(2003, 2004) 참조.

을 증가시키는 것은 아니다. 이스털린이 분석한 30개국의 경우, 25년 동안(1946-1970) 각국의 1인당 실질소득이 60% 이상 증가했음에도 불구하고 SWB는 거의 변하지 않았다.

그러니까 이 연구결과에 의하면, 한편으로 소득은 행복에 긍정적 영향을 미치지만(일국의 특정 시점 자료), 다른 한편 소득이 일정 수준 이상이 되면 소득은 행복에 거의 영향을 끼치지 못한다(국제 비교 및 일국의 시계열 자료).[6] 이 후자의 현상을 '행복 역설'(Happiness Paradox) 또는 '이스털린 역설'(Easterlin Paradox)이라 부른다.

**〈그림1〉 일본의 주관적 웰빙(1958-1987)**

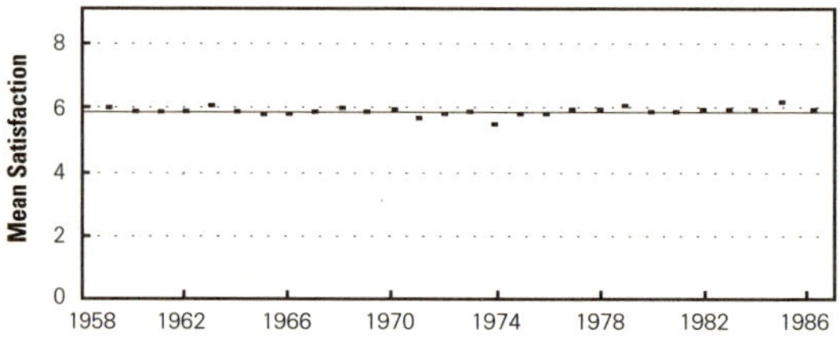


〈그림 1〉은 일본의 경우를 보여 준다. 그림에서 보다시피 일본은 전후부터 80년대 말에 이르기까지 국민들의 평균행복수준(평균 주관적 만족도)이 거의 변하지 않았고 오히려 약간 감소하는 듯하다. 하지만 이 기간 중 일인당 국민소득은 몇 배가 늘었다. 일본의 경우는 소득 증가가 행복과 무관하다는 이스털린 역설의 좋은 예이다. 이스털린 역설은 경제학이 전통적으로 아무런 의심도 없이 받아들였던, 물질적 부와 소득이 인간의 삶

---

6 명제 (2)의 국제비교자료 분석결과는 일의적으로 해석하기 어렵다. 이후의 연구들은 그 반대, 즉 소득과 행복 간의 정(+)의 상관관계를 주장하기도 한다. 그 대표적 비판으로는 Veenhoven(1999) 참조. 그러나 행복 연구자들은 대체로 명제 (2)의 '약한 상관관계'를 수용하는 편이다. Bruni and Porta(2005) 참조.

을 행복하게 만든다는 기존의 관념을 뒤집는 것이었고,[7] 그래서 당연히 이 역설이 얼마나 경험적으로 타당한가를 따지는 실증연구들과, 또 역설을 설명하려는 다양한 시도들이 등장하게 되는데 그 과정에서 행복 연구는 경제학 속으로 침투해 들어오게 된다.

이스털린 역설에 대한 주요한 설명으로는 대략 셋을 들 수 있다. 첫째, 이스털린 역설에 대한 설득력 있는 설명들 중 하나는 이스털린 자신에 의해 제공된다. 이스털린(Easterlin, 1974)은 듀젠베리 상대소득가설을 원용하여, 행복은 소득의 절대적 수준뿐만이 아니라 상대적 수준에 의해서도 영향을 받는다는 일종의 상대적 지위(relative position) 이론을 제시한다. 사람들은 자신의 행복을 평가함에 있어서 자기 소득의 절대적 크기만을 고려하는 것이 아니라 자신의 소득을 다른 사람들과 비교해서 만약 자신의 소득이 상대적으로 높다면(낮다면) 자신이 더(덜) 행복하다고 느낀다. 그러므로 특정 시점의 일국의 횡단면 자료로 볼 때, 소득과 행복 간에는 양의 상관관계가 나타나겠지만, 그러나 시계열 자료로 보아, 다른 모든 사람의 경제상황(소득)이 함께 개선된다면, 나의 소득이 설사 증가했을지라도 나의 소득분포 상의 상대적 지위(위치)가 그대로이기 때문에 나의 행복수

7 주류 경제학의 역사를 되돌아볼 때, 물질적 부가 인간을 행복하게 만든다는 고전파 이래의 믿음에 대한 비판적 관점이 전혀 없었던 것은 물론 아니다. 예컨대 밀은 그의 장기정체(stationary state)론에서 자본축적으로 인한 이윤율 저하 경향이 초래할, 경제성장이 멈춘 장기정체 상태가 오히려 인간의 진정한 행복을 추구할 수 있는 기회를 제공한다고 주장한다. 고전파는 맬더스 인구법칙에 의한 재앙과 함께 성장이 멈추는 장기정체 상태에서는 인간 사회의 행복이 더 이상 진전되지 않는다고 비관적으로 생각해서 이윤율 저하의 경향을 이론 속에서 명시적으로 논의하는 것을 애써 외면하였다. 그러나 밀은 이윤율이 영에 가까워질 정도로 자본이 축적되고 경제가 발전하여 물질적 부가 일정 수준 이상이 된다면, 그때부터는 인간의 삶을 물질에 의존하지 않는, 한 단계 더 높은 질적 차원의 행복 추구로 고양시켜야 한다고 제안한다. 여기서 우리는 그가 부와 행복 간의 관계가 반드시 비례하는 것으로 보지 않았음을, 그리고 물질적 부를 넘어서는 높은 차원의 행복 추구가 가능하며 또 바람직하다는 입장을 가졌던 것을 알 수 있다. Mill(1848) 및 Nussbaum(2005)참조.

준은 변하지 않을 것이다. 이럴 경우 이스털린 역설에서처럼 소득증대는 행복의 증대로 연결되지 못한다. 마찬가지로 국제비교에서 부유한 나라의 행복수준이 가난한 나라의 행복수준과 크게 차이가 나지 않는다는 경험적 사실, 즉 국민소득 수준과 행복수준간의 양의 상관관계 정도가 매우 미약하다는 점도 이 상대적 지위 이론에 의해 설명가능하다. 그런데 여기서 나의 소득의 상대적 지위(위치)를 평가하는 준거기준(reference norm or standard)이 무엇이냐는 문제는 간단하지 않다. 그 준거기준은 좁게는 내가 속한 가까운 친지나 동료와 같은 집단(peer group)이 공유하는 것일 수도 있고 넓게는 사회 전체 차원에서 사회구성원들의 공통된 경험이 녹아 들어가 오랜 시간에 걸쳐 형성된 일종의 사회적 규준(social norm)일 수도 있다. 사회적, 심리적 과정이 준거기준의 형성에 작동한다면 심층적 행복경제학 연구는 사회학적 및 심리학적 접근 방식으로 확장되지 않을 수 없을 것이다. 이 점에 대해서는 세 번째 설명에서 좀더 살펴보기로 하자.

그런데 이스털린의 상대적 지위이론을 효용함수 차원에서 생각해 보면 그것은 나의 효용이 내가 소비하는 재화(또는 소득)의 절대적 크기가 아니라 다른 사람들과 비교한 상대적 크기에 의해서도 크게 영향받는다는 것을 의미한다. 즉 나의 선호가 다른 사람의 선호와 상호 연결되어(interdependent preference) 있으며, 선호는 독립적이 아니라 외부성(externality)을 갖는다는 것이다. 또 이스털린에 의하면 나의 선호는 이처럼 다른 사람들과의 비교에 의해 영향받을 뿐만 아니라 과거의 효용에 의해서도 영향을 받는다. 이스털린의 습관형성(habit formation) 가설이 그것인데,[8] 이 가설은 현재 소득이 제공하는 효용은 과거에 누렸던 효용수준

8 Easterlin(2005), pp.45-46 및 pp.52-53 참조. 습관형성가설은 이후 프랭크(Frank, 2002) 등에 의해 확장된다.

과의 비교 속에서 결정된다는 점에 주목한다. 가령 t기의 소득이 과거 t-1기의 소득에 비해 크게 증가했다면 일시적으로는 그 차이만큼 효용이 증가하겠지만 시간이 지날수록(t+1, t+2, t+3, …) 효용증가분은 점차 감소하여 결국에는 원래 수준(t-1기의 효용수준)으로 회귀하게 된다. 높아진 소득수준에 점차 익숙해져서 소득의 한계효용이 점점 줄어들어 결국에는 영으로 수렴하게 되는 것이다.

둘째로 심리학에서는 이스털린 역설을 쾌락적응(hedonic adaptation) 개념과 설정값(set-point) 이론으로 설명한다. 위에서 언급한 행복경제학의 습관형성 개념은 심리학의 쾌락적응 개념에 대응한다. 심리학에는 SWB 또는 행복과 관련해서 설정값 이론이 있다. 이에 의하면 각 개인은 유전적 요인이나 선천적으로 주어진 성격 등에 의해서 행복을 느끼는 정도가 태어날 때부터 이미 설정되어 있다. 행복 설정값이 불행(행복) 쪽으로 치우친 채 태어난 사람은 아무리 삶의 객관적 조건이 좋아도(나빠도) 자신은 불행(행복)하다고 느낀다. 쉽게 말해 구체적 삶의 조건과 관계없이 행복하게 태어난 사람은 늘 행복하고 불행하게 태어난 사람은 늘 불행하다는 것이다. 또 이렇기 때문에 살아가면서 누구나 만나기 마련인 여러 가지 삶의 사건들, 예컨대 결혼, 실직, 부상, 질병 등을 겪으면 그의 행복수준은 선천적으로 주어진 행복 설정값에서 일시적으로 이탈하게 되겠지만 쾌락적응 메커니즘이 작동하여 머잖아 원래의 설정값으로 되돌아가게 된다. 이 현상을 쾌락 쳇바퀴(hedonic treadmill)라고 부른다. 이는 트레드밀 위에서 계속 뛰지만 트레드밀이 같은 속도로 반대 방향으로 돌기 때문에 뛰는 사람은 그 자리에서 제자리뛰기를 하고 있다는 점을 비유한 것이다.

심리학자들은 이 쾌락의 쳇바퀴와 함께 기대 쳇바퀴(aspiration treadmill)를 제시한다.[9] 지속적/반복적 자극이 쾌락에 미치는 효과가 점차적으로 감소시키는 메커니즘이 쾌락적응이라면, 기대수준(aspiration level)은 만족과 불만족의 경계를 설정한다. 사람들은 소득수준이 높아짐에 따라 이전과 동일한 수준의 만족을 유지하기 위해서 계속해서 좀더 강력한 즐거움을 추구한다. 예컨대 소득이 늘어 새 차를 구입했다고 하자. 그러면 이 새 차가 나의 주관적 만족도를 높여야 할 것이다. 그러나 소득 증대는 나의 차에 대한 기대수준을 동시에 높이기 때문에 나의 주관적 만족도는 이전과 마찬가지다. 즉 객관적 조건의 향상에도 불구하고 그 향상의 정도만큼 기대수준도 함께 상승하여 주관적 만족도는 불변인 것이다. 이를 기대 쳇바퀴라고 부른다.

아울러 쾌락과 기대의 두 쳇바퀴는 동시에 작동한다는 점을 이해할 필요가 있다. 예를 들어 새 차를 구입한 경우를 보면, 쾌락 쳇바퀴에 의하면 새 차에 곧 적응해서 새 차를 모는 즐거움이 금방 사라져 버리게 될 것이고, 또 기대 쳇바퀴에 의하면 새 차 구입 얼마 후 TV에서 새 모델 출시 광고를 보는 등의 일을 겪으면서 기대수준도 그만큼 상승하여 새 차를 모는 주관적 만족수준은 이전 수준으로 되돌아간다.

기본적으로 행복을 소득으로 구매할 수 있는 재화(물질적 부)의 효과라고 파악한다는 점에서 이상의 두 설명은 모두 쾌락주의 또는 공리주의적 행복 개념에 근거한다. 이에 비해 이스털린 역설에 대한 세 번째 설명은 유다이모니아론과 연결된다.[10] 유다이모니아론에 따르면 좋은 삶 또는 웰빙(well-being)이란 우정, 사랑 등의 가치를 지키고 다른 사람과 좋은 관계를 유지하고 또 공동체적 의무에 충실함으로써 인간 잠재력을 충분히 실현하는 삶이며 물질적 부는 좋은 삶을 구성하는 조건의 일부일 뿐이다.

---

9 Bruni(2010) 참조.

10 Bruni(2011), pp.168-169 참조.

그러니까 친구, 연인, 가족, 친지 등 간의 좋은 교류관계가 인간을 행복하게 만든다는 것이다. 이 점에 착안해서 브루니는 이스털린 역설을 이렇게 설명한다. 높은 소득은 시장경제에서 생산되고 구매되는 물질적 재화는 과잉소비하게 하지만 그 대신 관계재(relational good)를 과소소비하게 만드는 삶을 초래한다. 다소 낯선 개념이긴 하지만 관계재란 다른 사람들과의 상호 교류에서 획득되고 또 다른 사람과 함께일 때만 즐길 수 있는, 그렇기에 개인 혼자서는 그 생산과 소비가 불가능한 재화이다. 예컨대 휴일 저녁에 혼자만의 식사가 아니라 가족과 함께하는 저녁식사가 주는 즐거움이 관계재이다.

시장 참여를 통해 높은 소득을 올리기 위해서는 부득불 가족이나 친구 또는 이웃과의 교류에 들여야 할 시간을 줄일 수밖에 없고, 이 후자의 희생 즉 관계재의 과소소비가 전자의 소득과 물질재화의 증대가 주는 즐거움을 상쇄시킨다는 것이다. 이스털린 역설을 이런 식으로 설명하는 것은 시장경제의 확대가 인간 행복의 중요 요소인 인간 간 상호 교류를 위한 필요시간을 감소시키고 구축(crowding-out)한다는 것을 의미하므로 이 설명은 시장경제 또는 자본주의경제에 대한 근본적 차원의 비판을 내포한다. 또 이는 시장이 물적 성장을 견인하지만 동시에 인간사회의 공동체성을 파괴한다는 상식적 차원의 시장비판과 맞닿는 이론이라 하겠다.

## III. 행복의 조건

이제 행복경제학의 연구성과를 정리하면서 무엇이 인간을 행복하게 만드는 요인인가를 한번 따져 보자. 일단 이를 개인과 사회 전체 차원으로 나누어서, 먼저 어떤 요인들이 개인의 행복을 규정하는지를 살펴보고 그런 다음 어떤 사회 그리고 어떤 사회 제도 및 정책이 사회구성원들을 행복하게 만드는가라는 문제를 논의해 보자.

(1) 선천적 요인: 개인의 행복수준 결정에는 수많은 요인들이 작용하겠지만 설정값 이론에 따르면 선천적 요인의 영향력이 가장 클 것이다. 물론 개개의 상황에서는 선천적 요인보다는 환경적 요인이 더 큰 영향을 끼치겠지만 장기적 차원의 행복은 유전자 등의 요인에 의해 결정적으로 좌우될 것이다.[11] 행복과 불행에 영향을 끼치는 유전적 요인 또는 자질로는 낙관적 기질, 자기통제력, 자부심 등을 들 수 있다. 그러나 낙관적 기질이나 통제력이 행복의 원인인지 결과인지는 때때로 식별하기 어렵다. 지금까지 행복하게 살았던 사람은 매사에 긍정적이고 낙관적인 경향이 있다. 반면에 살면서 불행한 일을 많이 겪었던 사람은 비관적 성향을 갖기 쉽다. 그런데 이렇게 인간의 행복이 선천적으로 주어진 값으로 이미 설정되어 있다면, 후생 증대를 목적으로 삼는 모든 사회 정책은 결국에는 대부분 무위로 끝나 버리게 될 것이다. 개인의 후생을 높이려는 모든 인위적 노력에는 근본적 차원의 한계가 있다는 것이고, 그럴 경우 그 정책적 함의는 개인들의 삶에 일절 간여하지 않는 게 오히려 바람직하다는 자유방임주의(laissez-faire policy) 또는 정책허무주의(policy nihilism)로 연결된다. 이는 다소 당혹스러운 함의이다.

(2) 소득: 경제학에서는 '소득=물질적 구매력=효용=행복'의 등식에 의

11 개인의 행복이 선천적 요인에 의해 대략 80% 정도 설명된다는 연구결과도 있다. Lykken and Tellegen(1996) 참조.

해 소득을 곧 행복으로 간주하였다. 그러나 이스털린의 역설은 소득과 행복 간의 관계가 그렇게 견고하지 않음을 보여 주었다. 하지만 여전히 인간의 웰빙을 좌우하는 가장 큰 요인임은 의심할 수 없다.

(3) 연령: 일반적으로 우리는 노년층이 젊은 세대보다 행복하지 않다고 생각해 왔다. 그러나 최근 행복경제학 연구는 이런 통념과 크게 어긋나는 결과를 보여 준다. 생애주기에 따른 삶의 만족도는 U자형이어서 20대 초반의 높았던 행복수준은 사회 진출과 함께 점차 낮아져서 40대 말/50대 초에 이르면 바닥을 치게 되고 그 후 노년기로 접어들면서 행복수준은 다시 상승한다.[12] 물론 이 연령과 행복 간의 U자형 관계는 건강, 소득 등의 외부환경적 요인을 통계적으로 통제한 후 도출된 것이다. 따라서 이 결과는 외적 요인이 아니라 나이가 들어감에 따라 나타나는 내적 요인의 효과라고 해석된다. U자형 관계에 대한 일반적 해석을 보면, 우선 20대 초반까지는 삶의 만족도가 높다는 데 대해서는 별다른 이견이 없다. 노년층이 장년층보다 삶에 더 만족한다는 사실에 대한 설명으로는 노년층이 기대수준과 목표가 낮다는 점, 목표와 성취감 간의 격차가 적다는 점 등이 지적된다. 또는 이 U자형을 생애주기에 따라 인간의 심리적 상태가 어떻게 변하는가에 따라 설명할 수도 있다. 10대 후반/20대 초반에는 삶에 대한 가능성과 낙관적 전망으로 가득 차 있다가 사회진출, 결혼, 자식 등의 중년기의 삶을 살아가면서 걱정, 신중 등이 지배하는 심리적 불안기에 접어들게 된다. 40대 말/50대 초의 바닥을 거치고 나면서부터는 일상적 삶의 의무에서 점차 해방되고 스스로를 통제할 수 있는 일종의 지혜가 생긴다.

12 Blanchflower and Oswald(2007) 참조. 반면 Frijters and Beatton(2012)은 U자형 관계가 통계적 허구일 가능성도 있다는 의문을 제기하고 있다.

그러나 U자형 관계에 대한 부정적 견해도 없지 않다. 일반적으로 심리학에서는 연령 요인이 삶의 만족도에 어떤 영향도 끼치지 않는다고 보고 있으며, 행복경제학자들도 연령 외의 다른 요인들을 모두 통제해야 된다는 통계적 어려움 때문에 U자형 관계에 대해 회의적이기도 하다. 최근 연구는 대체로 정도의 차이는 있으나 U자형 관계를 인정하는 쪽으로 기울고 있다.

(4) 성별과 인종: 그간의 연구에 의하면 여성이 남성에 비해 더 자신을 행복하게 여긴다. 물론 그 차이는 그리 크지 않다. 한 가지 흥미로운 점은 미국 여성의 경우 1970년대 초반부터 1990년대 후반에 이르기까지 여성의 주관적 만족도는 감소하였으나 남성은 그렇지 않았다. 이 시기 동안 여성차별이 줄어들고 여성의 경제활동 참가가 확대되었는데 여성의 행복수준은 오히려 위축된 결과를 보이는 것이다.[13] 이는 아마도 여성의 지위상승으로 인해 여성의 기대(aspiration) 수준이 크게 높아졌지만 현실 생활수준의 상승이 그에 미치지 못했기 때문, 즉 일종의 기대 쳇바퀴 효과(aspiration treadmill effect) 때문일 수도 있다.

인종에 따른 주관적 만족도의 차이는 대체로 인정된다. 미국의 경우 소득, 교육수준 등의 요소들을 통제하더라도 흑인이 백인보다 덜 행복하다. 이런 인종 또는 민족 간의 차이는 적지 않게 관찰된다. 이를테면 일본 등의 동아시아 민족들이 유럽 민족보다 낮은 삶의 만족도를 보인다. 이는 동아시아인의 경우 자신의 삶을 대하는 전반적 태도가 유럽인에 비해 비관적이기 때문이라고 해석할 수 있다(Fray and Stutzer, 2002).

13 Fray and Stutzer(2002), pp.90-92 및 Bok(2010), pp.16-17참조.

(5) 건강: 건강은 행복에 영향을 끼치는 주요한 요인이다. 건강이 점차 나빠지는 것은 주관적 웰빙에 지속적인 (−) 효과를 갖는다. 특히 설정값 이론에 따른 쾌락적응기제가 제대로 작동하지 않는다. 그러니까 건강이 악화된 후에는 그 이전의 주관적 웰빙 수준으로 되돌아가기가 매우 힘들다는 것이다. 급작스러운 사고로 인한 장애의 경우도 마찬가지지만, 이 경우에는 건강의 점진적 악화 경우에 비해 상대적으로 장애상황에 더 잘 적응한다(Easterlin, 2005).

(6) 결혼: 당연히 결혼과 행복 간에는 (+) 관계가 나타나고, 이혼, 별거, 사별 등과 같은 부부관계의 해체는 삶의 만족도에 부정적 효과를 끼친다. 이 경우에도 설정값이론에 의한 적응기제가 작동하기 마련이지만, 그 정도는 건강의 경우에 비해 강력하다. 또 부부관계의 해체로 인한 부정적 효과의 지속이 결혼으로 인한 긍정적 효과의 지속보다 상대적으로 강하고 길다. 쉽게 말해 결혼이 주는 행복의 증가는 몇 년만 지나면 소멸되지만 이혼의 충격은 그보다 더 오래 지속된다는 것이다. 하지만 이스털린은 결혼의 경우에도 적응기제가 거의 작동하지 않는다고 비판한다(Easterlin, 2005).

(7) 교육 및 종교: 교육수준은 행복에 미약한 (+) 효과를 갖는다. 교육수준에 따라 삶의 만족도가 높게 나타나는 것은 교육과 소득 간의 강한 (+) 관계 때문이며, 소득을 통제하면 교육 정도는 행복에 큰 영향을 끼치지 않는 것으로 보인다. 종교도 행복에 미약한 (+) 효과를 끼칠 뿐이다. 이는 상식에 비춰 볼 때 약간 의외이다(Frey and Stutzer, 2002).

(8) 고용 : 실업이 행복에 부정적 효과를 미치는 것은 당연하다. 우선 실업자들은 소득 손실로 인한 고통을 받는다. 그러나 실업의 고통에는 금전적 요인뿐만이 아니라 비금전적 요인도 함께 작용한다. 자부심의 상실과 같은 심리적 비용, 사회적 지위의 하락 등의 비금전적 요인이 금전적 요인에 못지않게 실직자를 고통스럽게 만든다. 실업수당 등의 도움으로 이전 소득을 거의 그대로 회복해도 실직자는 여전히 직장이 있을 때보다 불행한 것이다. 삶에 있어서 일과 직장은 금전적 차원을 넘어서는 의미를 갖는 것이다.

지금까지 개인 차원에서 행복에 영향을 끼치는 요인들을 살펴보았는데, 이제 사회 전체 차원의 요인들을 검토해 보자. 앞의 이스털린 역설에 대한 설명들을 상기해 보면, 타인과의 비교와 같은 상대성 내지는 관계성이 행복에 개입한다. 또는 내가 이 사회에서 차지하는 상대적 위치가 나의 행복에 영향을 끼친다. 예컨대 절대적 소득수준뿐만이 아니라 소득분포상의 상대적 위치도 함께 행복에 영향을 미친다. 또 관계재 이론에 의하면 가족, 친구, 지역 등과 같은 공동체적 관계의 소비가 유다이모니아적 차원의 행복을 발생하게 하므로 그 사회의 시장-공동체 관계가 어떻게 형성되어 있느냐는 사회구성원의 행복에 있어서 중요하다. 그러므로 쉽게 말해 어떤 사회에 내가 속해 있느냐에 따라 나의 삶의 만족도가 달라지는 것이다. 각종 경험연구들도 사회 및 나라에 따라 주관적 만족도가 달라진다는 점을 확인해 준다. 연구방법 및 데이터의 한계로 인해 연구결과의 신뢰도는 상대적으로 낮다는 점을 염두에 두면서 사회적 차원의 행복 결정요인들을 살펴보자. 우선 인플레이션, 실업 등 거시경제적 요소와 행복은 상관관계가 높다. 물가가 안정적일수록, 실업률이 낮을수록, 그 나라의 평균적 주관적 만족도 수준은 높다. 또 소득분배의 형평성도 중요한 요인 중 하나이며, 소득불평등과 행복은 (−) 인과관계를 갖는다.[14] 한 나라의 평균적 행복수준이 소득분배 구조에 의해 영향을 받는다는 점은 이스털린 역설을 설명하는 상대적 위치(relative position) 논리에 의해서도 설명된다.

이러한 거시경제적 요인들처럼 한 사회의 정치, 제도적 요인들도 구성원들의 행복과 밀접한 연관을 갖는다. 민주주의는 그 자체로서도 근본적인 가치를 지니지만 제도로서의 민주주의는 구성원들의 선호를 잘 반영하는 효율적인 정치적 의사결정 제도이다. 또 선거와 같은 민주주의 절차는 그 참여자들에게 절차적 효용(procedural utility)[15]을 제공한다. 그러므로 행복과 관련해서 생각할 때, 민주주의는 독재, 권위주의 체제 등과 같은 다른 정치 시스템이나 제도에 비해 구성원들의 주관적 만족도를 증대시키는 제도라고 하겠다. 민주주의 제도를 행복과 연결시킨 연구는 많지 않지만 그 연구결과들은 대체로 양자 간의 (+) 인과관계를 보여 준다. 예컨대 28개국의 민주주의 발달지표와 각국의 평균적 주관적 만족도를 회귀분석한 결과는 민주주의가 발달한 나라일수록 국민들의 삶의 만족도가 높음을 보여 준다. 스위스를 대상으로 한 경험분석에 의하면 주민들이 직접 정치적 의사결정에 참여하는 직접민주주의 제도가 심화될수록 주민들이 상대적으로 행복한 삶을 누린다(Frey, 2008).

---

14 유럽과 미국을 대상으로 소득불평등과 행복 간의 관계를 따진 한 연구결과를 보면, 유럽국가에서는 소득불평등과 행복은 (-) 관계를 갖는다. 반면 미국의 경우에는 이 양자 간에는 유의미한 상관관계를 보이지 않는데, 이는 미국의 높은 사회적 이동성 때문인 것으로 해석된다. 이른바 아메리칸 드림이라는 미국인의 사회적 이동성 선호 경향이 소득불평등을 불가피한 현상으로 용인하게 만든다는 것이다. Alesina, DiTella, and MacCulloch(2004) 참조.

15 절차적 효용 개념에 따르면, 사람들은 결과뿐만이 아니라 그 결과에 이르는 과정과 조건 역시 중요하게 여긴다. 그래서 공정하지 못하거나 개인의 존엄성이 무시되는 절차는 부정적으로 평가한다. 일반적으로 경제학의 효용 개념은 결과 위주, 즉 결과적 효용(outcome utility)이다. 절차적 효용에 대한 소개로는 Frey(2008), pp.107-126 참조.

고용제도와 관련해서 한 가지 흥미로운 연구결과는 자영업과 자원봉사 일이 다른 일반적인 고용형태보다 개인의 주관적 웰빙에 더 긍정적 영향을 끼친다는 점이다. 자영업의 경우, 동일한 노동시간과 소득을 전제해도 자영업 노동이 일반적 고용보다 더 높은 직업만족도(job satisfaction)를 주는 것으로 나타난다. 이는 타인에게 고용된 타율적 노동보다 자영업이 좀더 높은 수준의 자유와 자율결정의 여지를 제공하기 때문일 것이다. 이런 점에서 자영업의 직업만족도의 일정 부분은 절차적 효용으로 해석가능하다. 시간과 자원을 자발적으로 희생하는 자원봉사의 경우도 마찬가지다. 이를 전적으로 이기적 동기에 의해서는 설명하기가 어렵다. 아마도 이는 다른 사람을 돕는 행위 그 자체의 즐거움, 즉 이타적 행위의 효용 때문일 것이다(Frey, 2008).

## IV. 맺는 말 – 행복경제학의 정책적 함의

지금까지 행복경제학의 내용과 성과를 개관했다. 이제 마지막으로 행복경제학이 경제사회 정책에 어떤 함의를 갖는가를 검토해 보자. 먼저 이스털린 역설은 경제학의 전통적 관점인 복지=소득이라는 등식의 정당성에 심각한 의문을 던진다. 주류 경제학은 이 등식에 근거해서 경제성장을 한 나라 국민들을 행복하게 만드는 최고의, 궁극적인 복지정책으로 믿어 왔다. 경제성장의 결과 국민들의 소득과 부가 증대되면 그것이 국민들이 소비할 수 있는 물질적 재화와 서비스의 크기를 늘리게 되고 이는 곧장 그대로 국민들의 행복과 복지의 증대로 연결된다고 보았다. 그래서 사회·복지 정책은 경제적 효율성 즉 경제성장의 희생하에 달성되기 때문에 단기적으로는 국민복지를 향상시킬지 모르나 중장기적으로는 복지지출이 성장 둔화를 초래해서 결국에는 복지수준 역시 후퇴하게 된다는 논리를 전개했다. 서구 복지국가 비판도 이런 논리적 맥락이었다. 이 논리가 오류는 아니지만 이스털린 역설의 관점에 의하면 경제성장의 복지 효과를 과대평가하고 있다고 하겠다. 특히 세계화와 시장주의가 지배적 조류가 된 지난 수십 년간 사회·복지 정책은 정부실패 논리와 결합되면서 정책 우선순위에서 성장 정책에 밀렸다. 그러나 이스털린 역설과 행복경제학의 관점은 성장 정책 일변도를 지양하고 경제 정책과 사회·복지 정책 간의 우선순위를 재조정하여 후자의 정책적 중요성을 재인식할 필요가 있음을 시사한다.

이런 맥락에서 GNP 개념의 대안으로 제안되고 있는 GNH(Gross National Happiness) 개념은 주목할 가치가 있다. 한 사회 발전의 척도가 물질적 부나 소득이 아니라 국민 행복이라는 근본적 차원의 인식전환이 이 GNH 개념에 담겨 있는 것이다. 그러나 한 나라 국민들이 느끼는 주관적 행복과 삶의 다양한 질적 측면들을 객관화하여 집계하는 작업이 이론적으로나 실제적으로나 결코 쉽지는 않을 것이다. 참고로 부탄은 이미 1970년대초부터 GNH를 사회발전의 잣대로 활용해 왔고, 영국과 프랑스도 GNH 또는 그와 유사한 지표 개발을 최근 시도하고 있다. 또 영국, 중국, 호주 등은 기존의 거시경제지표들에 더해서 주관적 웰빙(SWB) 등의 행복 관련 지표들을 정책 수립 과정에서 공식적으로 병행 사용할 것을 고려하고 있다. 어려운 GNH 지표 개발보다는 SWB 지표를 추가적 가공 없이 바로 사용하는 것이 오히려 좀더 용이하고 또 실용적일 수 있다(Bok, 2010, 1-4 및 Dolan, Layard and Metcalfe, 2006).

둘째, 행복경제학의 연구성과는 소득 이외에 행복에 영향을 끼치는 요인들을 분석하고 제시한다. 그에 의하면 건강, 부부 등 가족관계, 친구·이웃과 같은 소공동체, 취업 등이 직접적으로 행복에 영향을 끼친다. 그런데 사회복지 제도 및 정책은 바로 이런 요인들을 직접적 대상으로 삼는다. 건강의료제도, 보건정책, 육아정책, 각종 사회보험제도 등은 직접적으로 개인의 행복에 영향을 끼치는 정책 및 제도들인 것이다. 그러므로 행복경제학은 사회복지 정책 및 제도가 국민들의 구체적 행복에 직접 영향을 끼치는 중요한 정책 및 제도라는 점을 재확인시켜 준다. 사회복지정책의 효과를 행복이라는 기준에서 평가할 수 있는 기회를 제공하고 있는 것이다.

다른 한편, 앞에서도 한 차례 논의한 바와 같이 설정값 이론과 쾌락 쳇바퀴 논리는 복지정책의 효과가 의외로 제한적일 수도 있음을 함께 지적한다. 과도한 복지가 지속적으로 제공될 경우 수혜자는 거기에 적응되어 주관적 만족도의 증가가 체감하거나 정체될 수 있다. 쾌락적응 메커니즘이 작동하여 복지정책이 수혜자의 행복을 늘리지 못하는 것은 그 정책이 잘못 디자인되었음을 뜻한다. 실제로 이런 경우는 다수 보고되고 있다. 그러므로 복지정책을 무조건적 선이라고 간주하는 자세를 일정 정도 경계하고, SWB 지표 등을 활용하여 복지정책의 사전적 기대효과와 사후적 효과를 비교 검토하여 지속적으로 정책을 수정하고 개선하는 정책적 실용주의가 필요하다.

셋째, 크게 볼 때 행복경제학은 행복이 시장 영역뿐만이 아니라 시장 밖의 영역에 의해서도 좌우된다는 점을 강조한다. 지나친 시장영역의 확장이 관계재 소비의 축소를 가져와 전반적 삶의 질이 저하되었기 때문에 시장과 공동체 영역 간의 적절한 균형을 회복해야 한다는 관계재 논리나, 아리스토텔레스 전통의 유다이모니아론은 인간의 행복이 그가 속한 공동체적 관계에 의해서 크게 규정된다는 점을 보여 준다. 이런 비시장적, 공동체적 관계에 대한 강조는 정책 차원에서는 바람직한 시장/공동체 관계의 형성으로 연결된다. 즉 시장 영역의 지나친 확장을 지양하고 비시장적 공동체 영역을 늘려 나가는 정책적 지향이 요청된다는 것이다. 이는 앞에서 말한 정책 우선순위의 재조정과도 연관되는데, 시장원리가 제한적으로 작동되는 영역, 이른바 사회적 경제라고 불리는 부문의 확장을 의미한다. 사회적 경제란 시장과 국가 사이에 존재하는 모든 조직으로, 공동체적 요소와 시장적 요소를 함께 가진다. 예를 들면 협동조합, 공제회, 사회적 기업, NPO 등이 이에 포함된다. 사회적 경제 부문은 그 운영에 있어서 공동체적 목적을 추구하지만 영리성을 포기하지도 않는다. 그러므로 사회적 경제 부문은 비시장적 영역의 관계재 소비를 증대시킬 수 있는 공동체적 공간인 것이다. 이처럼 행복경제학은 시장과 비시장적 공동체 간의 적절한 균형을 제시하는데 이는 사회적 경제 또는 경제민주화 논의의 타당성을 지지하는 것으로 읽어도 무방할 것이다.

## 참고문헌

Alesina, A., DiTella, R. and MacCulloch, R., "Inequality and Happiness: Are Europeans and Americans Different?", *Journal of Public Economics*(88), 2004, pp.2009-2042.

Barrotta, P., "Why Economists Should Be Unhappy With the Economics of Happiness", *Economics and Philosophy*(24), 2008, pp.145-165.

Blanchflower, D.G. and Oswald, A. J., "Is Well-being U-Shaped Over the Life Cycle?", *The Warwick Economics Research Paper Series*(TWERPS), University of Warwick, Department of Economics, 2007.

Bok, D., *The Politics of Happiness*, Princeton University Press, Princeton, 2010.

Brülde, B. and Bykvist, K., "Happiness, Ethics, and Politics: Introduction, History and Conceptual Framework", *Journal of Happiness Studies*(11), 2010, pp.541-551.

Bruni, L., "The Happiness of Sociality. Economics and Eudaimonia: A Necessary Encounter", *Rationality and Society*, vol.22, 2010, pp.383-406.

Bruni, L. and Porta, P. L., *Economics and Happiness*, Oxford University Press, 2005.

__________________, "Happiness and Experienced Utility," in Davies, J. B. and D. W. Hands(eds.), *The Elgar Companion to Recent Economic Methodology*, Edward Elgar, Cheltenham, 2011.

Bruni, L. and Sugden, R., "The Road Not Taken: How Psychology Was Removed From Economics, and How It Might be Brought Back", *Economic Journal*(117), 2007, pp.146-173.

Deaton, A., "Income, Health, and Well-being around the World: Evidence from the Gallup World Poll", *Journal of Economic Perspectives*, vol.22, no.2, 2008, pp.53-72.

De Neve, J-E., Christakis, N.A., Fowler, J.H. and Fray, B.S., "Genes, Economics, and Happiness", Working Paper, 2011.

Diener, E., Helliwell, J.F. and Kahneman, D., *International Differences in Well-being*, Oxford University Press, 2010.

Dolan, P., Layard, R. and Metcalfe, R., *Measuring Subjective Well-being for Public Policy*, Office for National Statistics, 2011.

Easterlin, R.E.(1974), "Does Economic Growth Improve the Human Lot? Some Empirical Evidence", in David, P. A. and Reder, M. W.(eds), *Nations and Households in Economic Growth: Essays in Honer of Moses Abramovitz*, Academic Press, New York and London, 2011, pp.89-125.

__________, "Will Raising the Income of All Increase the Happiness of All?", *Journal of Economic Behavior and Organization*, vol.27, no.1, 1995, pp.35-47.

__________, "Explaining Happiness", P*roceeding of the National Academy of Science*, vol.100, no.19, 2003, pp.11176-11183.

_________, "The Economics of Happiness", *Daedalus*, Spring, 2004, pp.26-33.

_________, "Building a Better Theory of Well-Being", in Bruni and Porta, *Economics and Happiness*, Oxford University Press, 2005, pp.29-64.

Frank, R., "The Frame of Reference as a Public Good", *Economic Journal*, vol.110, 1997, pp.1832-1847.

Frey, B.S., *Happiness: A Revolution in Economics*, The MIT Press, 2008.

Frey, B.S. and Stutzer, A., *Happiness and Economics*, 2002.(김민주· 김나영 옮김,《경제학, 행복을 말하다》, 예문).

_______________, *Economics and Psychology: A Promising New Cross-Disciplinary Field*, The MIT Press, 2007.

Frijters, P. and Beatton, T., "The Mistery of the U-shaped Relationship between Happiness and Age", *Journal of Economic Behavior & Organization*, vol.82, 2012, pp.525-542.

Kahneman, D., Diener, E. and Schwarz, N., *Well-being: The Foundation of Hedonic Psychology*, Russell Sage Foundation, New York, 1999.

Kimball, M. and Willis, R., "Utility and Happiness", University of Minnesota, mimeo, 2006.

Layard, R., *Happiness*, Penguin Press, London, 2005.

_________, "Happiness and Public Policy: A Challenge to the Profession," *Economic Journal*, vol.116, 2006, pp.24-33.

Lykken, D. and Tellegen, A., "Happiness is a Stochastic Phenomenon", *Psychological Science*, vol.7, 1996, pp.186-189.

Mill, J. S., *Principles of Political Economy with some of their Applications to Social Philosophy*, New Edition, Longmans, Green & Company, London, 1848.

Nussbaum, M.C., "Mill between Aristotle and Bentham", in Bruni and Porta, *Economics and Happiness*, Oxford University Press, 2005, pp.170-183.

Posner, A. and Sunstein, C.R., *Law and Happiness*, Chicago University Press, Chicago, 2010.

Ryan, R. M. and Deci, E. L., "On Happiness and Human Potentials: A Review of Research on Hedonic and Eudaimonic Well-Being", *Annual Review of Psychology*, vol.52, 2001, pp.141-166.

Veenhoven, R., "Is Happiness Relative?", *Social Indicators Research*, vol.24, 1999, pp.1-34.

Wilkinson, W., "In Pursuit of Happiness Research Is it Reliable? What Does It Imply for Policy?", *Policy Analysis*, no.590, 2007, Cato Institute.

# 고령화시대 삶의 패러다임

초판발행 2012년 10월 30일
초판 1쇄 2012년 10월 30일

지은이 신관호 외

펴낸곳 고려대학교출판부
www.kupress.com
kupress@korea.ac.kr
136-701 서울특별시 성북구 안암동
02-3290-4230, 4232
Fax 923-6311

찍은곳 (주)동화인쇄공사

ISBN 978-89-7641-793-0 93320

값 12,000원